JN218259

How to make figures and tables for a report of psychological experiment: Key points for practical use of Excel

心理学実験演習 図表作成マニュアル

● Excel活用のポイント

安田恭子・林 大輔・中村紘子
金谷英俊・天野成昭

Yasuko Yasuda, Daisuke Hayashi, Hiroko Nakamura,
Hidetoshi Kanaya, & Shigeaki Amano

ナカニシヤ出版

前書き

　心理学のレポートや論文では、実験や調査の方法や結果を報告することに加え、書式に則って図や表をきれいに作成することも求められます。しかし学生の中には、図表作成のスキルが低いために苦労している者が少なくありません。本書は、そのような学生のための図表作成マニュアルです。これを使えば自力で図表をきれいに仕上げることができるはずです。

　本書には、マイクロソフト社のExcel2016を用いた棒グラフ、折れ線グラフ、分散分析表などの作成方法だけでなく、これらの図表の基礎となるデータセットの作り方およびデータの並べ替え方も示しました。さらに作成した図表をマイクロソフト社のWordに貼り付ける方法も示してあります。これらの内容は章ごとにまとめて示してあるので、各自が必要とする章を適宜読み進めればよいでしょう。

　本書では、学生たちが図表を作成するときに共通して躓く箇所を、より丁寧に説明するように心がけました。また、最後まで自力で図表作成のプロセスをたどれるようにイラストを多用し、ななめ読みをしても十分にポイントを押さえられるようにレイアウトを工夫しました。このため、すでにある程度の図表作成スキルがある方には少々冗長な説明であるとの印象を与える箇所が随所にあると思われます。しかし、そのような箇所は学生たちが躓きやすい箇所であると温かい気持ちで見ていただければ幸いです。

　最後に、本書の出版にご尽力いただきましたナカニシヤ出版の宍倉由高様と由浅啓吾様、本書の作成にあたり多くのご指摘とご支援をくださいました愛知淑徳大学人間情報学部の皆様に深く感謝申し上げます。

2018年11月

著者一同

目　　次

第4章　折れ線グラフの作り方 ································· 85

第5章　表の作り方 ································· 135

基本事項の確認
～グラフや表の作成の前に～

このマニュアルでは、心理学のレポートや論文に必要となるデータセットの作り方、棒グラフと折れ線グラフの描き方、表の作り方、SPSSの出力結果に基づいた分散分析表や多重比較表の作り方を説明し、さらに作成したグラフや表をWordへ貼り付ける方法を紹介します。

グラフや表は、必要な情報を過不足なく、分かりやすく提示することが大切です。分かりやすいグラフや表を作成できるように、このマニュアルを活用していきましょう。

まずは、このマニュアルで目指しているグラフと表のサンプルを示します。

＜グラフのサンプル＞　　　　　＜表のサンプル＞

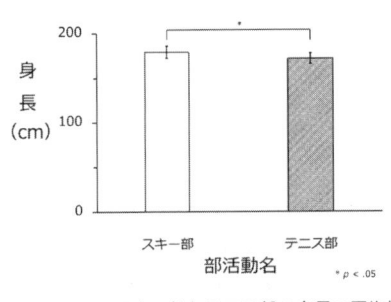

Figure 1. スキー部とテニス部の身長の平均値。
　　　　　エラーバーは標準偏差を表す。

Table 2
学年間の多重比較の結果

	1年生	2年生	3年生
1年生		*ns*	*
2年生			*ns*
3年生			

* ：5%水準で有意差あり
ns ： 有意差なし

グラフのタイトルは**グラフの下**に書き、**表のタイトル**は**表の上**に書くよ！

（注）この本における操作方法は「Microsoft Excel 2016」に準拠しています。
　　　OSがWindows以外のパソコンや他のバージョンのExcelでグラフを作成する
　　　場合は、操作方法が異なる可能性があります。

導入1 データの解析手順

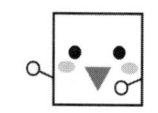

次に、心理実験で測定された**データの解析手順**を簡単に示します。

STEP0：測定したデータ（**測定データ**）をExcelに入力し、データ保存用のデータセットを作成する（第1章1.1節 pp.7～8を参照）

STEP1：STEP0で作成した保存用のデータセットをコピーし、解析用のデータセットを作成する（第1章1.2節～1.4節 pp.9～11を参照）

STEP2：解析用のデータセットを用いて、測定したデータの**平均値**、**標準偏差**（*SD*）を**水準別（条件別）**に**算出**する

STEP3：STEP2で算出した平均値と標準偏差を用いて**グラフを作成**し、**結果の傾向を読み取る**（棒グラフ：第3章 p.19～、折れ線グラフ：第4章 p.85～を参照）

STEP4：STEP3で読み取った結果の傾向が偶然に生起したことであるか否かを判断するために、**検定統計量をSPSSなど**で**計算**する

　　　＜SPSSで出力される値＞

　　　例：検定統計量　　（*t* 値　*F* 値　など）

　　　　　有意確率（*p*）　（帰無仮説が生起する確率）

　　　　　自由度　　　　　（自由に値を決めることができるデータの数）

STEP5：結果の傾向が有意か否かを、有意水準 (*a*) と有意確率 (*p*) の比較によって判断する（**有意水準（*a*）よりも有意確率（*p*）が小さければ有意**であると判断）

STEP6：**SPSSなどの出力結果**を**分散分析表**にまとめ、必要に応じて**多重比較表も作成**する（分散分析表：第6章 p.158～、多重比較表：第7章 p.170～を参照）

STEP7：得られた結果に基づいて、レポートを作成する（レポート本文にも検定統計量などを記入）

※ 通常、論文では分散分析表や多重比較表を示しません。しかし、 心理実験演習などのレポートでは心理統計学の理解を深めるために分散分析表や多重比較表の作成を求められることがあります。

図や表の作成方法と本書の各章との対応関係を、以下に示します。

フローチャートに沿って、各自が必要としている章を読み進めてください。

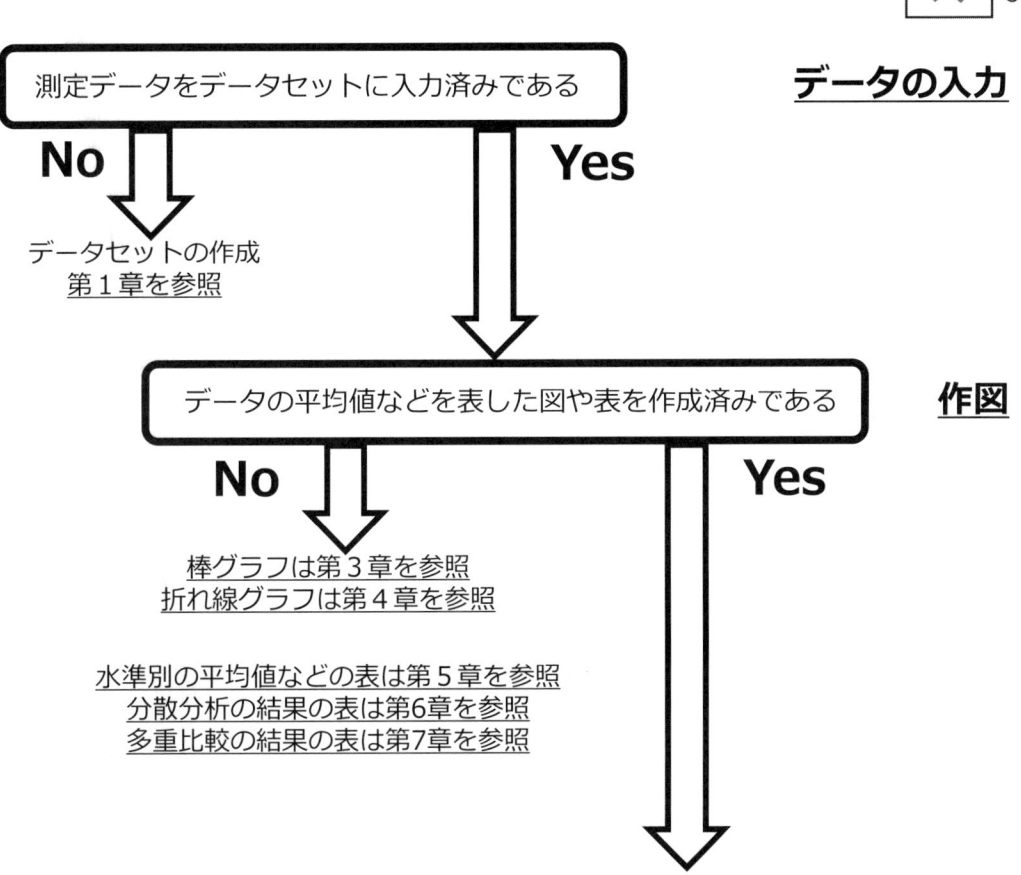

測定データをデータセットに入力済みである　　**データの入力**

No　　**Yes**

データセットの作成
第1章を参照

データの平均値などを表した図や表を作成済みである　　**作図**

No　　**Yes**

棒グラフは第3章を参照
折れ線グラフは第4章を参照

水準別の平均値などの表は第5章を参照
分散分析の結果の表は第6章を参照
多重比較の結果の表は第7章を参照

※ 平均値の差などの統計的検定には心理統計学の専門書を参照　　**統計的検定**
　SPSSを用いた 統計的検定のやり方と結果の読み取り方は
　金谷他 (2018) に詳しく述べられている

・ 金谷英俊・磯谷悠子・牧勝弘・天野成昭 (2018) 心理統計のためのSPSS操作マニュアル
　　　─ t 検定と分散分析　ナカニシヤ出版

※ 作成した図や表をwordへ貼り付けたい場合は第8章を参照　　**レポート**

・ 瀬谷安弘・天野成昭 (2020) 心理学研究のためのレポート・論文の書き方マニュアル
　　　─ 執筆のキーポイントと例文　ナカニシヤ出版　← 文例豊富でレポートの書き方の参考になる

導入2 棒グラフと折れ線グラフの使い分け

独立変数が離散量か連続量によって適切なグラフが異なります。
離散量とは「性別」のように変数の値が連続していないデータであり、連続量とは「身長」のように理論上、変数の値が連続しているデータです。

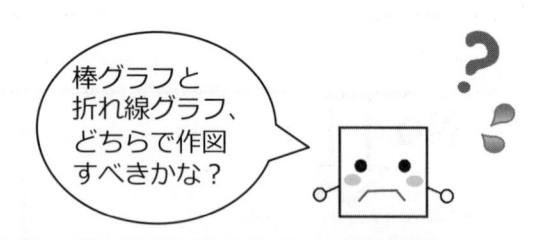

棒グラフと
折れ線グラフ、
どちらで作図
すべきかな？

棒グラフ：独立変数（要因）が**離散量**の場合に適しています！　（第3章を参照）

折れ線グラフ：独立変数（要因）が**連続量**の場合に適しています！　（第4章を参照）

＜独立変数の性質に応じた適切なグラフ＞

独立変数の性質は？

離散量
例：名義尺度（性別など）
　　順序尺度（順位など）

連続量
例：間隔尺度（温度など）
　　比例尺度（時間など）

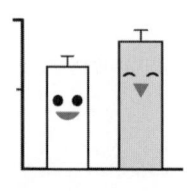

棒グラフ

折れ線グラフ

導入３ 棒グラフのデータ配置方法

棒グラフでは、一番比較したい条件が隣り合うように棒を並べると、違いが分かりやすくなります。行列の入れ替え、系列間の間隔などの変更方法については、pp.77〜84を参照。

例：単語の記憶成績（正再認率）をうつ病群と健常群で比較したい

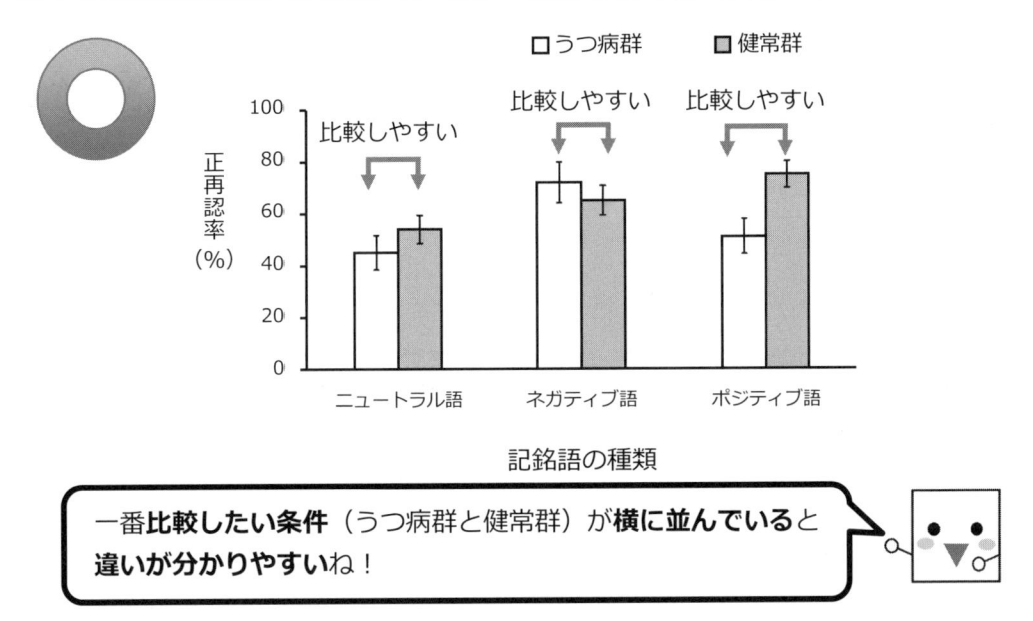

一番**比較したい条件**（うつ病群と健常群）が**横に並んでいる**と**違いが分かりやすい**ね！

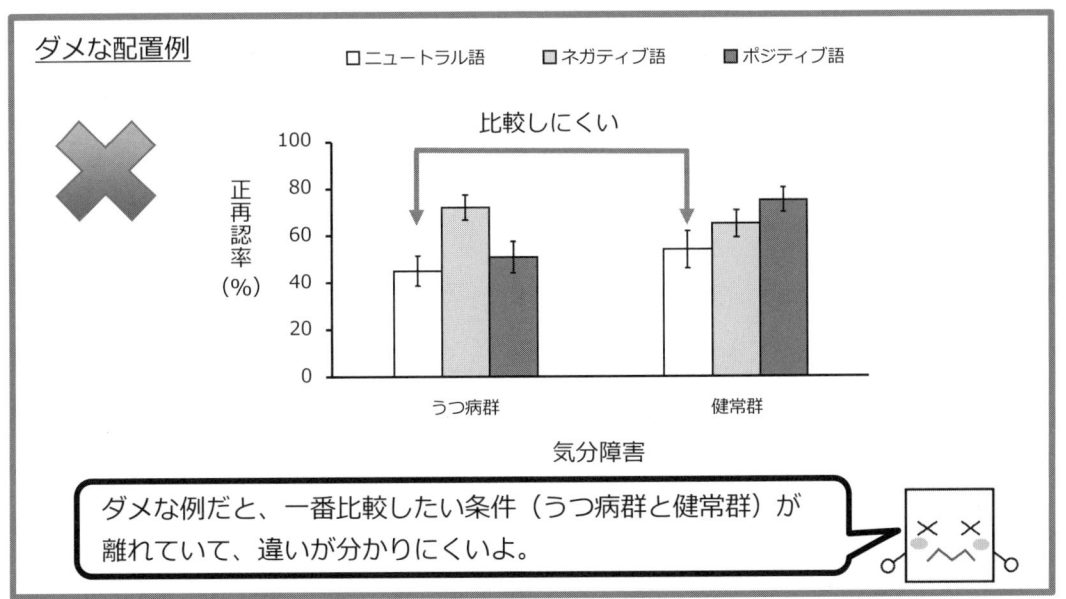

導入４ 表のデータ配置方法

表では、一番比較したい条件が上下に隣り合うようにデータを並べると、
違いが分かりやすくなります。

例：性格特性を愛着スタイル間で比較したい

愛着スタイル	性格特性				
	神経症傾向	外向性	開放性	協調性	誠実性
安定型	2.3	4.1	3.7	3.9	3.3
回避型	3.8	2.2	2.1	2.6	3.4
相反型	3.6	3.4	2.3	3.3	2.9

比較しやすい
比較しやすい

> 一番比較したい条件（愛着スタイルの型）が上下に並んでいると
> 違いが分かりやすいね！

ダメな配置例

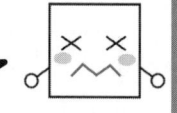

性格特性	愛着スタイル		
	安定型	回避型	相反型
神経症傾向	2.3	3.8	3.6
外向性	4.1	2.2	3.4
開放性	3.7	2.1	2.3
協調性	3.9	2.6	3.3
誠実性	3.3	3.4	2.9

比較しにくい　　比較しにくい

> ダメな例だと、一番比較したい条件（愛着スタイルの型）が
> 左右に並んでいて、違いが分かりにくいよ。

 データセットの作り方

1.1 測定データのデータセットの作り方

心理実験で測定した値（測定データ）を解析するためには、それを
SPSSやExcelに入力して、データセットを作る必要があります。

> 測定データの**データセット**は、**平均値**や**標準偏差**
> を求めたり、**作図**や**作表**をするために**使う**よ！

 **基本** **1行目（横方向）に変数名（独立変数、従属変数）を、A列（縦方向）に参加
者IDを入力した枠組み（下表の網掛け部分）を作成し、データを入力します。**

例：データセット

ID	部活動	50m走のタイム	靴のサイズ	身長	体重
1	バレー部	6.5	26	176	62.9
2	水泳部	7.6	27	170	67.5
3	サッカー部	6.8	27.5	172	65.8
⋮	…	…	…	…	…
⋮	…	…	…	…	…
100	野球部	6.7	26.5	174	64.3
101	演劇部	8.2	26	169	58.7

※ ここで作成した**測定データのデータセットのままではSPSSで正しく解析できません。**
分析方法に合わせてデータセットを適切に作り変える必要があります。
p.9からその方法を示します。

データセットには、**測定した全情報を入力する**よ。
全ての情報を入力できるように変数名に
不足がないか確認しよう！

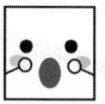

作成した**測定データのデータセット**を「**元ファイル**」として保存した後、
それを**コピーして**「**解析用ファイル**」を**作成**し、このファイルを解析に
用いよう。このように元ファイルと解析用ファイルを別にしておくと、
誤って解析用ファイルの内容を書き換えてしまった場合や、ファイル自体
を消してしまった場合でも、元ファイルからデータを復元できるよ！

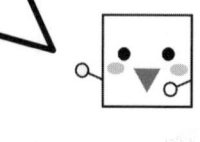

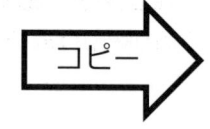

| 元ファイル | コピー | 解析用ファイル |

これは保存用 　　　　　　　　　　これを使って解析する

コツ!

<u>元ファイルをコピーして解析用ファイルを作成するべし！</u>
<u>元ファイルの中身を絶対にいじらないようにするべし</u>◎

1.2 対応のない t 検定、1要因実験参加者間分散分析の
　　　 データセットの作り方

1行目に**独立変数**と**従属変数**のそれぞれについて**変数名を入力**します。
2行目以降には、**水準ごとにデータを縦に入力**します。

<独立変数>　　<従属変数>

水準	計測値
1	水準1のデータ1
1	水準1のデータ2
1	水準1のデータ3
1	：
2	水準2のデータ1
2	水準2のデータ2
2	水準2のデータ3
2	：
3	水準3のデータ1
3	水準3のデータ2
3	水準3のデータ3
3	：

例：対応のない t 検定用および、
　　 1要因実験参加者間分散分析用の
　　 SPSSのデータセット

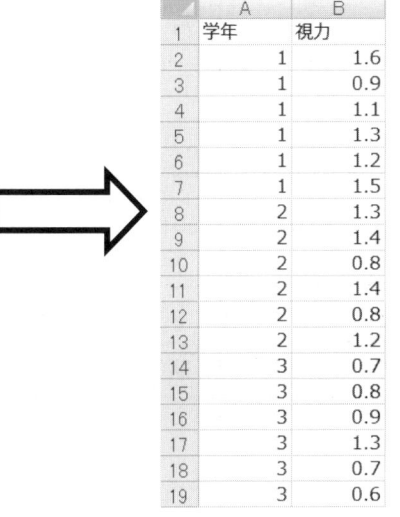

	A	B
1	学年	視力
2	1	1.6
3	1	0.9
4	1	1.1
5	1	1.3
6	1	1.2
7	1	1.5
8	2	1.3
9	2	1.4
10	2	0.8
11	2	1.4
12	2	0.8
13	2	1.2
14	3	0.7
15	3	0.8
16	3	0.9
17	3	1.3
18	3	0.7
19	3	0.6

各変数のデータを縦方向へ入力していきます。
対応のない t 検定では水準数が2つであり、1要因実験参加者間分散分析
では水準数が3つ以上になります。対応のない t 検定と1要因実験参加者
間分散分析のデータセットには基本的に水準数の違いしかありません。

1.3 対応のある t 検定のデータセットの作り方

対応のある t 検定では、各実験参加者のデータがすべての水準で測定されています。

1行目に**各水準の名称を入力**します (A列：水準1、 B列：水準2)。
2行目以降には、**同じ実験参加者のデータが横に並ぶように、各水準のデータを入力**します。

水準1	水準2
Oさん水準1データ	Oさん水準2データ
Pさん水準1データ	Pさん水準2データ
Qさん水準1データ	Qさん水準2データ
Rさん水準1データ	Rさん水準2データ
Sさん水準1データ	Sさん水準2データ
Tさん水準1データ	Tさん水準2データ
Uさん水準1データ	Uさん水準2データ
：	：

例：対応のある t 検定用の
SPSSのデータセット

	A	B
1	留学前	留学後
2	75	77
3	66	81
4	62	89
5	75	81
6	67	88
7	71	93
8	67	82
9	77	78
10	79	79
11	80	76

対応のある t 検定では、**独立変数の情報をあえてデータとして入力しません**。その代わりに、**独立変数の水準別のデータを縦方向**に並べ、**各実験参加者のデータを横方向**に並べます。

1.4 1要因実験参加者内分散分析のデータセットの作り方

1要因実験参加者内分散分析では、**実験参加者ごと**、**水準ごと**にデータを**縦に**並べます。

　1列目に**実験参加者名**や**実験参加者ID**の情報を**入力**します。
　2列目に**独立変数の水準**の情報を**入力**します。
　3列目に、1列目の実験参加者において2列目の水準で測定した**データ**を**入力**します。

実験参加者	水準	計測値
Oさん	1	Oさん水準1データ
Oさん	2	Oさん水準2データ
Oさん	3	Oさん水準3データ
:	:	:
Pさん	1	Pさん水準1データ
Pさん	2	Pさん水準2データ
Pさん	3	Pさん水準3データ
:	:	:
Qさん	1	Qさん水準1データ
Qさん	2	Qさん水準2データ
Qさん	3	Qさん水準3データ
:	:	:

例：1要因実験参加者内分散分析用の
SPSSのデータセット

	A	B	C
1	実験参加者	経過日数	最高血圧
2	Oさん	0	165
3	Oさん	15	153
4	Oさん	30	146
5	Oさん	45	141
6	Pさん	0	126
7	Pさん	15	119
8	Pさん	30	107
9	Pさん	45	110
10	Qさん	0	147
11	Qさん	15	147
12	Qさん	30	130
13	Qさん	45	119
14	Rさん	0	139
15	Rさん	15	129

　1人目の実験参加者のデータを水準別に縦に並べたら、次の実験参加者のデータを
縦に並べるというように、**実験参加者別に縦方向へデータを入力**していく。

実は…

1要因実験参加者内分散分析用のSPSSのデータセットは、実験参加者別に
縦に並べずに、対応のある t 検定用のSPSSのデータセットと同じように、
水準別に横方向にデータを入力しても分析ができるよ！

第1章で紹介したSPSSのデータセットの作り方は1要因までの場合だよ。2要因の分散分析のデータセットの作り方については、金谷他（2018）を参照してね！

・ 金谷英俊・磯谷悠子・牧勝弘・天野成昭 (2018) 心理統計のための
　SPSS操作マニュアル　ー t 検定と分散分析　ナカニシヤ出版

 2要因の場合は，要因が増えた分だけ入力欄（列方向）を追加すればいいよ

● 本書のマスコットキャラクターの紹介

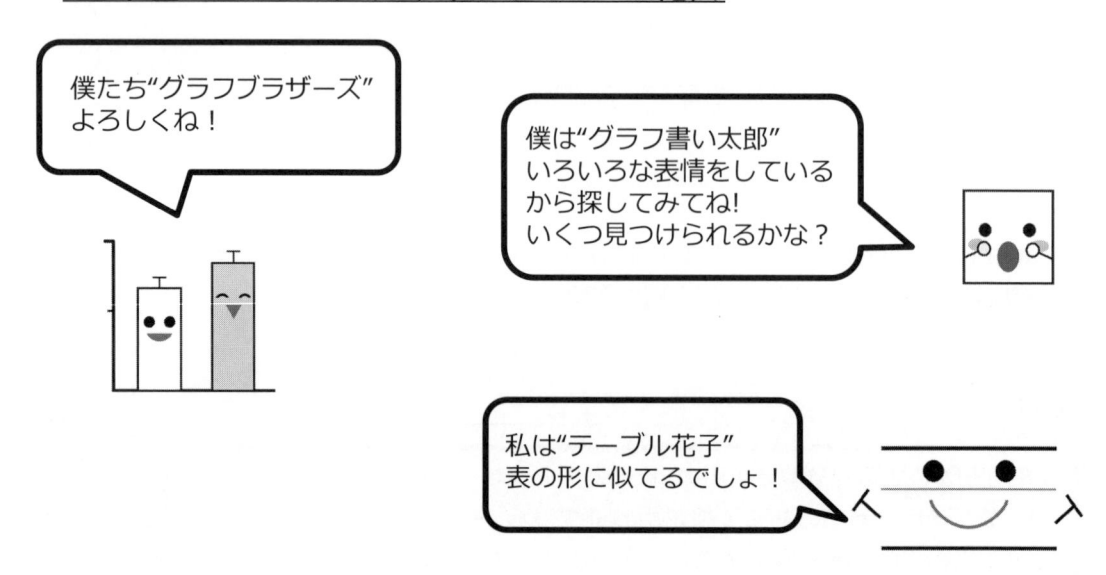

僕たち"グラフブラザーズ"
よろしくね！

僕は"グラフ書い太郎"
いろいろな表情をしている
から探してみてね!
いくつ見つけられるかな？

私は"テーブル花子"
表の形に似てるでしょ！

※ 本書のマスコットキャラクターは著者の中村がデザインしました。

 データの並べ替え方

エクセルに入力したデータを「参加者番号順」、「条件順」などの、特定の基準に従って並べ替える方法を示します。

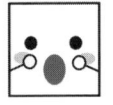 データを並べ替えることで、データの整理や分析が簡単になるよ。

例：治療時間ごとのうつ得点のデータ

<並べ替え前>

	A	B	C
1	参加者	治療時間	うつ得点
2	Bさん	40	40
3	Dさん	40	48
4	Dさん	20	52
5	Aさん	40	60
6	Dさん	0	64
7	Eさん	40	64
8	Aさん	20	65
9	Cさん	40	65
10	Eさん	20	70
11	Bさん	20	72
12	Eさん	0	73
13	Bさん	0	75
14	Aさん	0	80
15	Cさん	0	83
16	Cさん	20	86

<並べ替え後>

	A	B	C
1	参加者	治療時間	うつ得点
2	Aさん	0	80
3	Aさん	20	65
4	Aさん	40	60
5	Bさん	0	75
6	Bさん	20	72
7	Bさん	40	40
8	Cさん	0	83
9	Cさん	20	86
10	Cさん	40	65
11	Dさん	0	64
12	Dさん	20	52
13	Dさん	40	48
14	Eさん	0	73
15	Eさん	20	70
16	Eさん	40	64

 上の例では、「参加者順」と「治療時間順」でデータを並べ替えているよ。こうすると見やすいね。

2.1 データの見出し（変数名）がある場合の並べ替え方

手順1

並べ替えたいデータをすべて選択します。

データの見出し（1行目）も一緒に選択しましょう。

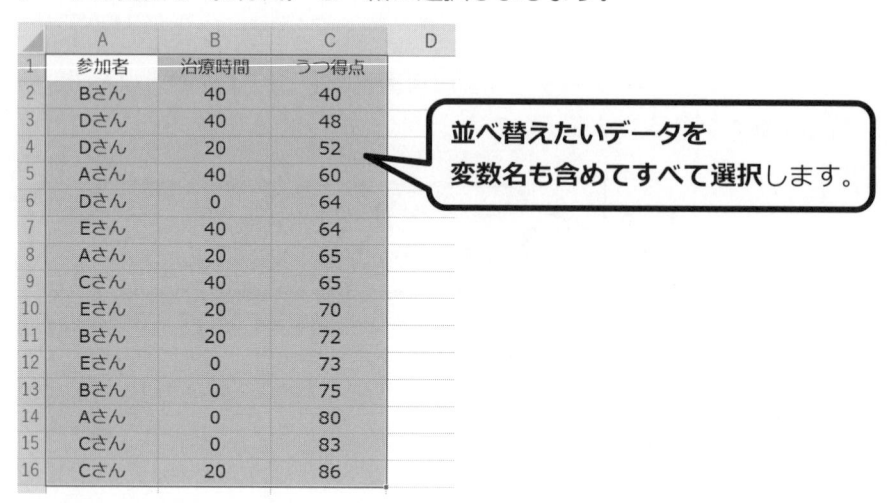

並べ替えたいデータを
変数名も含めてすべて選択します。

手順2

メニューバーから、**[ホーム]** → **[並べ替えとフィルター]** →
[ユーザー設定の並べ替え] を選択します。

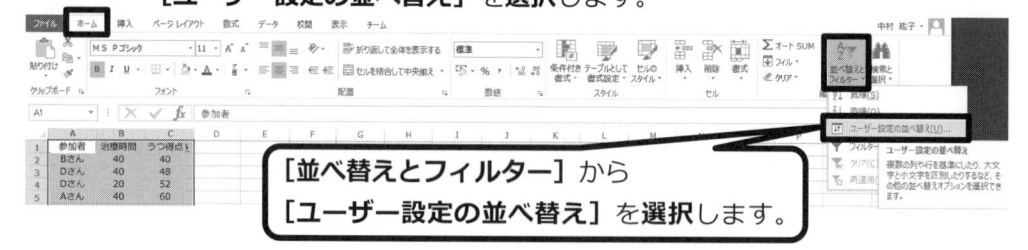

[並べ替えとフィルター] から
[ユーザー設定の並べ替え] を選択します。

※ **メニューバー**から、**[データ]** → **[並べ替え]** を選択しても、
並べ替えが可能です。

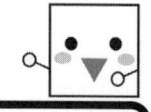

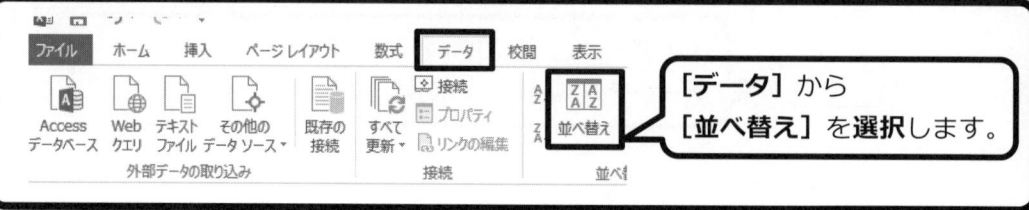

[データ] から
[並べ替え] を選択します。

並べ替えの基準を指定します。

 ① **先頭行をデータの見出しとして指定する**にチェックを**入れます。**

（先頭行にデータの見出しがない場合には p.16以降を参照）

② **最優先されるキー**に「参加者」を指定します。

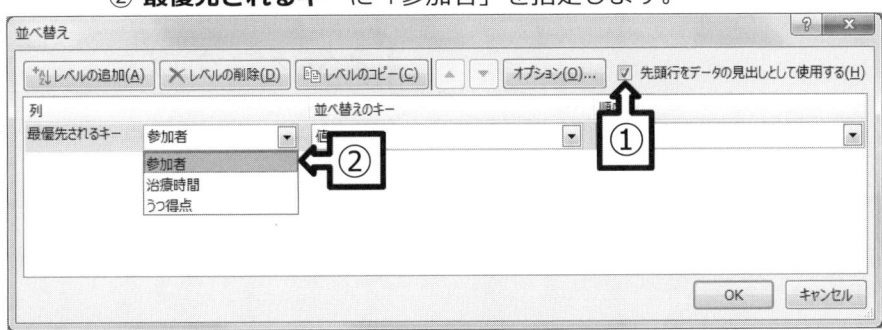

並べ替えの基準を追加します。

 ① **[レベルの追加]** を**クリック**します。

② **次に優先されるキー**に「治療時間」を指定します。

③ **[OK]** を**クリック**すると、指定した基準でデータが並べ替えられます。

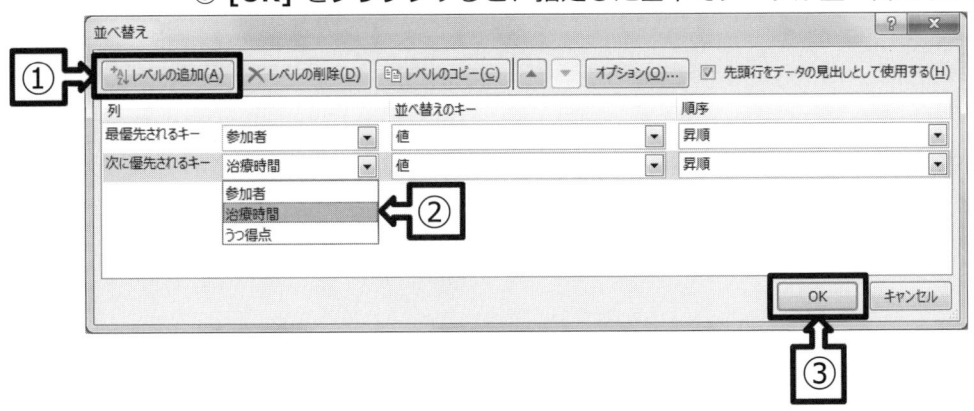

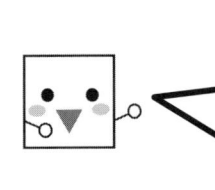 並べ替えの順序を…

「昇順」にすると**小さな値から大きな値**の順番

「降順」にすると**大きな値から小さな値**の順番

に並べ替えることができるよ。

2.2 データの見出し（変数名）がない場合の並べ替え方

手順1 **並べ替えたいデータをすべて選択**します。
以下のようにデータのみ選択します。

	A	B	C
1	Bさん	40	40
2	Dさん	40	48
3	Dさん	20	52
4	Aさん	40	60
5	Dさん	0	64
6	Eさん	40	64
7	Aさん	20	65
8	Cさん	40	65
9	Eさん	20	70
10	Bさん	20	72
11	Eさん	0	73
12	Bさん	0	75
13	Aさん	0	80
14	Cさん	0	83
15	Cさん	20	86

> 並べ替えたいデータを
> すべて選択します。

手順2 **メニューバー**から、[**ホーム**] → [**並べ替えとフィルター**] →
[**ユーザー設定の並べ替え**] を**選択**します。

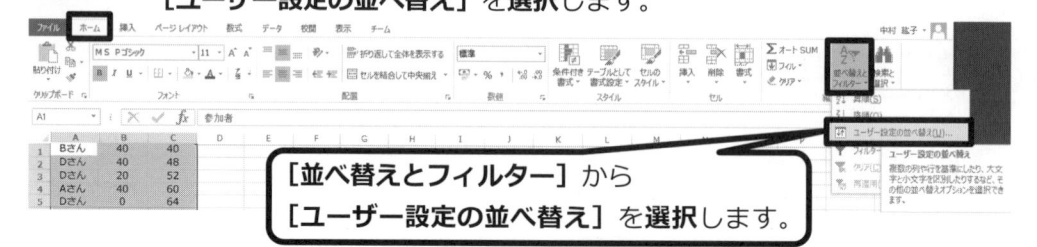

> [並べ替えとフィルター] から
> [ユーザー設定の並べ替え] を**選択**します。

※ **メニューバー**から、[**データ**] → [**並べ替え**] を**選択**しても、
並べ替えが可能です。

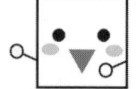

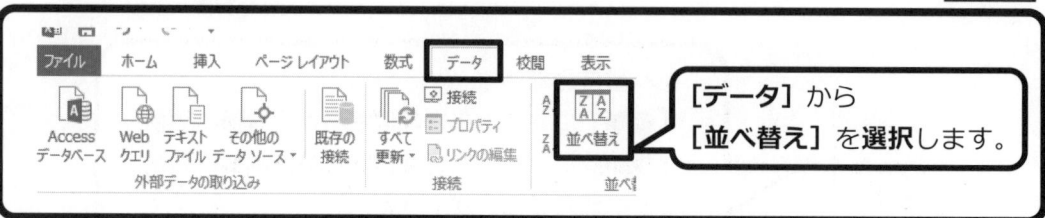

> [データ] から
> [並べ替え] を**選択**します。

並べ替えの基準を指定します。

① **先頭行をデータの見出しとして指定する**のチェックを**外します。**

（先頭行にデータの見出しがある場合にはp.14以降を参照）

② **最優先されるキー**に「列A」を指定します。

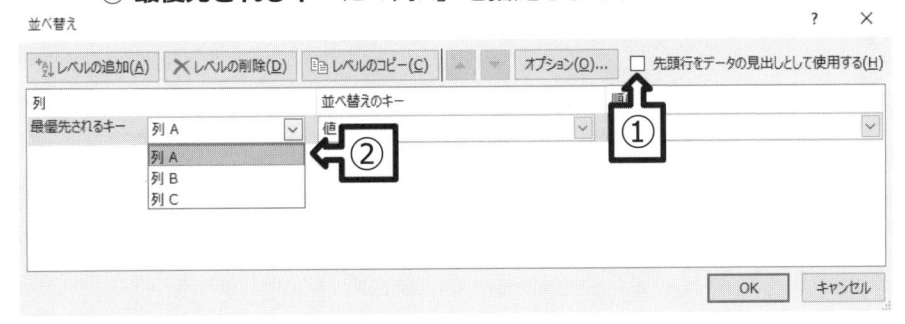

並べ替えの基準を追加します。

① **[レベルの追加]** を**クリック**します。

② **次に優先されるキー**に「列B」を指定します。

③ **[OK]** を**クリック**すると、指定した基準でデータが並べ替えられます。

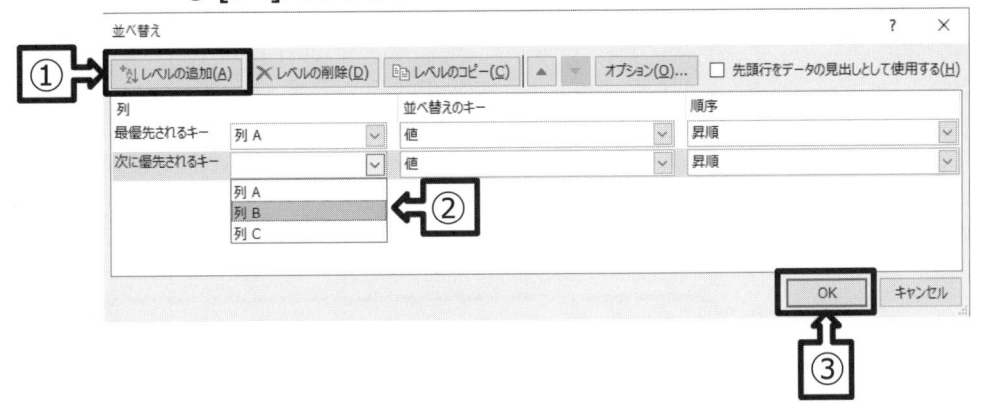

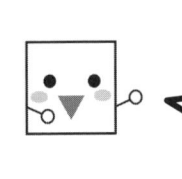

並べ替えの順序を…

「昇順」にすると**小さな値から大きな値**の順番

「降順」にすると**大きな値から小さな値**の順番

に並べ替えることができるよ。

並べ替え後のデータの見本

例：データの見出しがない場合の並べ替え後のデータ

	A	B	C	
1	Aさん	0	80	
2	Aさん	20	65	
3	Aさん	40	60	
4	Bさん	0	75	
5	Bさん	20	72	
6	Bさん	40	40	
7	Cさん	0	83	
8	Cさん	20	86	
9	Cさん	40	65	
10	Dさん	0	64	
11	Dさん	20	52	
12	Dさん	40	48	
13	Eさん	0	73	
14	Eさん	20	70	
15	Eさん	40	64	

こんな感じに並べ替えられたかな？
列Aの「参加者順」、列Bの「治療時間順」に
並べ替えられていて見やすいね。

 **第3章** # 棒グラフの作り方

棒グラフとは、独立変数（要因）の値（水準）ごとに、従属変数の値を棒の長さで表した図です。

p.4で述べたように、独立変数（要因）が離散量の場合に棒グラフを用います。

この章では、（A）1要因の棒グラフの作り方と、（B）2要因の棒グラフの作り方を説明します。作りたいグラフが（A）の場合は3.1節（p.20）へ、（B）の場合は3.2節（p.56）へ進んでください。

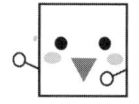

(A) 1要因の棒グラフ (独立変数が1つの場合の棒グラフ)

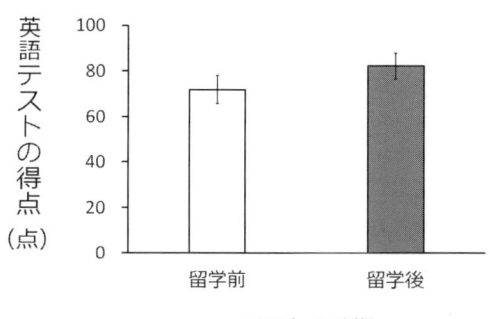

(B) 2要因の棒グラフ (独立変数が2つの場合の棒グラフ)

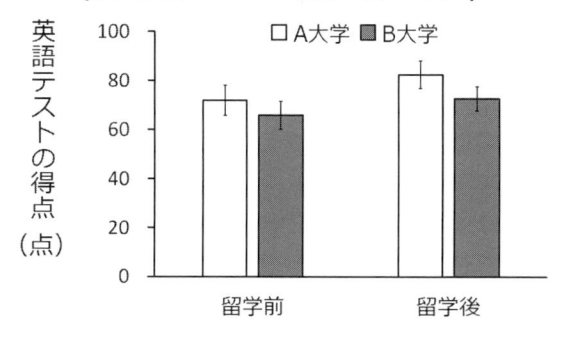

3.1　1要因の棒グラフの作り方

1要因の棒グラフの作り方を、下の例題のデータを用いて説明します。この例題の要因（すなわち独立変数）はテストの時期であり、その水準は留学前と留学後の2水準です。この例題の要因は**離散量**なので、結果を「**棒グラフ**」で表します。

例題

ある大学の学生10名が英語圏の国へ語学留学をした。この10名が、留学前および留学後に受けた英語テストの得点を Table 3.1 に示す。語学留学の効果について検討せよ。

Table 3.1
英語テストの得点（点）

実験参加者	留学前	留学後
Oさん	75	77
Pさん	66	81
Qさん	62	89
Rさん	75	81
Sさん	67	88
Tさん	71	93
Uさん	67	82
Vさん	77	78
Wさん	79	79
Xさん	80	76

3.1.1 データの入力と平均値・標準偏差の算出

前ページの Table 1 のデータを、**Excel**のワークシートに**入力**し、**水準ごと**に
平均値と**標準偏差**を**算出**します。

手順1　　　**Excel**のワークシートに**水準名**と**データの数値**を**入力**します。

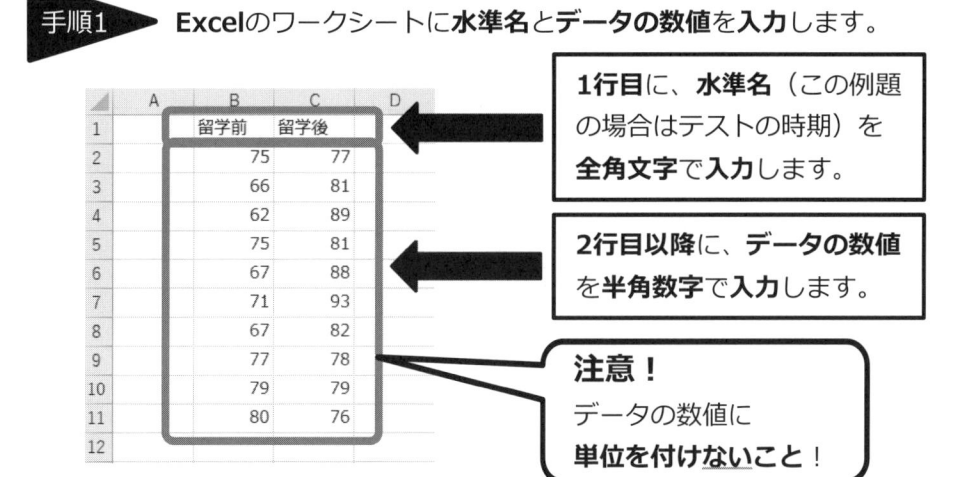

1行目に、**水準名**（この例題
の場合はテストの時期）を
全角文字で**入力**します。

2行目以降に、**データの数値**
を**半角数字**で**入力**します。

注意！
データの数値に
単位を付けないこと！

水準ごとに**平均値**を**算出**します。

手順2　　　= AVERAGE(
　　　　　　と**半角文字**で**入力**し、**マウスでデータの範囲**を**指定**し、**カッコを閉じ**、
　　　　　　Enterを**押します**。

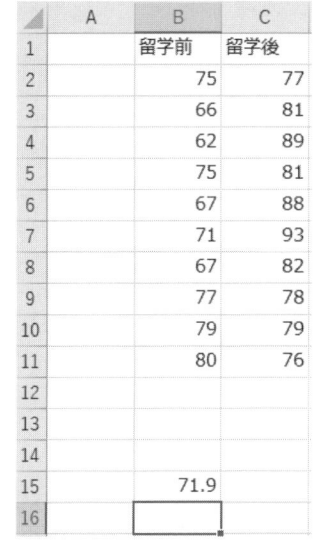

水準ごとに**標準偏差**を**算出**します。

手順3 **= STDEV(**
と**半角文字で入力**し、**マウスでデータの範囲を指定**し、**カッコを閉じ**、
Enterを押します。

	A	B	C
1		留学前	留学後
2		75	77
3		66	81
4		62	89
5		75	81
6		67	88
7		71	93
8		67	82
9		77	78
10		79	79
11		80	76
12			
13			
14			
15		71.9	
16			
17		=STDEV(B2:B11)	

	A	B	C
1		留学前	留学後
2		75	77
3		66	81
4		62	89
5		75	81
6		67	88
7		71	93
8		67	82
9		77	78
10		79	79
11		80	76
12			
13			
14			
15		71.9	
16			
17		6.17252	

手順4 留学後についても、平均値と標準偏差を同様の方法で求めます。

	A	B	C	D
1		留学前	留学後	
2		75	77	
3		66	81	
4		62	89	
5		75	81	
6		67	88	
7		71	93	
8		67	82	
9		77	78	
10		79	79	
11		80	76	
12				
13				
14				
15		71.9	=AVERAGE(C2:C11)	
16				
17		6.17252		

	A	B	C
1		留学前	留学後
2		75	77
3		66	81
4		62	89
5		75	81
6		67	88
7		71	93
8		67	82
9		77	78
10		79	79
11		80	76
12			
13			
14			
15		71.9	82.4
16			
17		6.17252	5.6999

手順5 手順2で算出した**平均値の上のセル**に、**水準名**を**入力**します。

	A	B 留学前	C 留学後
1		留学前	留学後
2		75	77
3		66	81
4		62	89
5		75	81
6		67	88
7		71	93
8		67	82
9		77	78
10		79	79
11		80	76
12			
13			
14		留学前	留学後
15	平均値	71.9	82.4
16			
17	標準偏差	6.17252	5.6999

水準ごとに**名称、平均値、標準偏差の値**を**同じ列に書き**ます。

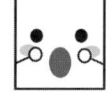 **グラフを作成する前**に、
以下のように**平均値と標準偏差を適切に配置しておきます！**

確認

14		留学前	留学後
15	平均値	71.9	82.4
16			
17	標準偏差	6.17252	5.6999

このような枠組みを用意してからグラフを作成すると水準名を追加する必要がなく
とっても便利です！

補足 オートフィルを用いた平均値・標準偏差の算出

各条件でデータ数が同じ場合、AVERAGE や STDEV を毎回入力しなくても、以下の操作を行うことで、平均値や標準偏差を算出できます。

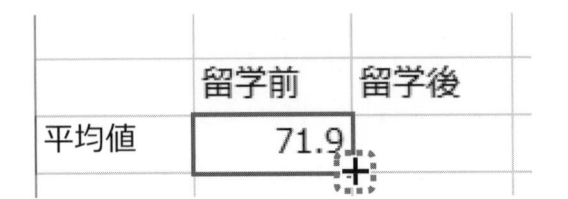

	留学前	留学後
平均値	71.9	

平均値を計算したセルの右下の角にカーソルを移動させると、**カーソルが「＋」に変化**します。

	留学前	留学後
平均値	71.9	

マウスの左ボタンを押しながら、平均値を算出したいセルに向かって**カーソルを横へ移動**させます。

	留学前	留学後
平均値	71.9	82.4

マウスの左ボタンを離すと、そのセルに平均値の**算出結果が表示**されます。

（注）**データ数が異なる場合**は、間違った平均値や標準偏差を計算する可能性があるので、**この方法を使用しない**でください。

3.1.2　棒グラフを作成する

前節で算出したテストの時期ごとの得点の平均値から、棒グラフを作成します。
下の図のように、①**2つの水準の平均値と水準名を選択**し、②**メニューバー**から
[挿入] → **[グラフ]** → **[縦棒]** → **[2-D 縦棒]** → **[集合縦棒]** を**選択**します。

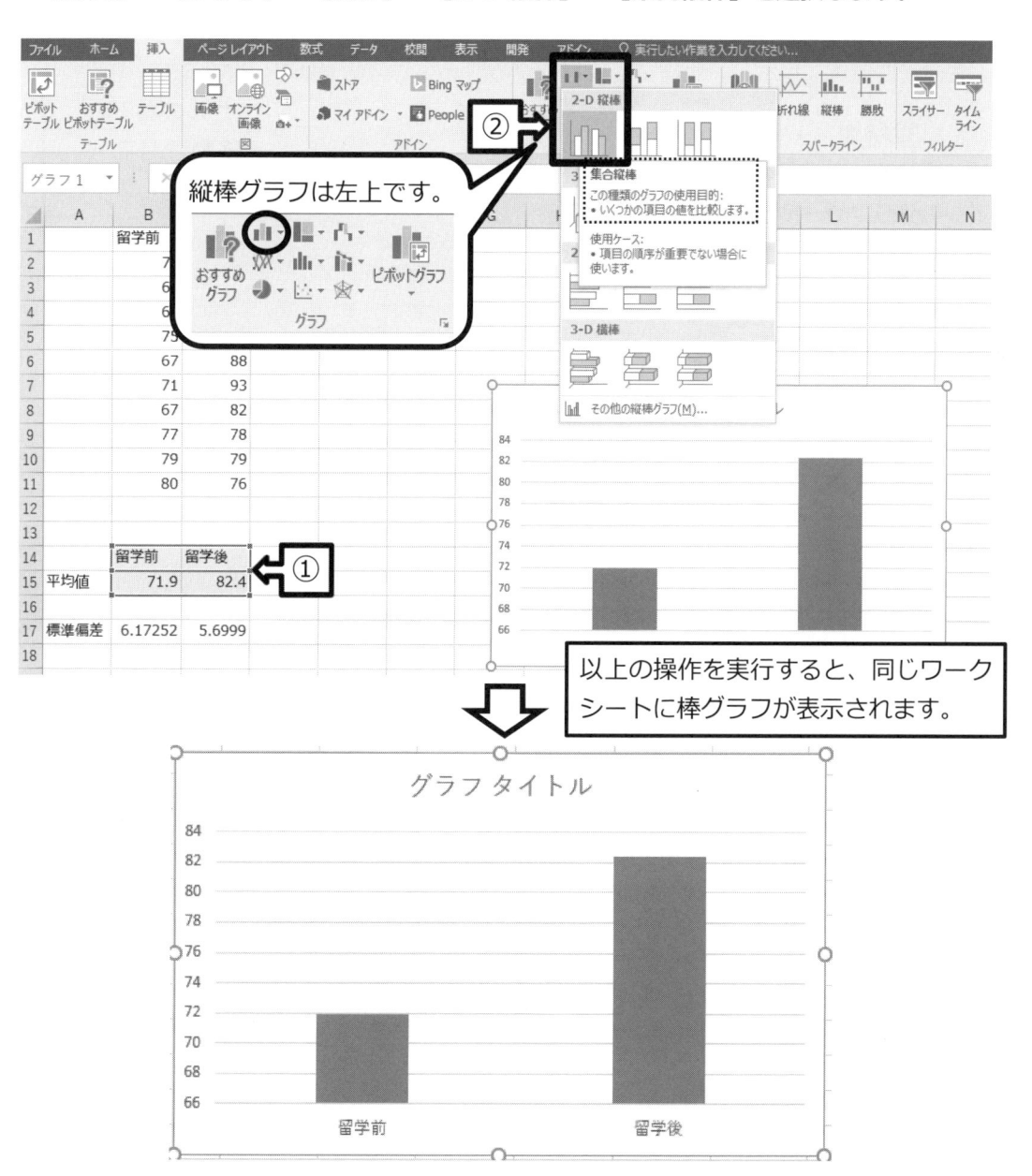

ここで**ストップ**！

p.25のグラフを**そのまま**レポートに**貼り付けて**はダメ！

なぜならば、グラフに記載しなければいけない情報が足りておらず、グラフの見た目も非常に悪く、レポートや論文に載せるグラフとして適切ではないからです。

主な**問題点**

- **グラフ**が**カラー**で作られている（この本ではモノクロで表示されています）
- **グラフの一番外に枠線**が付いている
- **縦軸**が**表示されていない**
- **縦軸の目盛**ごとに横線が付いている
- **軸の線の色が薄すぎる**（灰色に近い色）
- **縦軸と横軸の数値やラベルの文字**の大きさが小さくて**見づらい**
- 各棒グラフに、データの散らばり具合を示す「**エラーバー**」が付いていない
- **軸ラベルが付いておらず**、軸の数値や水準名が何を示しているか分からない

 下のようなグラフを目指します

1要因の棒グラフ完成見本

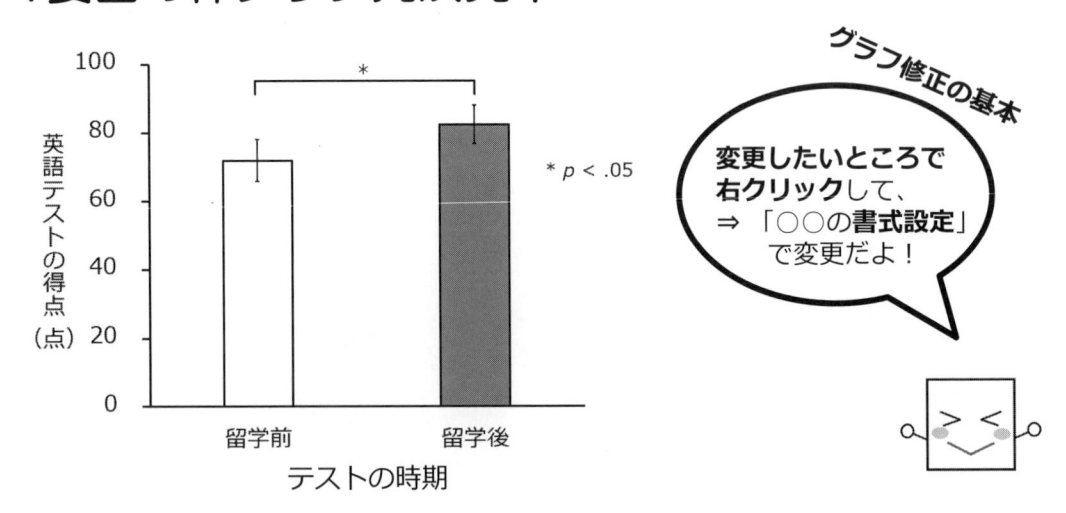

グラフ修正の基本

変更したいところで右クリックして、
⇒「○○の**書式設定**」
で変更だよ！

3.1.3　棒グラフを別ワークシートに移動する

グラフ本体を別のワークシートに移動します。

 **①グラフをクリックして選択**し、**②メニューバー**から［グラフツール］
→［デザイン］→［グラフの移動］を**選択**します。

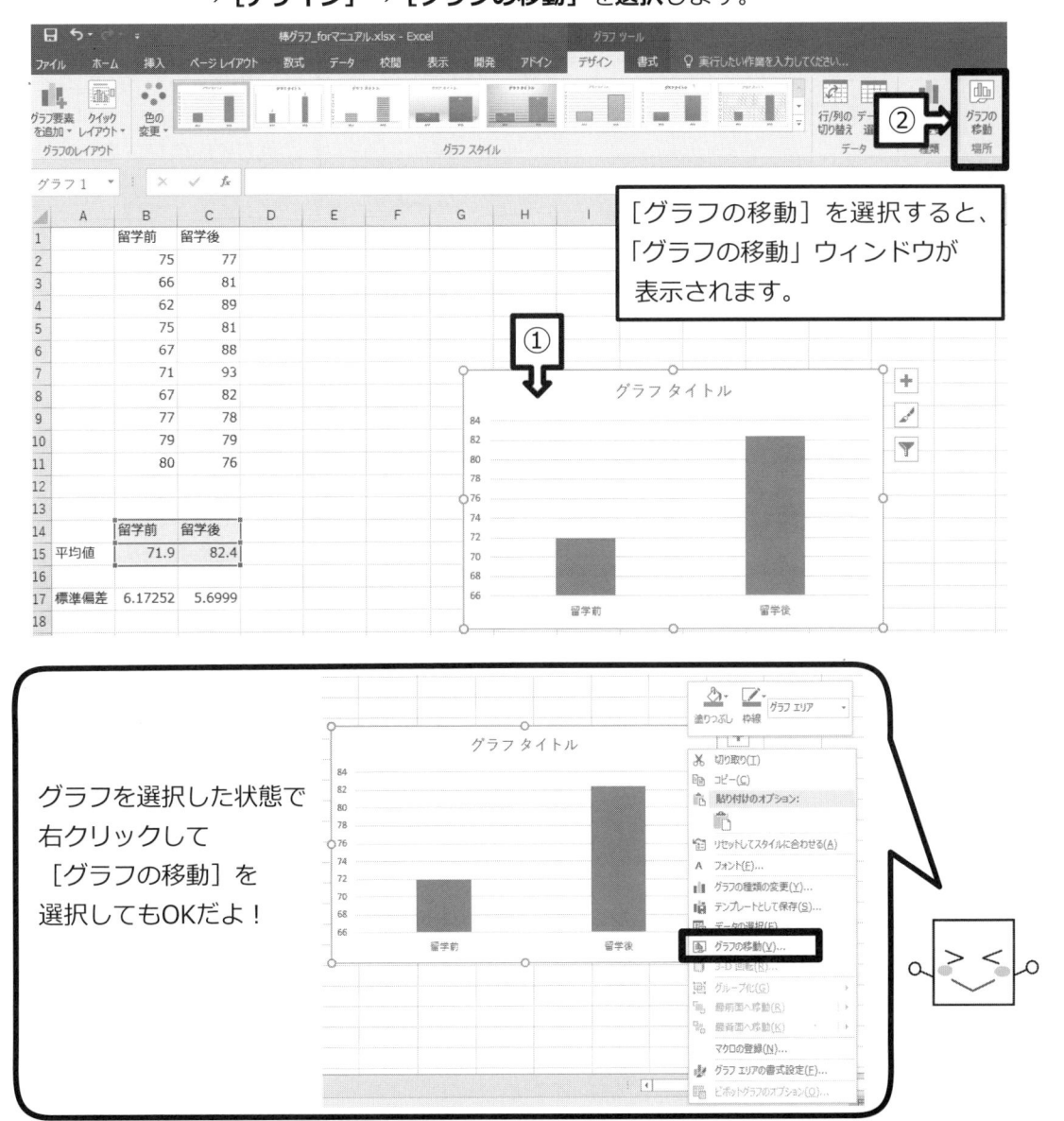

［グラフの移動］を選択すると、
「グラフの移動」ウィンドウが
表示されます。

グラフを選択した状態で
右クリックして
［グラフの移動］を
選択してもOKだよ！

 手順2　　「グラフの移動」ウィンドウで、グラフの**移動先のシート名**を**指定**します。

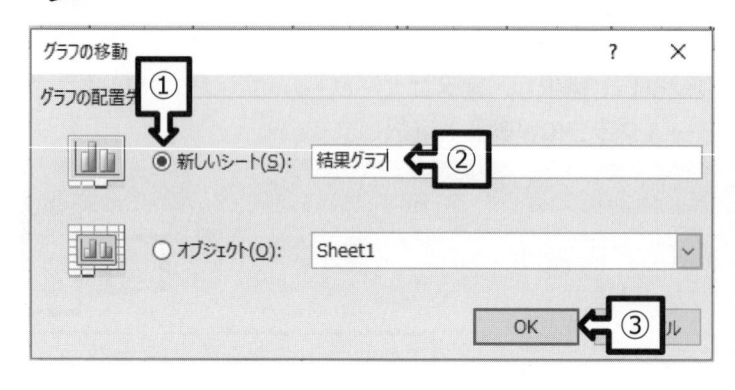

① [**新しいシート**] に
　チェックを入れます。

② **シートの名前**を**入力**
　します。

③ [**OK**] ボタンを
　押します。

新しい「結果グラフ」ワークシートが作られ、シート全体にグラフが表示されます。

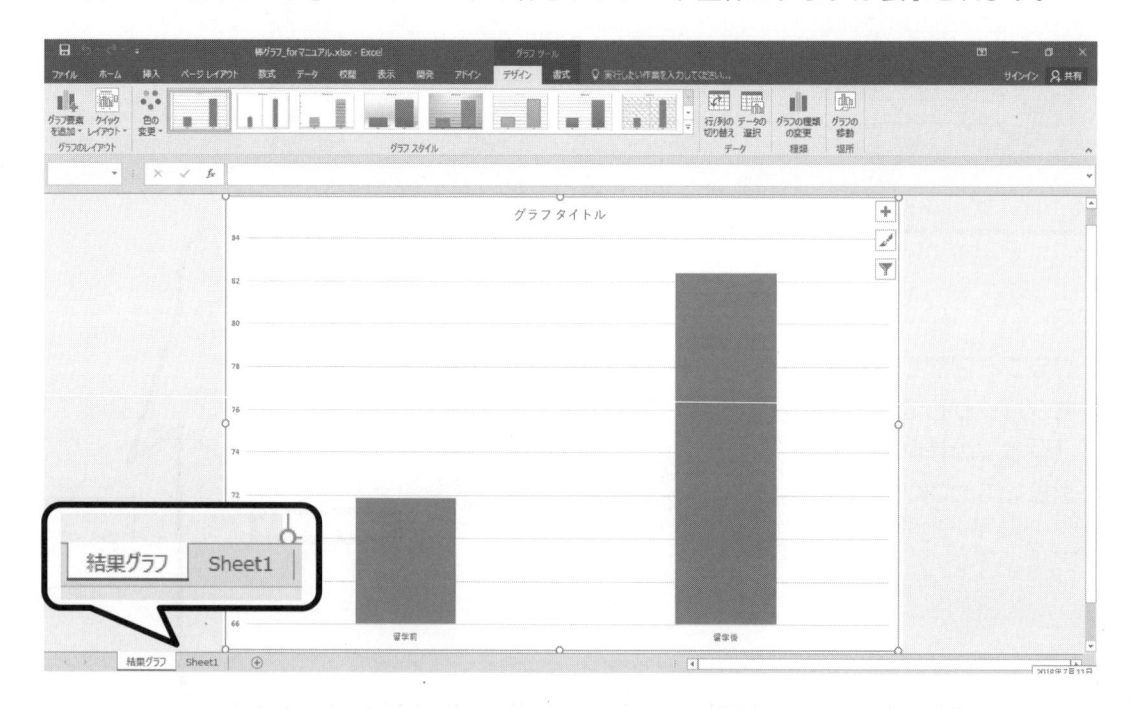

3.1.4 棒グラフを修正する

レポートにふさわしいように、**棒グラフを修正**します。

グラフの色をデフォルトの青色から**モノクロ（白黒）に変更**します。

 **手順1** ▶　①**グラフをクリックして選択**し、②**メニューバー**から［グラフツール］→
　　　　　　　［**デザイン**］→［グラフスタイル］→［**色の変更**］→［**モノクロ**］→
　　　　　　　［**色11（モノクロ）**］を選択します。

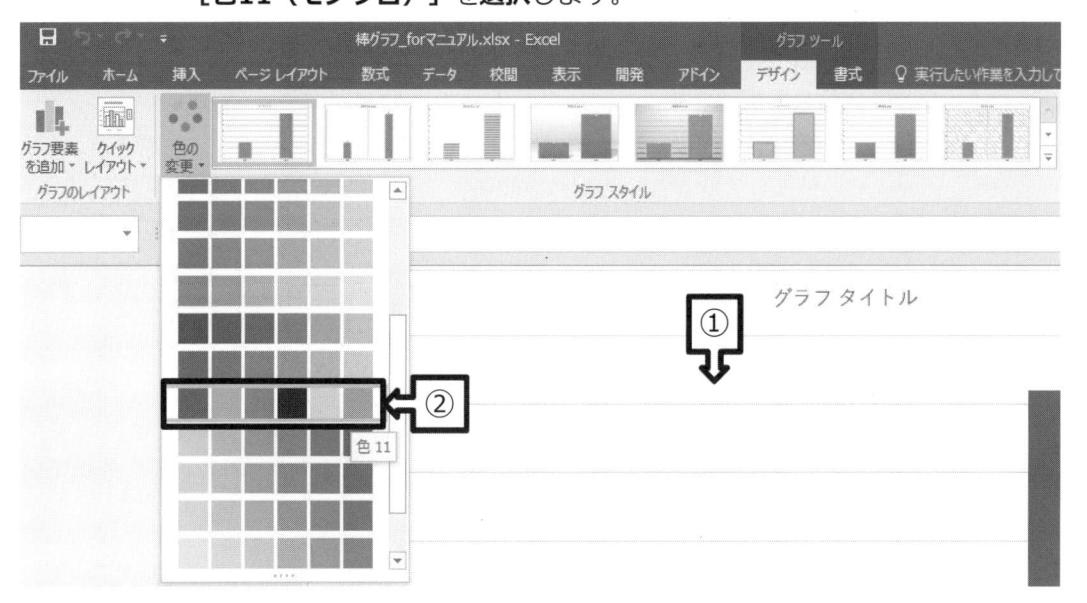

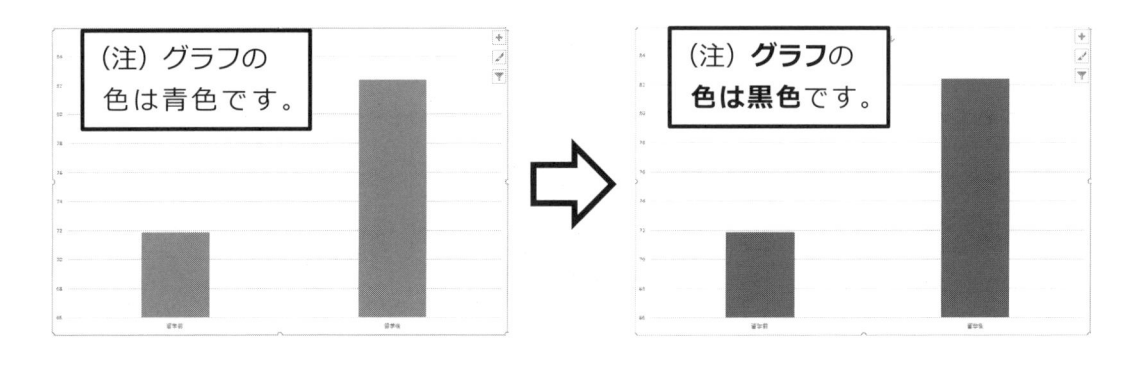

グラフの外に付いている枠線を**消去**します。

 **グラフ全体を選択した状態で右クリック**し、下から二番目の
[**グラフエリアの書式設定**]を**選択**します。
（外枠に近い領域をダブルクリックしてもOK!）

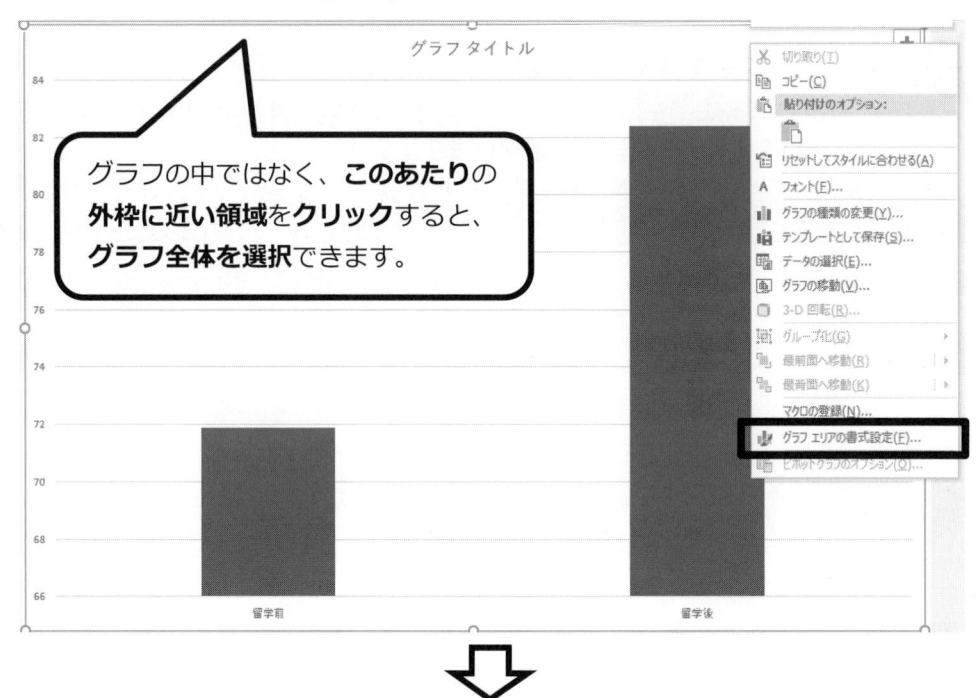

> グラフの中ではなく、**このあたりの**
> **外枠に近い領域**を**クリック**すると、
> **グラフ全体を選択**できます。

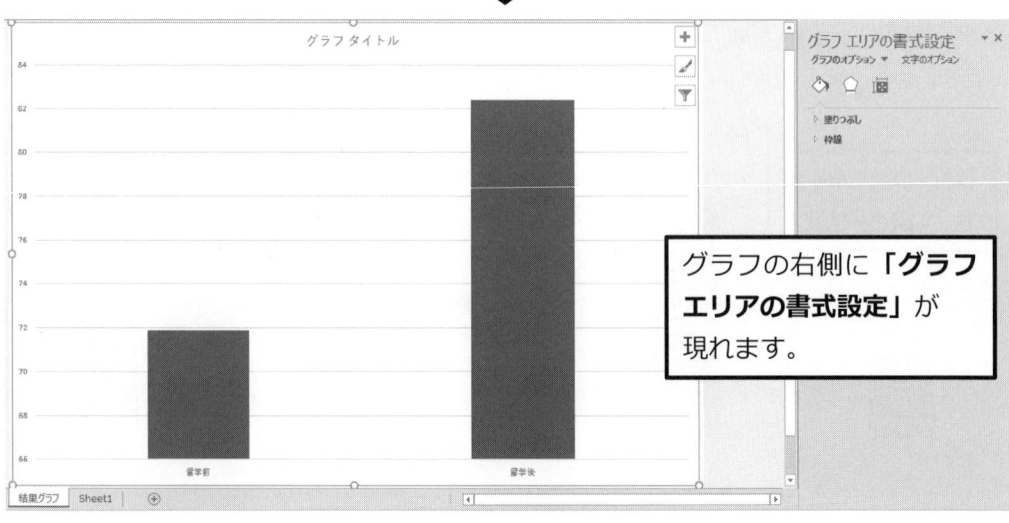

> グラフの右側に「**グラフ**
> **エリアの書式設定**」が
> 現れます。

「**グラフエリアの書式設定**」のメニュー**アイコンの一番左**［**塗りつぶしと線**］→
［**枠線**］→［**線なし**］に**チェック**を入れます。

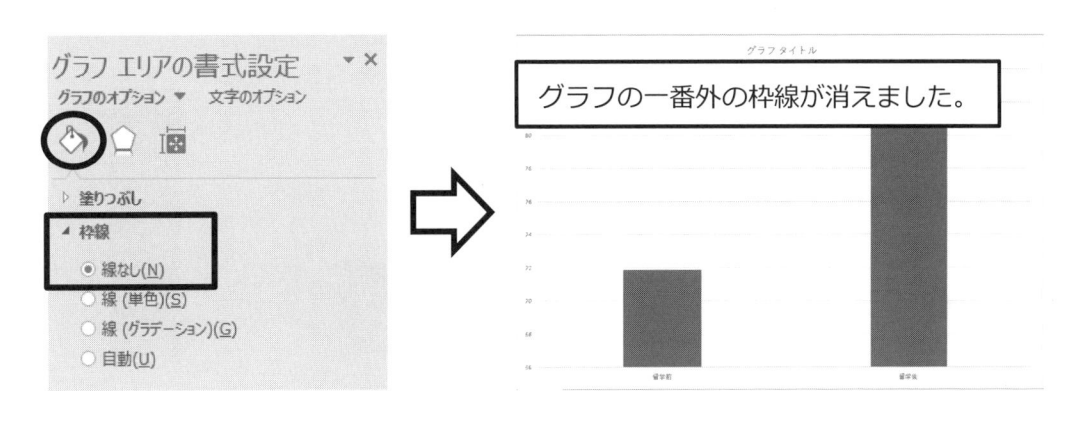

グラフの一番外の枠線が消えました。

グラフ上部の「**グラフタイトル**」**を消去**します。

手順3　「**グラフタイトル**」の文字の部分を**左クリック**し、**テキストボックスを
選択した状態**で**右クリック**し、一番上の［**削除**］を選択します。

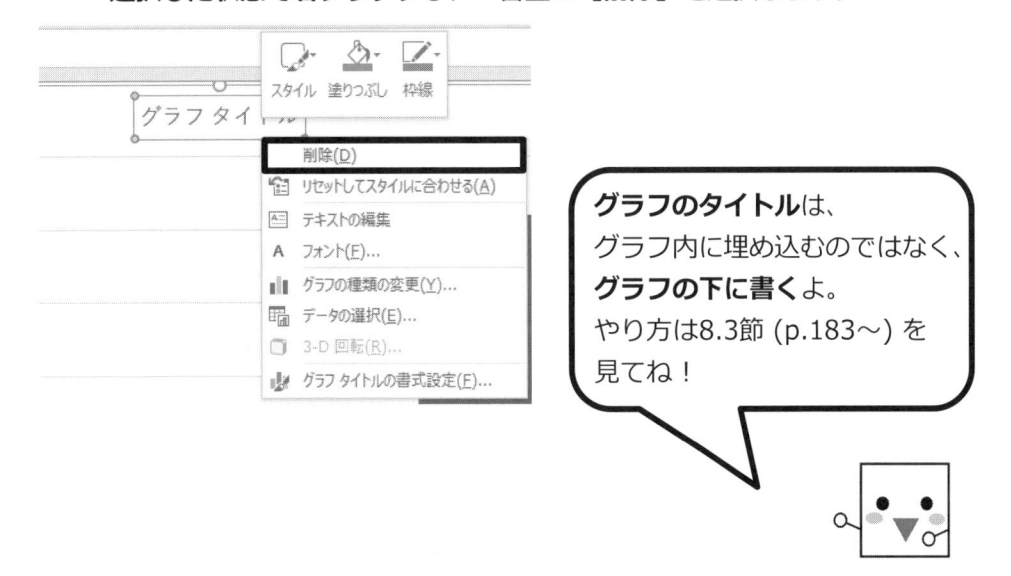

グラフのタイトルは、
グラフ内に埋め込むのではなく、
グラフの下に書くよ。
やり方は8.3節 (p.183〜) を
見てね！

＜手順3の続き＞

前ページの要領で［削除］を選択すると
「グラフタイトル」のテキストボックスが消えます。

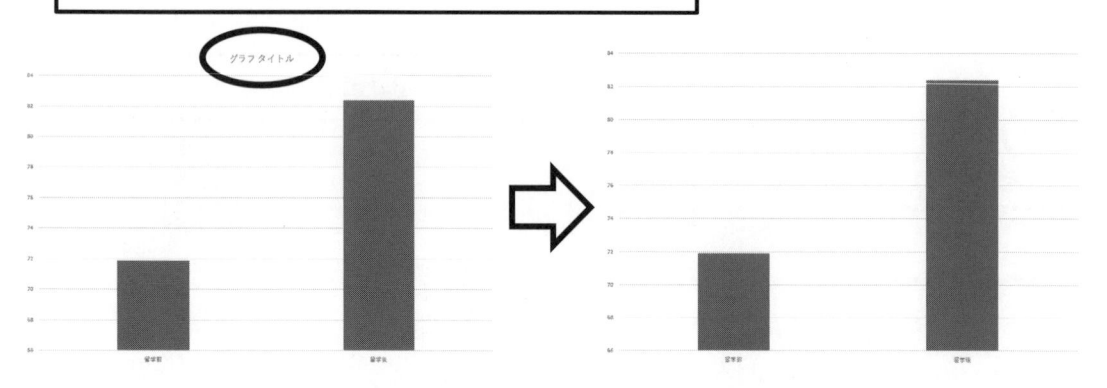

「グラフタイトル」を消去する
には、メニューバーから

　　　［グラフツール］
→［デザイン］
→［グラフレイアウト］
→［グラフ要素の追加］
→［グラフタイトル］
→［なし］

を選択しても可能だよ。

タイトルに限らず、**何かを削除したいとき**は**その項目を選択**して
キーボードの**BackSpaceキー**や**Deleteキー**を押しても**削除できる**よ。

グラフの中の横線を**消去**します。

手順4　数本の**横線のうちのいずれか1本をクリック**すると、**すべての横線が選択され**ます。**その状態で右クリック**し、一番上の［**削除**］を**選択**します。

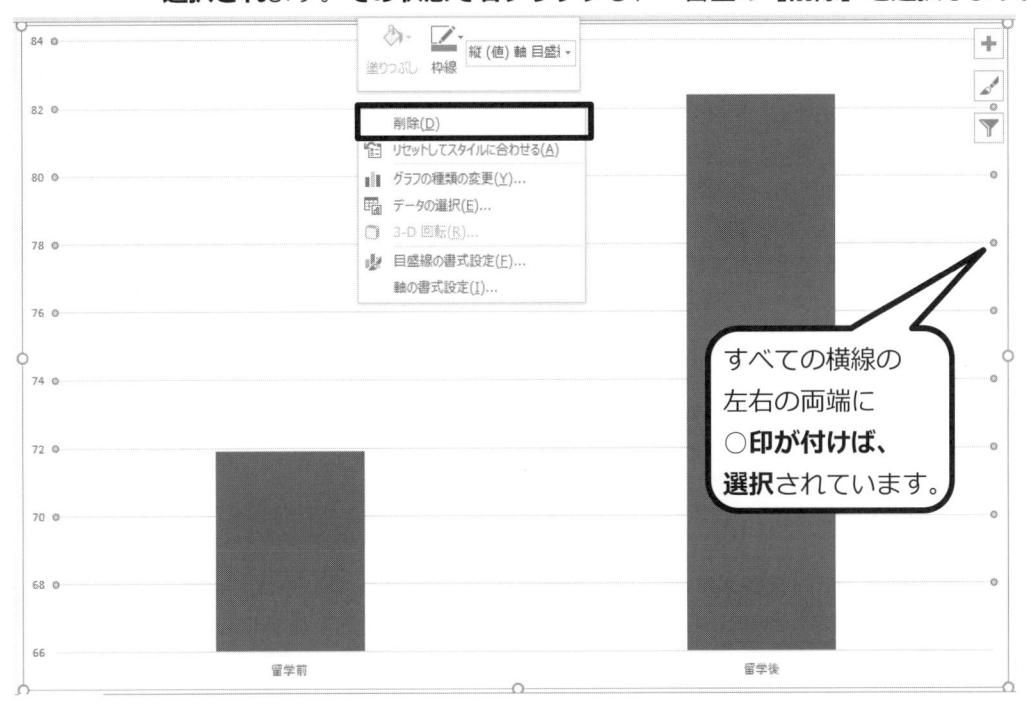

すべての横線の
左右の両端に
○**印が付けば、**
選択されています。

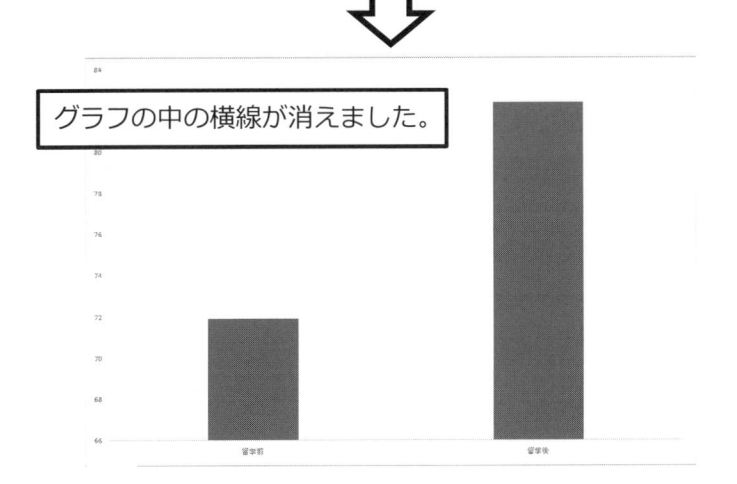

グラフの中の横線が消えました。

軸ラベルを表示し、かつ縦軸と横軸の数値や文字を大きくするために、
グラフの周囲にスペースを作ります。

手順5 **グラフ領域を選択**（グラフの中央部付近でクリック）した状態で、
グラフの**左、下、右の境界**をそれぞれ**移動**させ、**形状**を**変更**します。

＜グラフ領域の形状の変更方法＞

グラフの**境界の左側を**
マウスでドラッグし、
右に移動させます。

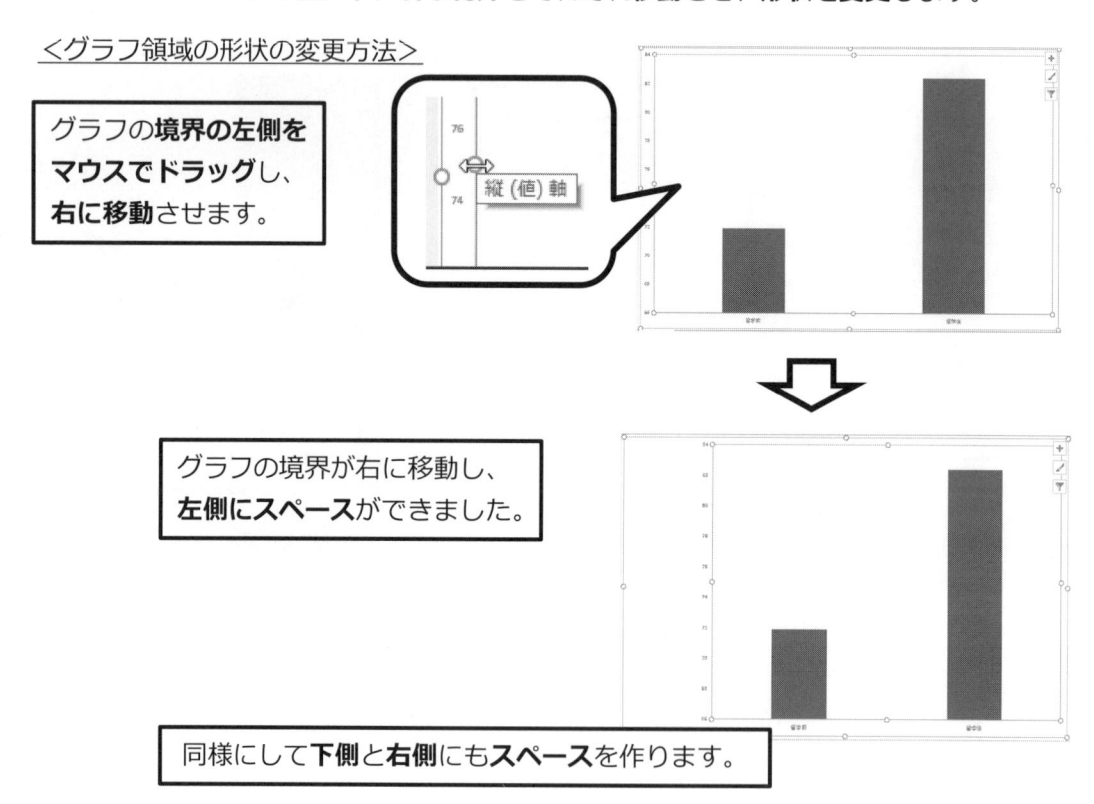

グラフの境界が右に移動し、
左側にスペースができました。

同様にして**下側**と**右側**にも**スペース**を作ります。

＜グラフ領域の形状の変更後＞

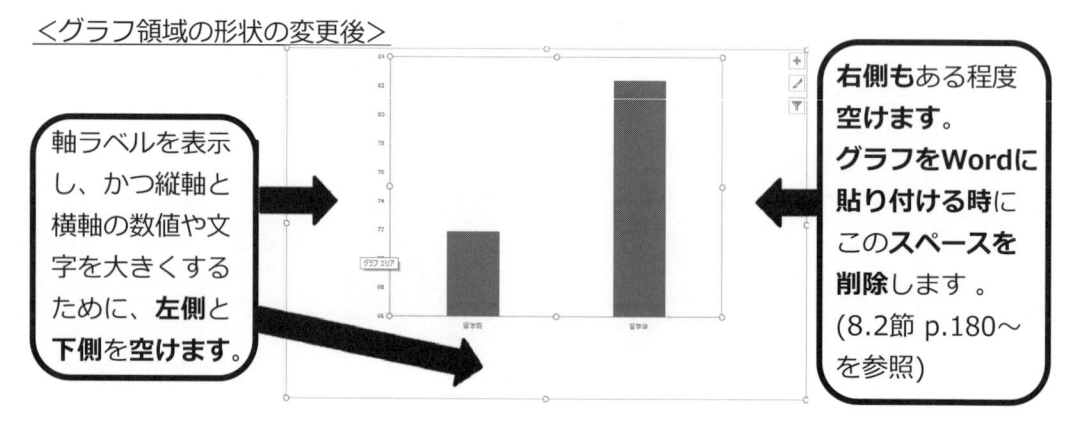

軸ラベルを表示
し、かつ縦軸と
横軸の数値や文
字を大きくする
ために、**左側**と
下側を**空けます。**

右側もある程度
空けます。
グラフをWordに
貼り付ける時に
この**スペース**を
削除します。
(8.2節 p.180〜
を参照)

縦軸の数値範囲、軸のデザイン、数値の文字の大きさなどを変更します。

手順6　　**縦軸の数値部分をクリック**すると、縦軸および軸の数値が選択されます。
その状態で**右クリック**し、一番下の［**軸の書式設定**］を選択します。

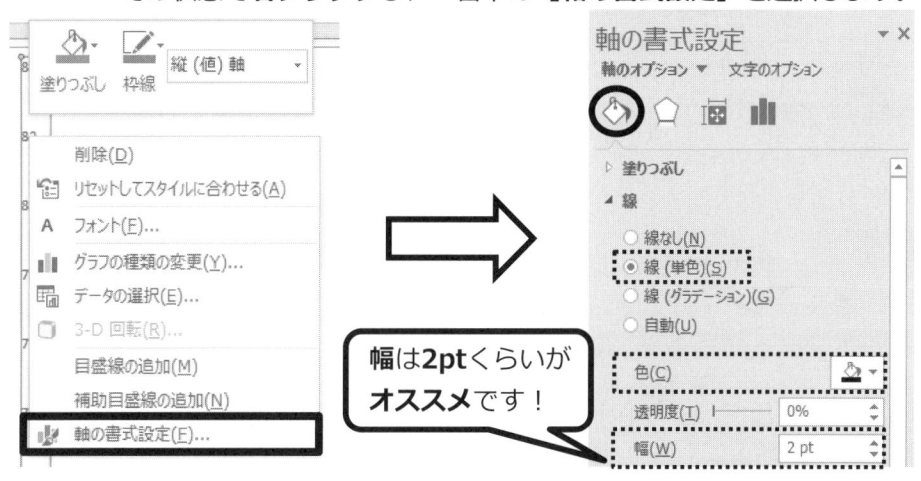

幅は**2pt**くらいが
オススメです！

［軸の書式設定］を**選択**すると、
グラフの右側に「軸の書式設定」が
開きます。

［塗りつぶしと線］（**一番左のアイコン**）で
縦軸の線の色と太さを設定します。**色を黒**に、
幅をデフォルトよりも太くします。

よく使うアイコン

　　［**塗りつぶしと線**］のアイコン

　　［**軸のオプション**］のアイコン

ここは少し分かりづらいかも
知れないけれど、
軸の書式設定をするためには、
まず**アイコンを選択して変更**
したい設定を変えてね！

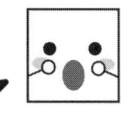

［軸のオプション］（**一番右のアイコン**）で、**縦軸の最小値、**
最大値、目盛間隔を設定します。得点の範囲は0点～100点
なので、最小値と最大値をその範囲に合わせます。

＜手順6の続き＞

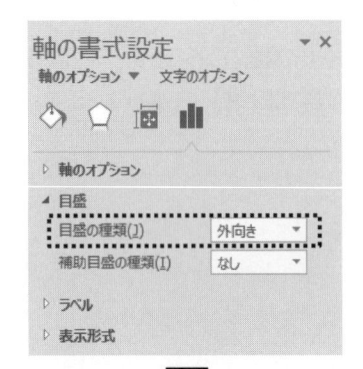

[軸のオプション] → [目盛] で、
目盛の種類を [**外向き**] にします。

補助目盛を付ける場合も、
補助目盛の種類を [**外向き**]
にしてね。補助目盛の**間隔**は
[**単位**] で**設定**できるよ！

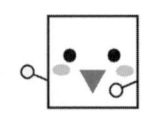

※ うまくメニューを表示できないときには、
　 下方までリストをスクロールするか、左側に
　 ある三角形のドロップダウンリストを
　 クリックしてみてください。

縦軸の数値の文字の大きさを設定します。
メニューバーの [**ホーム**] → [**フォント**]
の中の、**フォントの大きさリスト**から、
適切な大きさを選びます。

文字の大きさは24ptから32pt
くらいが**オススメ**だよ！

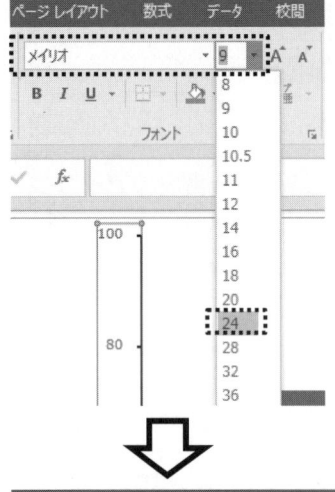

縦軸の数値の文字の色が若干
薄いので、文字色アイコンを
クリックし、 [**黒**] を**選択**
します。

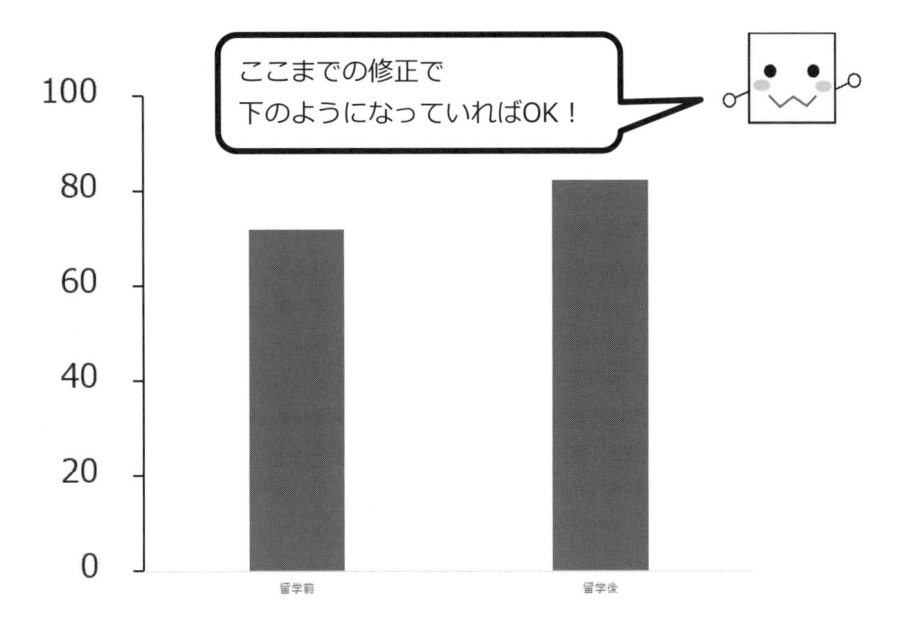

<＜手順6の補足＞>

縦軸の数値を整数にしたいのに、小数点以下が表示されている時は、
軸の書式設定の一番右のアイコン（**軸のオプション**）から以下のように指定します。

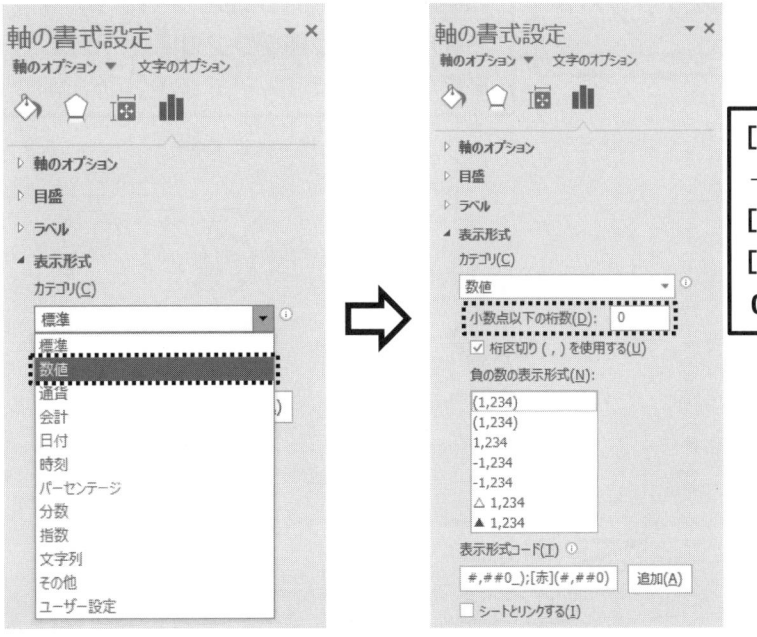

[表示形式]
→ [カテゴリ] を
[数値] にした上で、
[小数点以下の桁数] を
0にする。

横軸の数値範囲、軸のデザイン、数値の文字の大きさなどを**変更**します。

手順7　縦軸と同様に、**横軸のラベル部分をクリック**すると、
横軸および水準名が選択されます。
その状態で**右クリック**し、一番下の **[軸の書式設定]** を**選択**します。

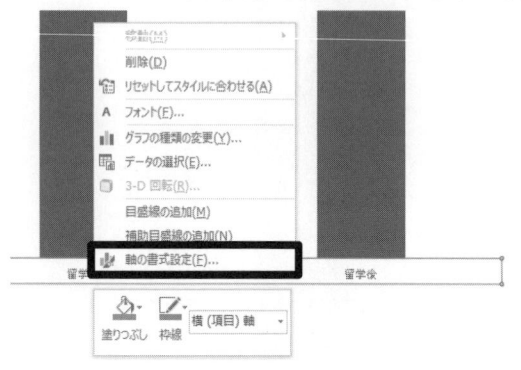

> **[軸の書式設定]** を**選択**すると、
> グラフの右側に「軸の書式設定」
> が開きます。

> 書式を**変える時**は
> まず**変更したい内容に沿った**
> **アイコンを選択**してね！

> [塗りつぶしと線]（**一番左のアイコ
> ン**）で、**横軸の線の色と太さを設定**
> します。**色を黒**にし、**幅をデフォルト
> よりも太く**します。

> [軸のオプション]（**一番右のアイコン**）
> → [目盛]で、横軸の目盛を設定します。
> 「目盛の種類」は **[なし]** とします。
> **名義尺度を扱う棒グラフの場合、目盛は
> 必要ない**からです。

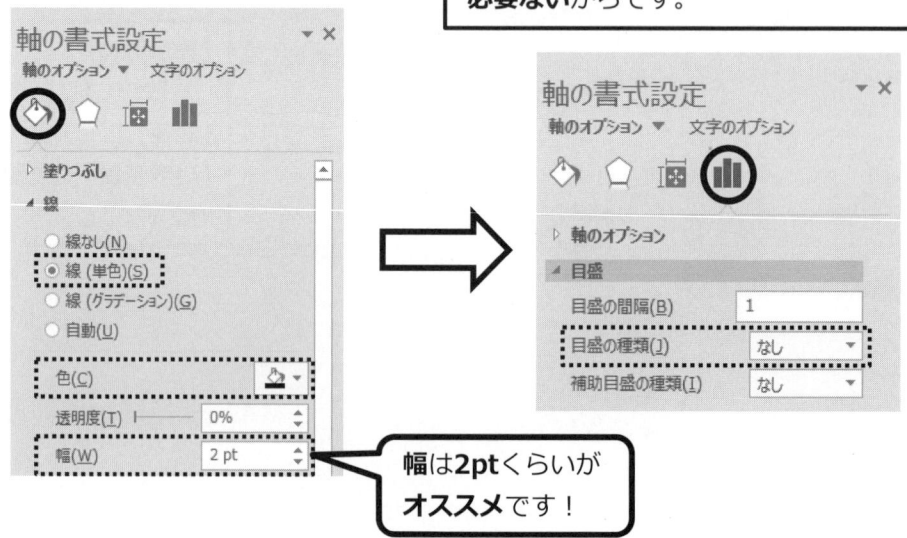

> **幅は2pt**くらいが
> **オススメ**です！

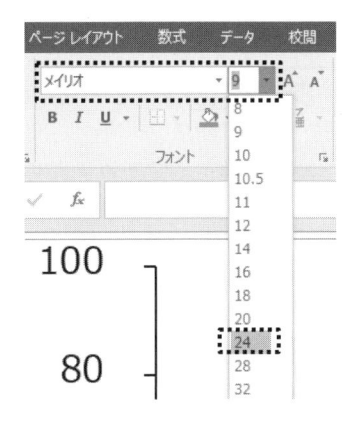

横軸ラベルの文字の大きさを設定します。メニューバーの［ホーム］→［フォント］の中の、**フォントの大きさリストから、適切な大きさを選び**ます。

文字の大きさは24ptから32ptくらいが**オススメ**だよ！

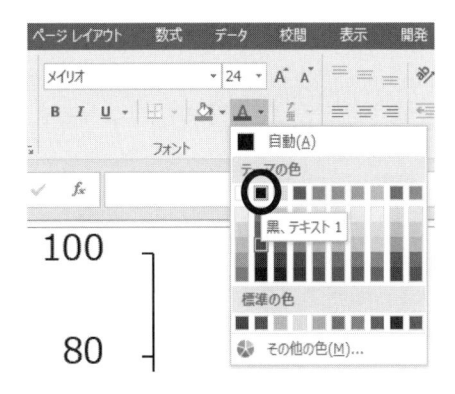

横軸ラベルの文字の色が若干薄いので、文字色アイコンをクリックし、［黒］を**選択**します。

Excelがデフォルトで描いてくれる図は、**軸**や**軸の数値**、**タイトル**などがグレーになっているので、必ず［黒］**にしてね**！

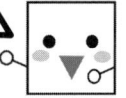

補足 横軸と水準名（ラベル）との間の距離の変更

横軸の書式設定から

[**軸のオプション**] → [**ラベル**] → [**軸からの距離**] で、**横軸の線とラベルの文字の**
間の距離を見やすくなるように**変更**します。

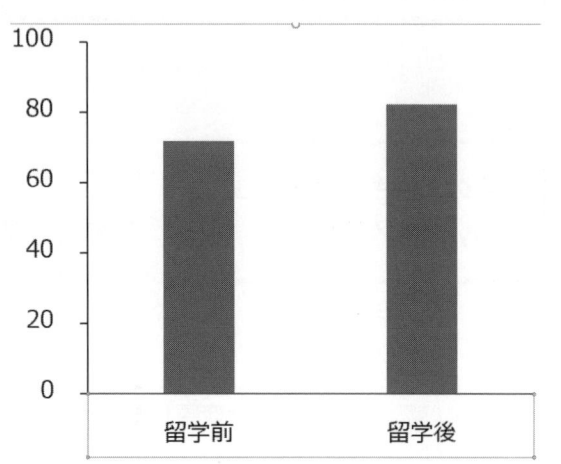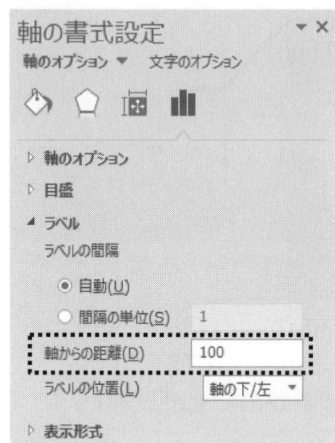

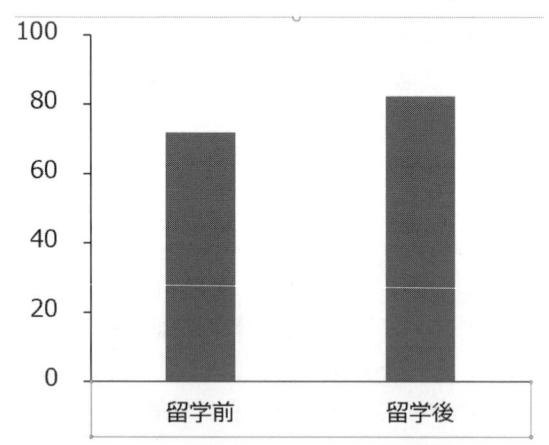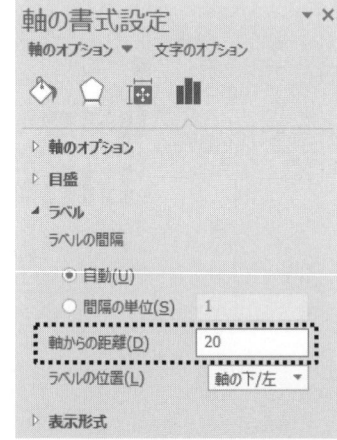

 上の例では、「軸からの距離」の値が100から20へと変更されたことで
水準名が横軸に接近したよ！

2つの棒を塗り分けることもできます。要因数や水準数が多くなると、色やパターンで棒を区別することが重要になります。

棒の色を変えるには**「データ要素の書式設定」**において、**棒のデザインを変更**します。ここでは例として、白抜きの棒を作成します。

選択されると四隅に小さな丸が表示される

留学前　　　　留学後

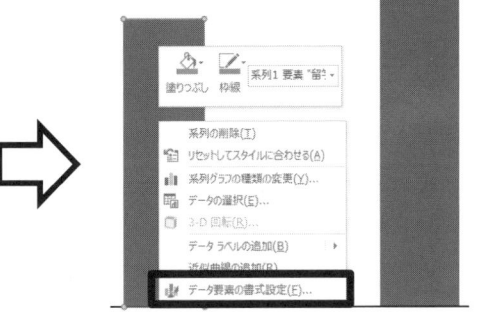

留学前　　　　留学後

いずれかの棒を**1回クリック**すると、**すべての棒がまとめて選択され**ます。

左の状態で、**デザインを変更したい棒をもう1回クリック**すると、**その棒だけが選択され**ます。その状態で**右クリック**し、一番下**［データ要素の書式設定］**を**選択**します。

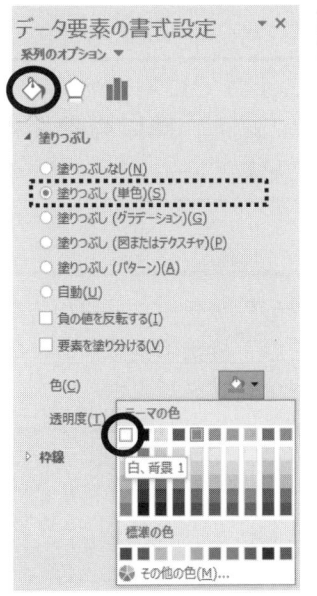

［塗りつぶしと線］（**一番左のアイコン**）で、**［塗りつぶし］→［塗りつぶし（単色）］**、**［色］→［白］**を**選択**します。

＜手順8の続き＞

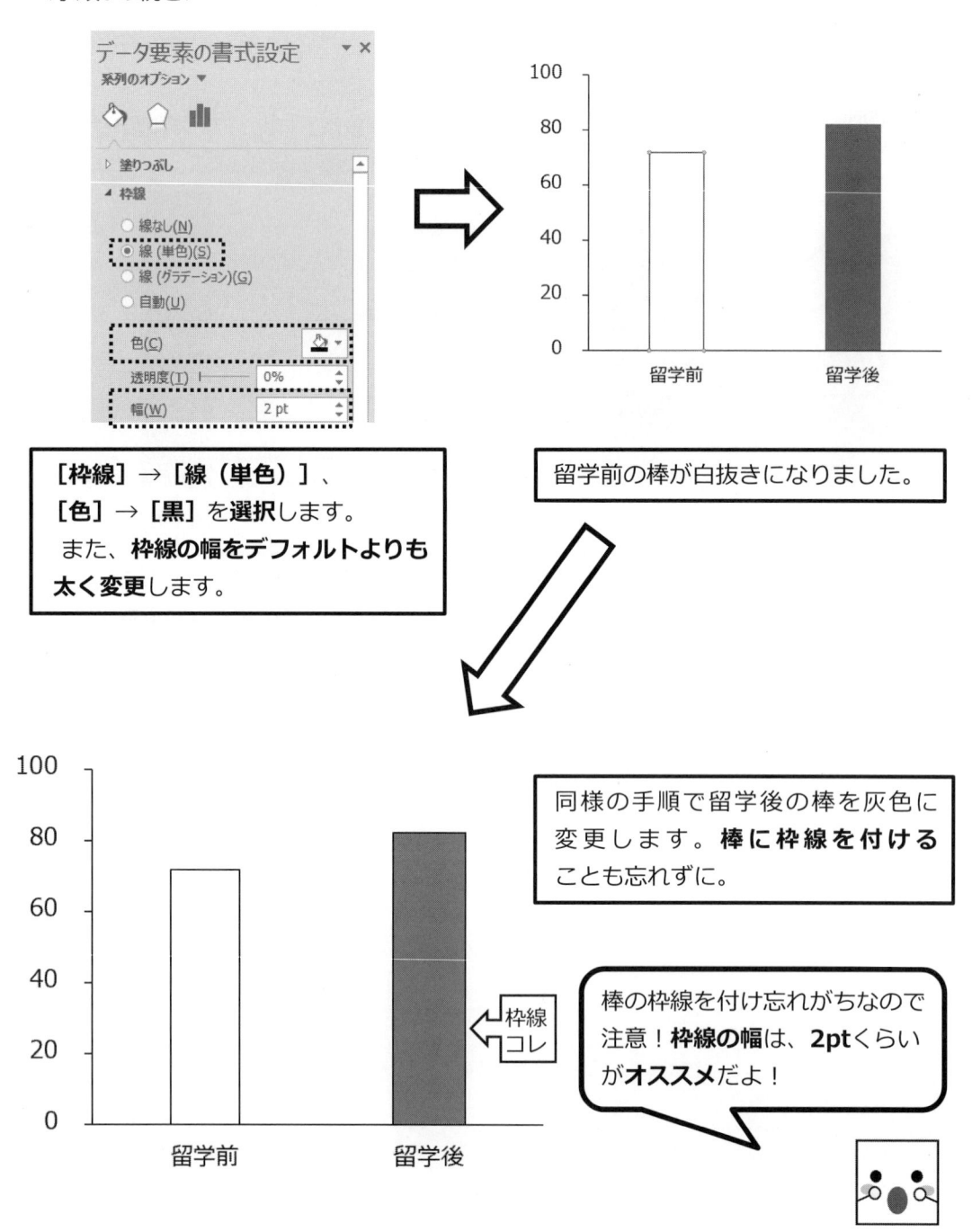

［枠線］→［線（単色）］、
［色］→［黒］を選択します。
また、**枠線の幅をデフォルトよりも
太く変更**します。

留学前の棒が白抜きになりました。

同様の手順で留学後の棒を灰色に
変更します。**棒に枠線を付ける**
ことも忘れずに。

枠線
コレ

棒の枠線を付け忘れがちなので
注意！**枠線の幅**は、**2pt**くらい
が**オススメ**だよ！

3.1.5　棒グラフにエラーバーを付ける

3.1.1項で算出した**標準偏差の値**を使って、棒グラフの**各棒にエラーバーを付けます。**

手順1　**棒を1回クリック**して**両方の棒を選択**し、その状態で、**メニューバー**から［グラフツール］→［**デザイン**］→［**グラフ要素を追加**］→［**誤差範囲**］→［**その他の誤差範囲オプション**］を**選択**します。

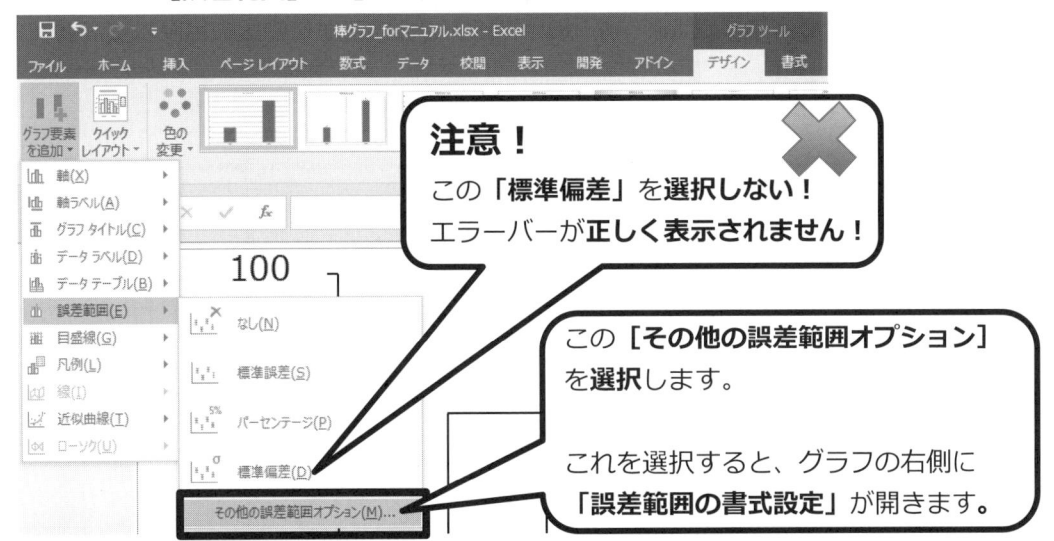

注意！
この「**標準偏差**」を**選択しない！**
エラーバーが**正しく表示されません！**

この［**その他の誤差範囲オプション**］を**選択**します。

これを選択すると、グラフの右側に「**誤差範囲の書式設定**」が開きます。

手順2　「**誤差範囲の書式設定**」で、**エラーバーの設定**を行います。

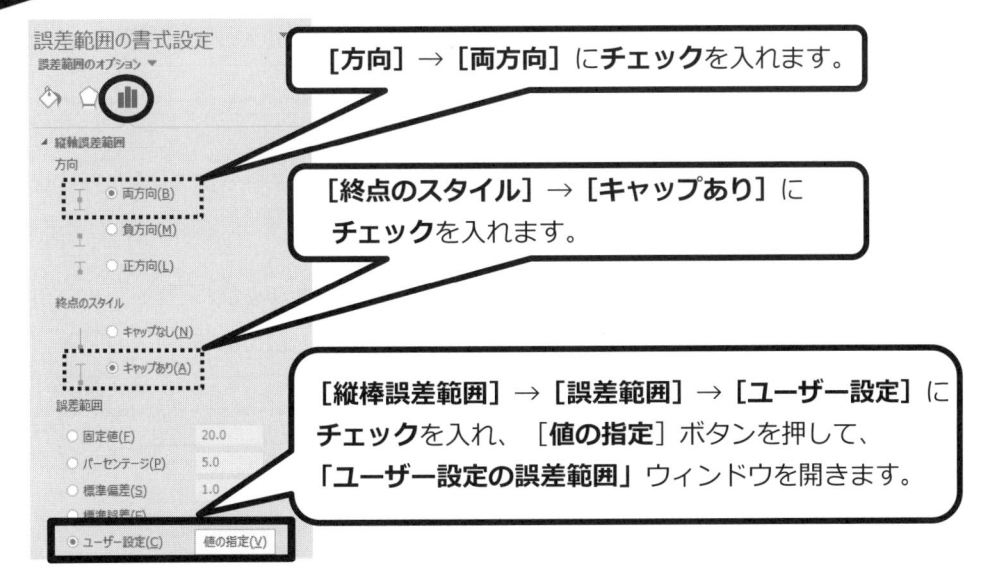

［**方向**］→［**両方向**］に**チェック**を入れます。

［**終点のスタイル**］→［**キャップあり**］に**チェック**を入れます。

［**縦棒誤差範囲**］→［**誤差範囲**］→［**ユーザー設定**］に**チェック**を入れ、［**値の指定**］ボタンを押して、「**ユーザー設定の誤差範囲**」ウィンドウを開きます。

 手順3 「**ユーザー設定の誤差範囲**」ウィンドウで、**エラーバーの値**を**指定**します。

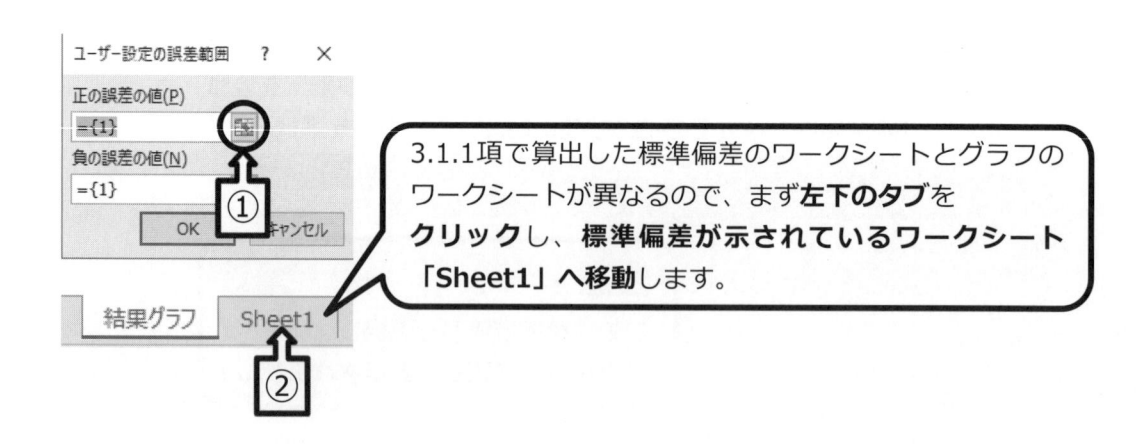

3.1.1項で算出した標準偏差のワークシートとグラフの
ワークシートが異なるので、まず**左下のタブ**を
クリックし、**標準偏差が示されているワークシート
「Sheet1」へ移動**します。

① ［**正の誤差の値**］の**ボタンを押します**。
→ **ワークシートから数値範囲を選択**できるようになります。

② ワークシート左下の［Sheet1］タブを選択し、**シートを移動**します。

③ 2つの水準の**標準偏差が示されているセルをまとめて選択**します。

④ 入力終了**ボタンを押します**。

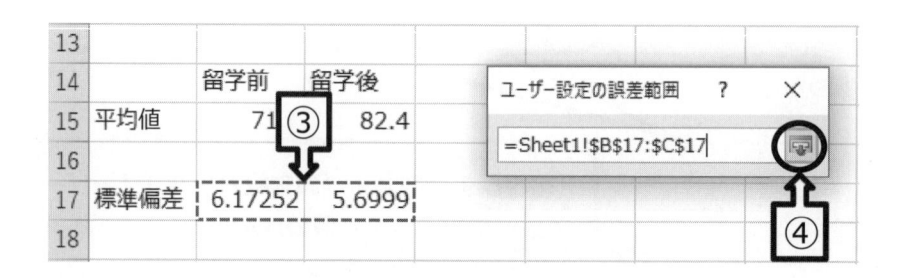

⑤ ［負の誤差の値］でも、①から④の手順を繰り返します。

（注）標準偏差の値は、**正の誤差の場合と同じセルを選択**します。

⑥ ［**OK**］ボタンを押し、「**誤差範囲の書式設定**」に戻ります。

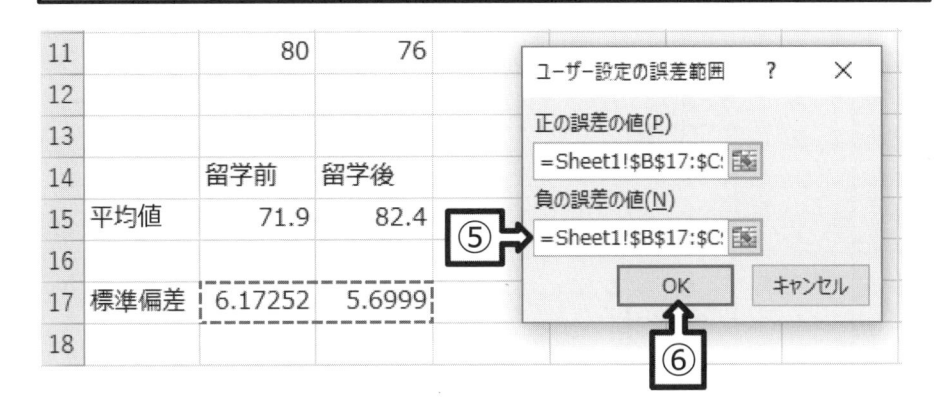

「誤差範囲の書式設定」で、**エラーバーのデザインを変更**します。

手順4　　**エラーバーをクリックして選択した状態**で、誤差範囲の書式設定から
［塗りつぶしと線］（**一番左のアイコン**）→［線］→［幅］にて
エラーバーの線の幅を太くし、色を黒にします。

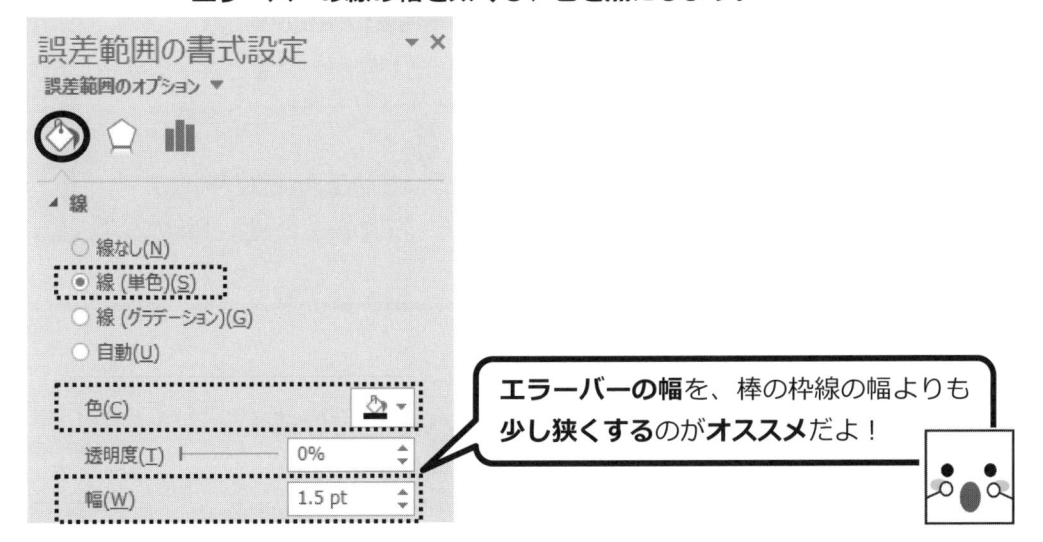

エラーバーの幅を、棒の枠線の幅よりも
少し狭くするのが**オススメ**だよ！

ここまでで、以下のようなグラフが作成できていると
よいでしょう。

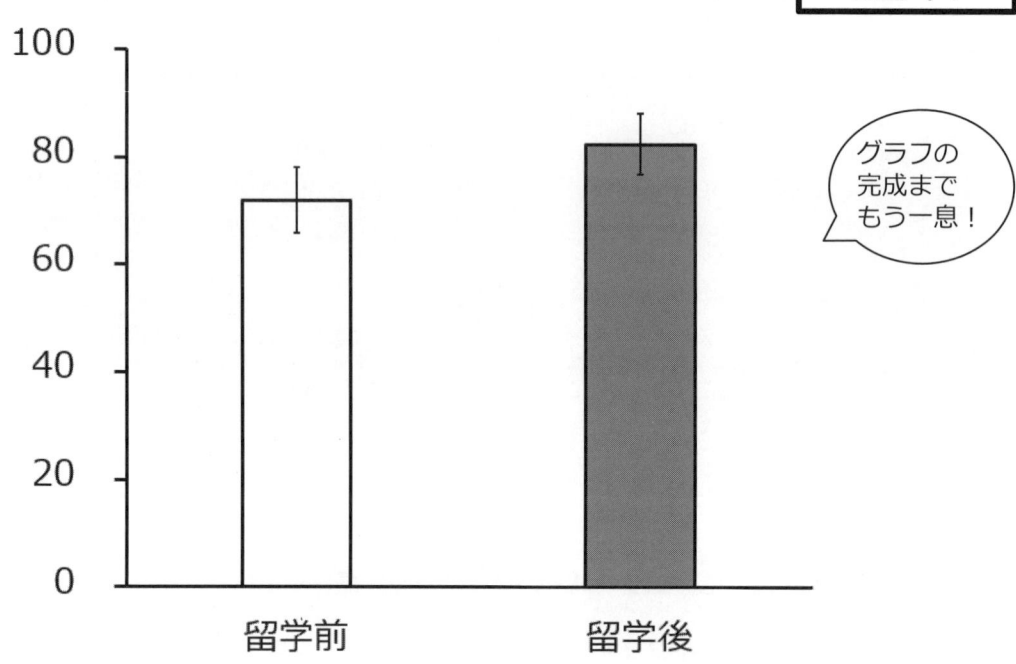

グラフの
完成まで
もう一息！

エラーバーの長さは標準偏差の値を反映しています。

もし　・エラーバーの長さが実際の数値と異なる場合

　　　・エラーバーの長さが上下で異なる場合

⬇

エラーバーの設定が間違っている可能性があります。

p.44の手順3で指定した「正の誤差の値」「負の誤差の値」
を確認してください。

＜残りの工程＞

　3.1.6　棒グラフの横軸と縦軸にラベルを付ける

　3.1.7　有意差を示す記号を棒グラフに付ける

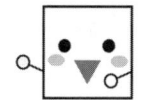

3.1.6　棒グラフの横軸と縦軸にラベルを付ける

棒グラフの**横軸**に、**軸名を示すラベルを付けます**。

手順1　**グラフをクリックして選択した状態**で、**メニューバー**から［グラフツール］
→［デザイン］→［グラフ要素を追加］→［軸ラベル］→［第1横軸］を
選択します。

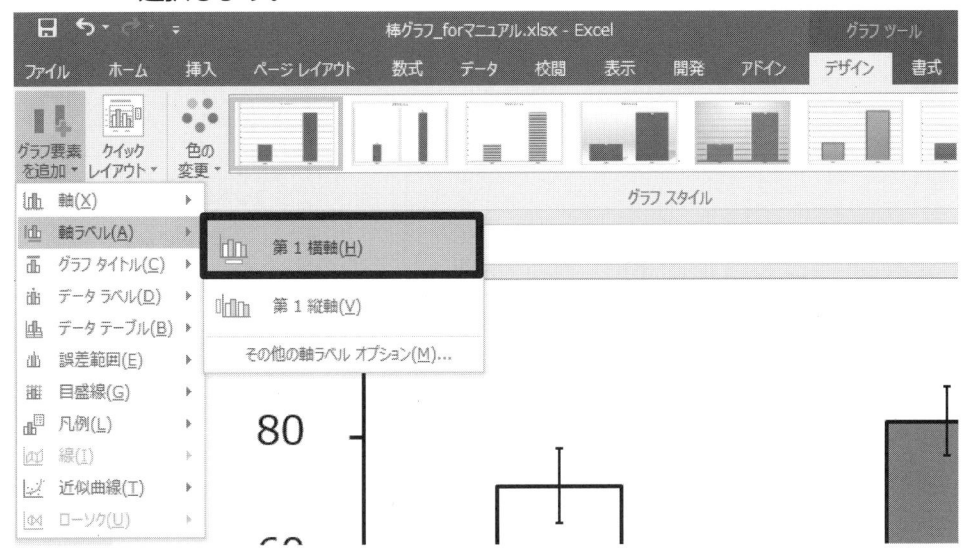

横軸の下部分にテキストボックスが出現します。

手順2　これに、**横軸のラベルを入力**しましょう。
この例では横軸はテストの時期を表すので、「テストの時期」と入力します。

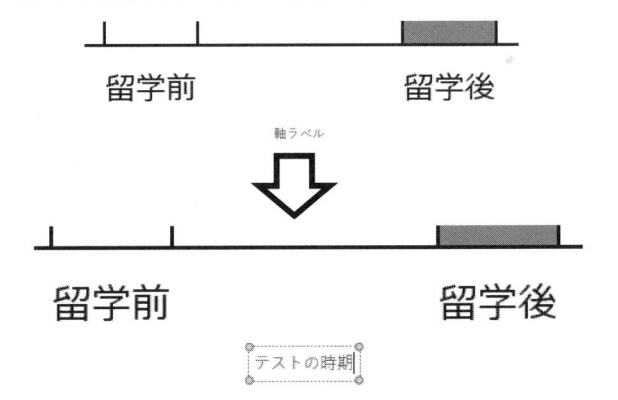

手順3 **横軸ラベルをクリックして選択した状態で、メニューバーから［ホーム］**
→［フォント］にて、横軸ラベルの文字の色や大きさを変更します。
横軸ラベルの文字の種類や色は、横軸の水準名と統一し、文字の大きさは
横軸の水準名よりも大きいくらいがよいでしょう。また、横軸ラベルと
水準名の間に適切な距離を空けるとよいでしょう。

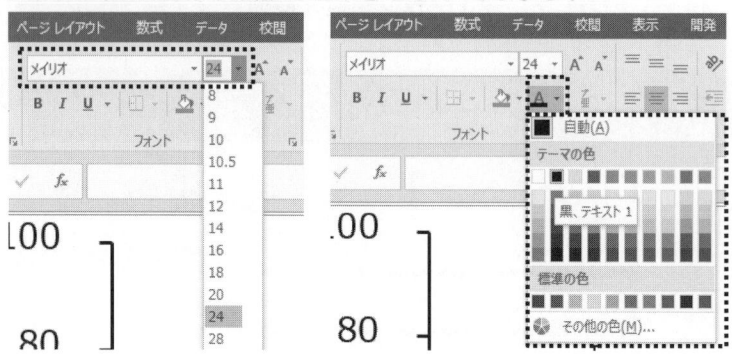

留学前　　　　　　　　留学後

テストの時期

横軸ラベルの枠を
つかんで適切な
位置に移動します。

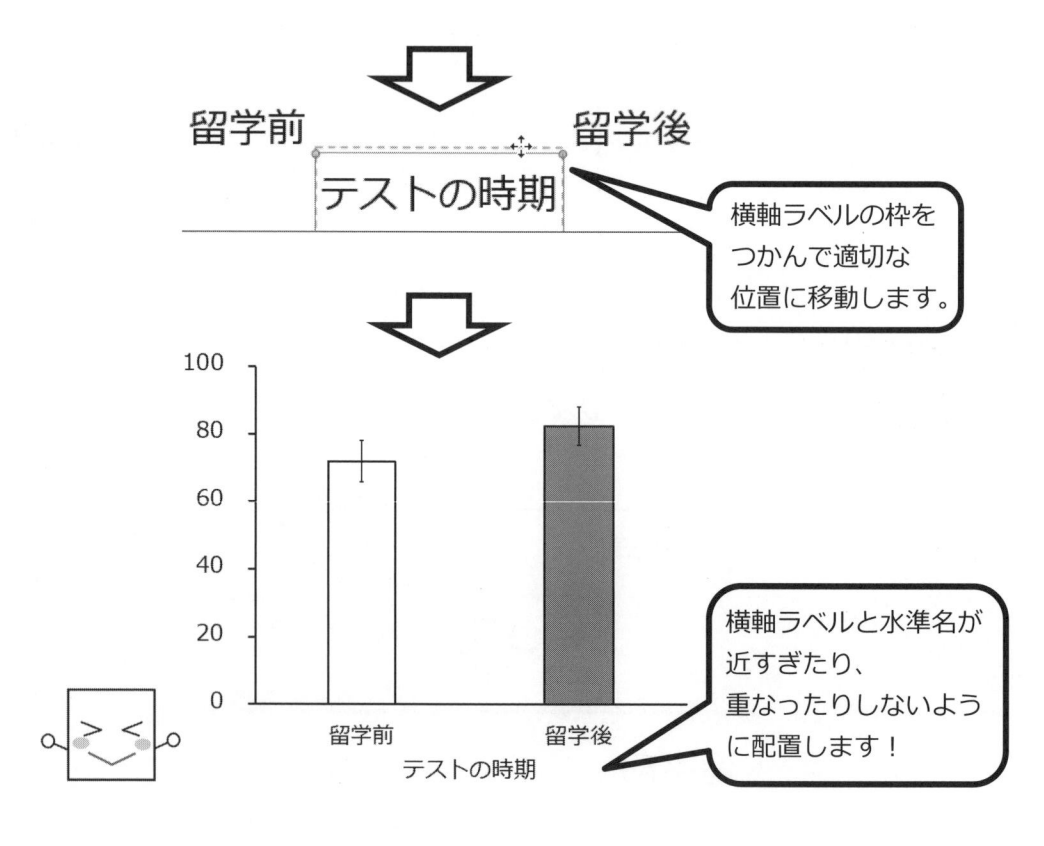

横軸ラベルと水準名が
近すぎたり、
重なったりしないよう
に配置します！

横軸に続いて、**縦軸にもラベルを付けます。**

手順4 ▶ **グラフを選択した状態で、メニューバー**から［**グラフツール**］→［**デザイン**］→［**グラフ要素を追加**］→［**軸ラベル**］→［**第1縦軸**］を**選択**します。

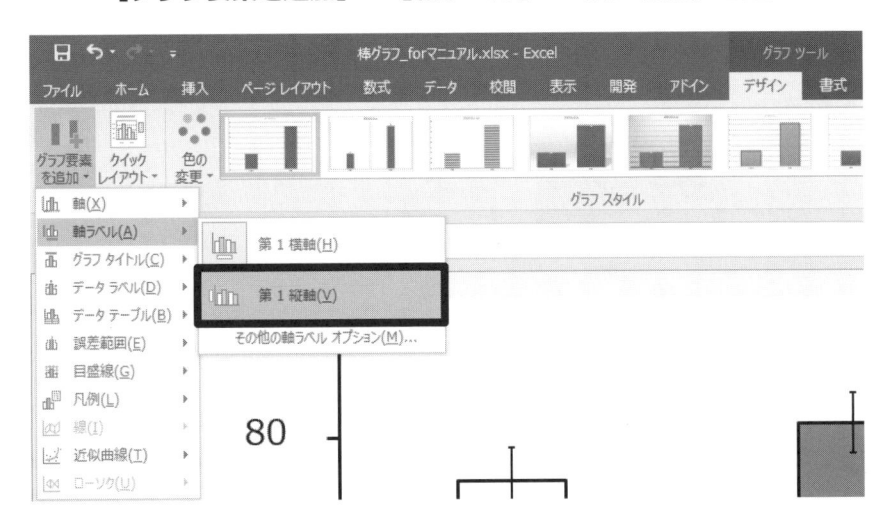

手順5 ▶ **縦軸の左側にテキストボックス**が出現します。この**テキストボックス**が**選択された状態で右クリック**し、一番下の［**軸ラベルの書式設定**］を**選択**します。

▶ **手順6** 「軸ラベルの書式設定」にて、［サイズとプロパティ］（一番右のアイコン）
→［配置］→［文字列の方向］→［縦書き］を選択します。

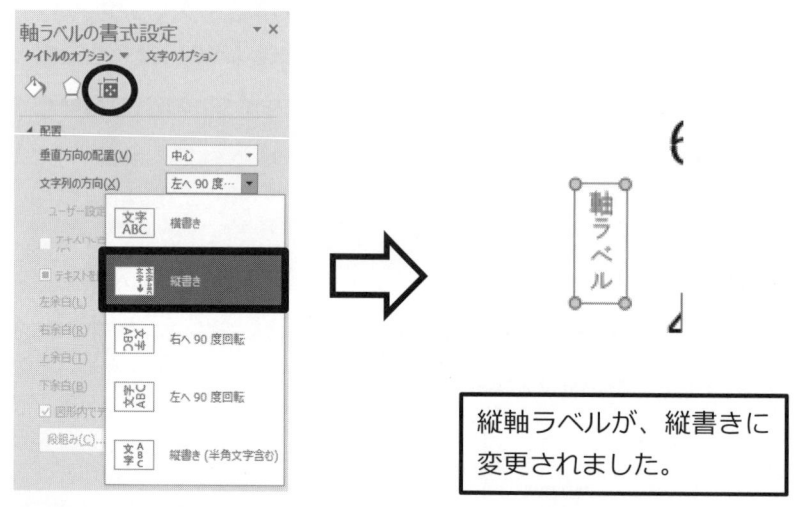

> 縦軸ラベルが、縦書きに
> 変更されました。

▶ **手順7** **縦軸のラベルを入力**しましょう。この例では縦軸は英語テストの得点を
表すので、「英語テストの得点」と入力します。

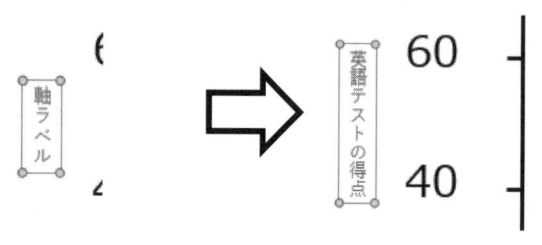

▶ **手順8** **縦軸ラベルをクリックして選択した状態で、メニューバーから［ホーム］→
［フォント］にて、縦軸ラベルの文字の色や大きさを変更します。文字の種類や
色を縦軸の文字と同じにし、文字の大きさを縦軸の数値よりも大きく**します。

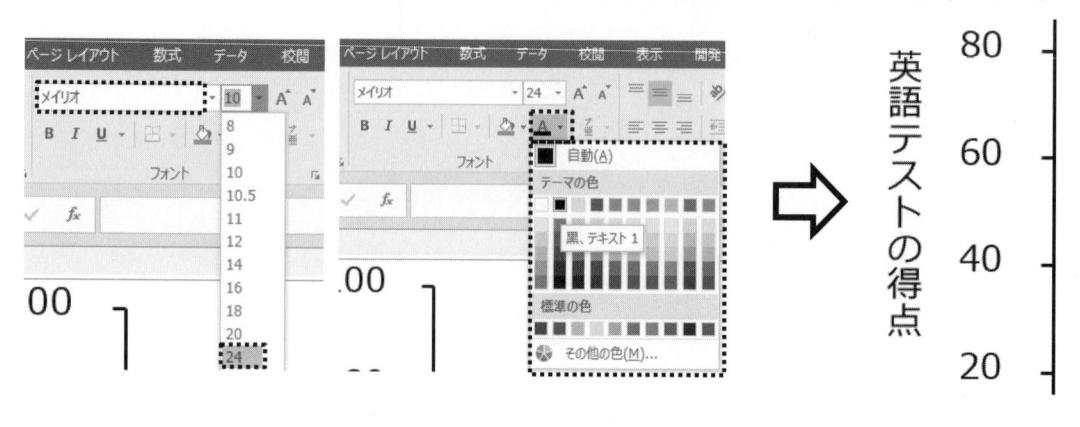

縦軸のラベルの下に、**縦軸の数値の単位を追加**します。

手順9　**グラフエリアを選択した状態**で、**メニューバーの［挿入］→［テキスト］→ ［テキストボックス］→［横書きテキスト ボックス］を選択**し、縦軸ラベルの 下にテキストボックスを作ります。テストの得点の単位は「点」なので ［（点）］と**入力**します。**文字の種類や大きさ、色などは縦軸ラベルと揃えます**。

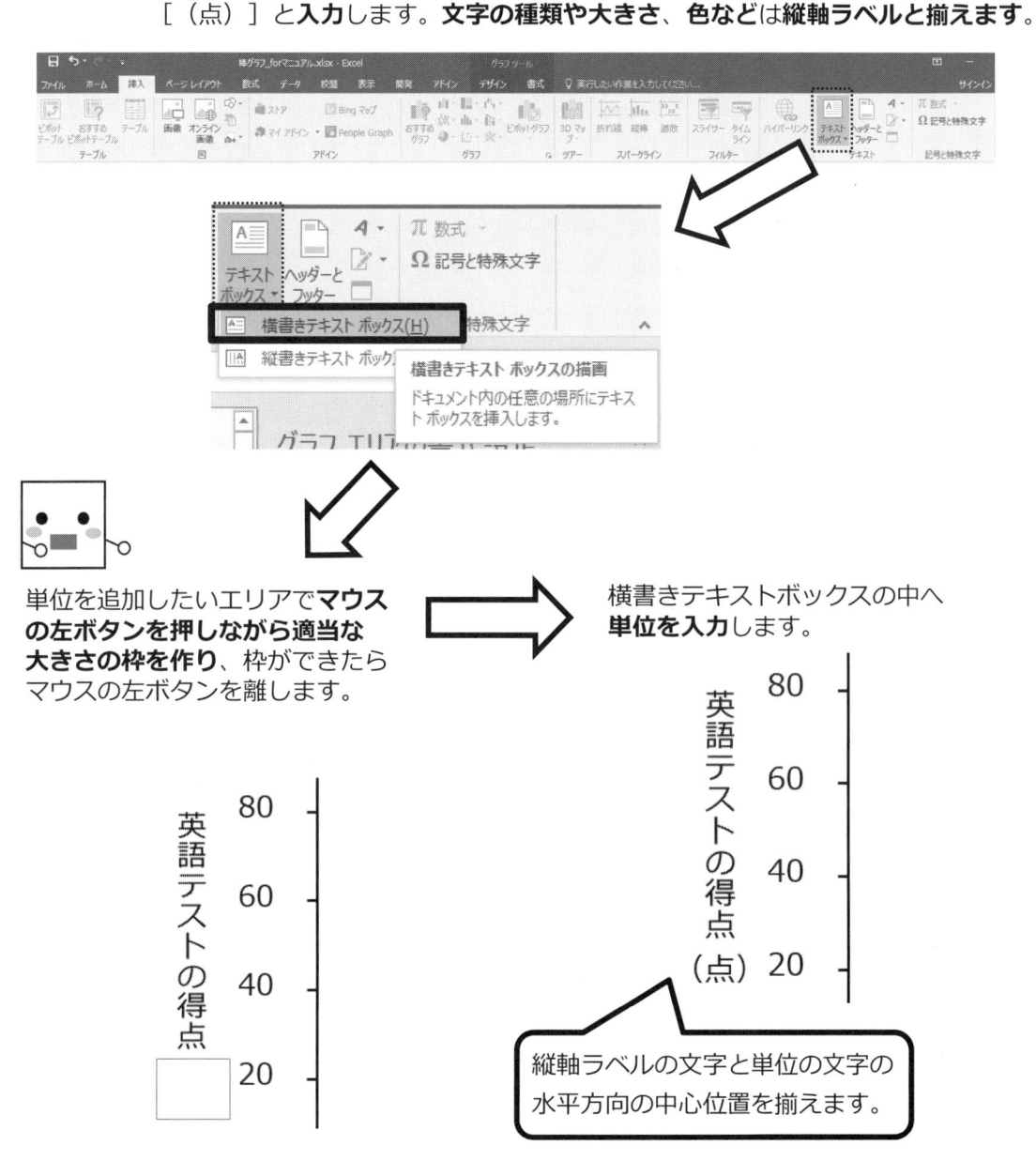

単位を追加したいエリアで**マウス の左ボタンを押しながら適当な 大きさの枠を作り**、枠ができたら マウスの左ボタンを離します。

横書きテキストボックスの中へ **単位を入力**します。

縦軸ラベルの文字と単位の文字の 水平方向の中心位置を揃えます。

3.1.7 有意差を示す記号を棒グラフに付ける

統計的検定の結果、要因間もしくは水準間に**有意差があった場合**には、**グラフに**
その**有意差を示す記号を付けます。**

手順1 ▶ **グラフエリアを選択した状態**で、**メニューバー**から**［挿入］→［図］→**
［図形］→［線］→［＼（直線）］を選択し、有意差を示す線を入力します。

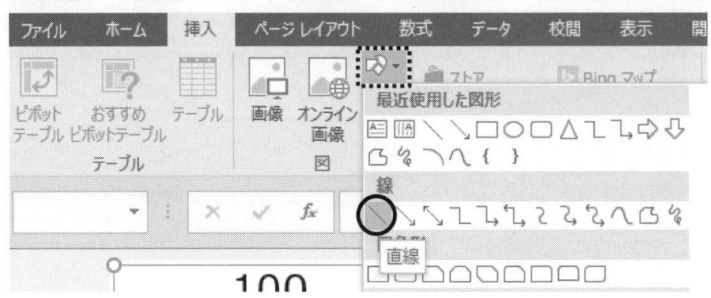

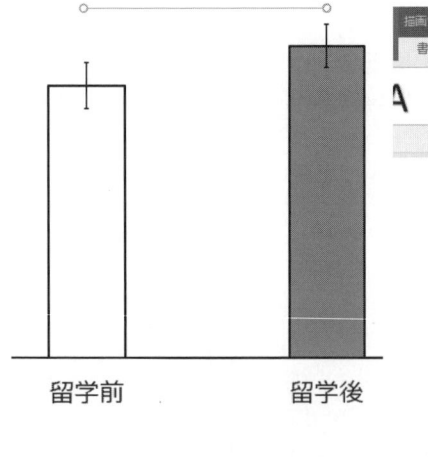

留学前　　　　　　　　留学後

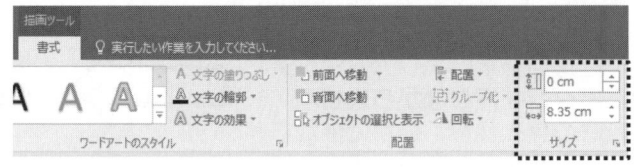

水平の直線を引くには、
［描画ツール］→［書式］→
［サイズ］で縦の長さを0cm
にするといいよ！

直線を引くコツ

**左手で［shift］キーを押した
まま、マウスの左ボタンを押
しながら線を伸ばす**とまっす
ぐな線が引けるよ！

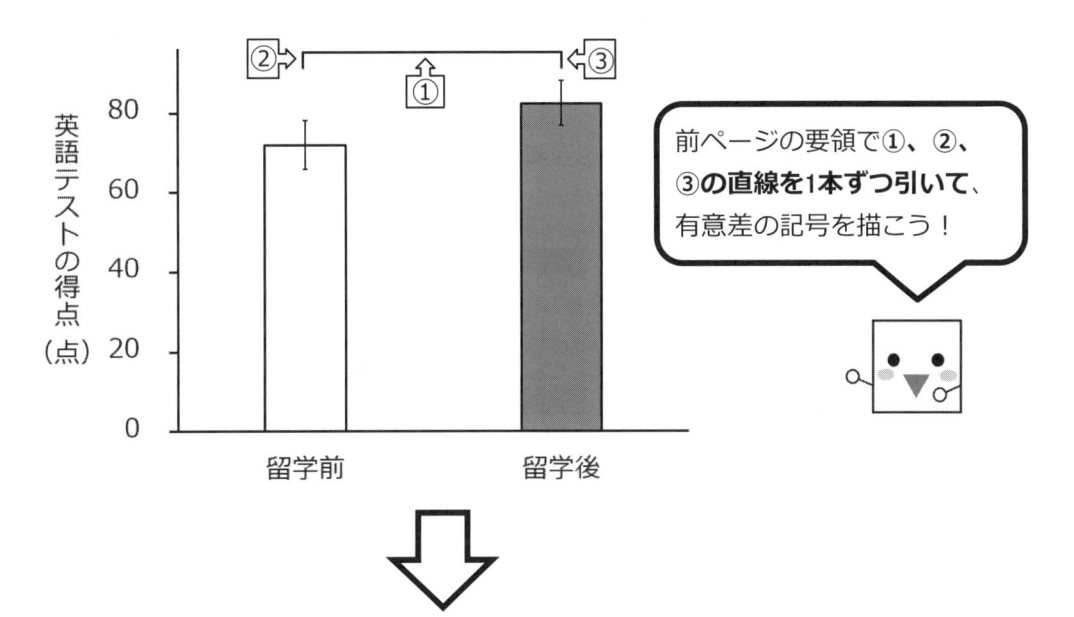

前ページの要領で①、②、**③の直線を1本ずつ引いて、**有意差の記号を描こう！

④ [**図形の枠線**] の設定で、
　線の色を [**黒**] とし、**幅を2pt以上**にします。

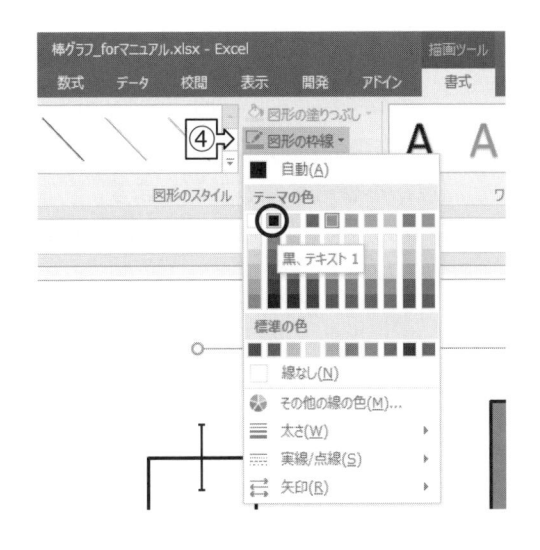

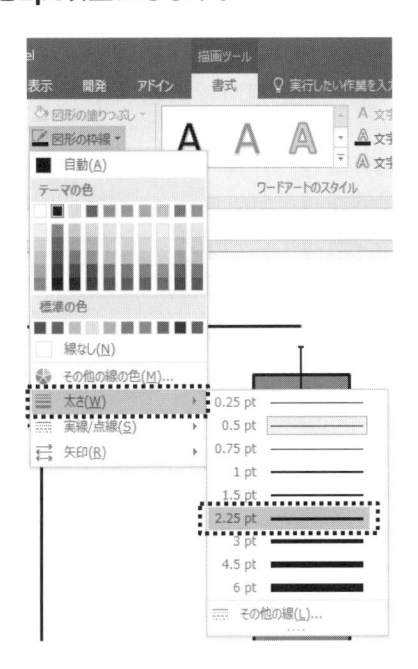

※ 直線を選択した状態で右クリック、
　図形の書式設定（オブジェクトの書式
　設定）からも変更できます。

横書きテキストボックスを利用して**有意水準を示す記号を入力**します。

有意水準5%で有意差があった場合：　　[*]
有意水準1%で有意差があった場合：　　[**]
有意水準0.1%で有意差があった場合：　[***]

これらの* 印は横線の上の中央に配置します。

 **手順2**　メニューバーの［**挿入**］→［**テキスト**］→［**テキストボックス**］
→［**横書きテキスト ボックス**］を**選択**、適切な記号を入力します。

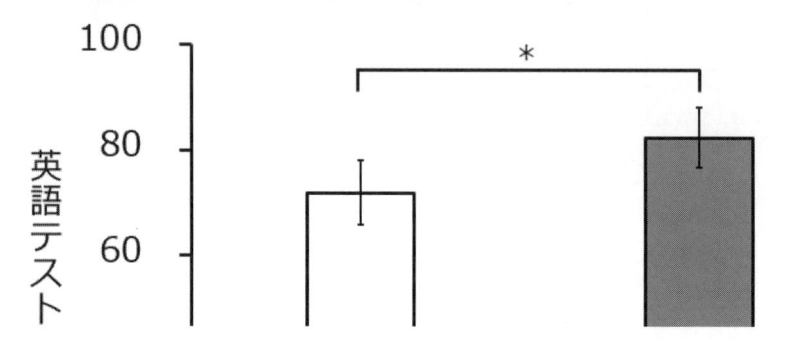

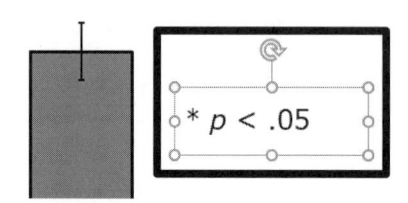 **手順3**　**グラフの空白部分**に、横書きテキストボックスを利用して、*　**印の記号
の意味を記載**します。

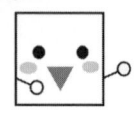

手順2で入力した**有意の記号（*, **, ***）の意味**を、
下の表のとおりに**不等号を使って示します**。
※ 統計量のアルファベット (p) は斜体にします。

5%水準	→	* $p < .05$
1%水準	→	** $p < .01$
0.1%水準	→	*** $p < .001$

< の前後には半角スペースを入れるよ！
有意水準の数字には1の位のゼロを
示さないよ！　例：$p < .05$

棒グラフの完成見本を右のページに示したよ。
自分の作ったグラフと比較して確認してみよう！

1要因の棒グラフ完成見本

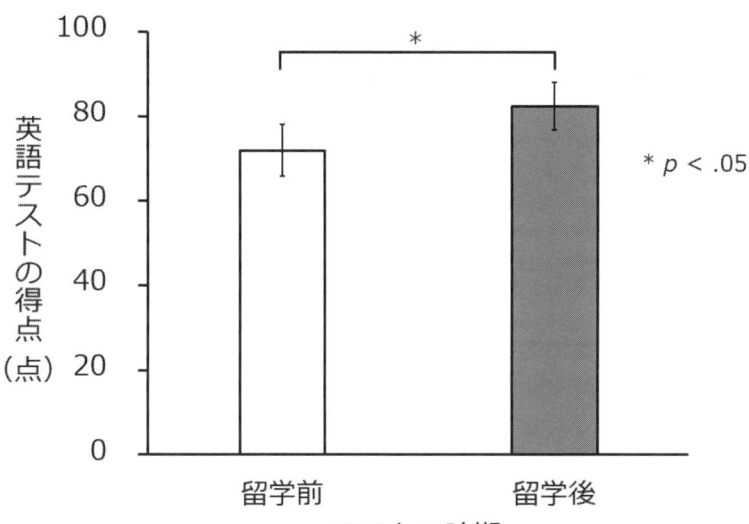

グラフをWordに貼り付けた後にタイトルを追加するよ！
追加方法は8.3節（p.183〜）を参照してね！

チェック！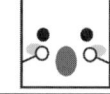

＜縦軸＞
□ 目盛の数値を細かく振り過ぎないこと。適宜、補助目盛を使おう (p.36を参照)！

＜横軸＞
□ 横軸が名義尺度の場合には、目盛りを付けないこと

＜有意確率の記号の説明＞
□ 図の右下に書く場合もあれば、グラフ内に書くこともあるよ！
　 バランスを見ながら、先生の指示に従いましょう
□ 統計量のアルファベット（例えば、*p*）を、斜体にすること

＜タイトル＞
□ Figureのタイトルを図の下中央に配置しよう！
□ タイトルのテキストボックスをグラフと［グループ化］しておくと便利！
□ タイトルのフォントをグラフのフォントに合わせること！
　 メイリオやMSゴシックなどがオススメ！※ 心理学研究はMS明朝（英数字はTimes New Roman）

3.2　2要因の棒グラフの作り方

以下に2要因の棒グラフの作り方を説明します。p.57に示す例題の要因（すなわち独立変数）はテストの時期と大学です。テストの時期の要因には留学前と留学後の2水準があり、大学の要因にはA大学とB大学の2水準があります。この例題の要因はどちらも**離散量**なので、結果を「**棒グラフ**」で表します。

ここでコツの伝授！

 **グラフを作成する前**に、各要因・水準の組み合わせについて以下のように**平均値を適切に配置しておく必要がある**よ！

独立変数		要因A	
		水準A1	水準A2
要因B	水準B1	平均値 （水準A1B1）	平均値 （水準A2B1）
	水準B2	平均値 （水準A1B2）	平均値 （水準A2B2）

列（横方向）
→**要因Aの各水準**

行（縦方向）
→**要因Bの各水準**

標準偏差についても
同じ枠組みで配置しておくといいよ！

要因A（テストの時期）

		留学前	留学後
要因B （大学）	A大学	71.9	82.4
	B大学	65.8	72.5

左のようにデータを配置するよ！

例題

A大学とB大学からそれぞれ10名の学生が英語圏の国へ語学留学をした。
この合計20名の学生が、留学前および留学後に受けた英語テストの得点を
Table 3.2 に示す。語学留学の効果および大学の効果について検討せよ。

Table 3.2
英語テストの得点（点）

大学名	留学前	留学後
	75	77
	66	81
	62	89
	75	81
A大学	67	88
	71	93
	67	82
	77	78
	79	79
	80	76
	63	69
	70	73
	59	71
	62	68
B大学	60	66
	63	72
	62	71
	73	77
	72	83
	74	75

<u>3.2.1　データの入力と平均値・標準偏差の算出</u>

前ページの Table 3.2 のデータを、**Excel**のワークシートに**入力**し、**水準ごと**に**平均値**と**標準偏差**を**算出**します。

手順1　　　**Excel**のワークシートに**要因名**、**水準名**、**データの数値**を**入力**します。

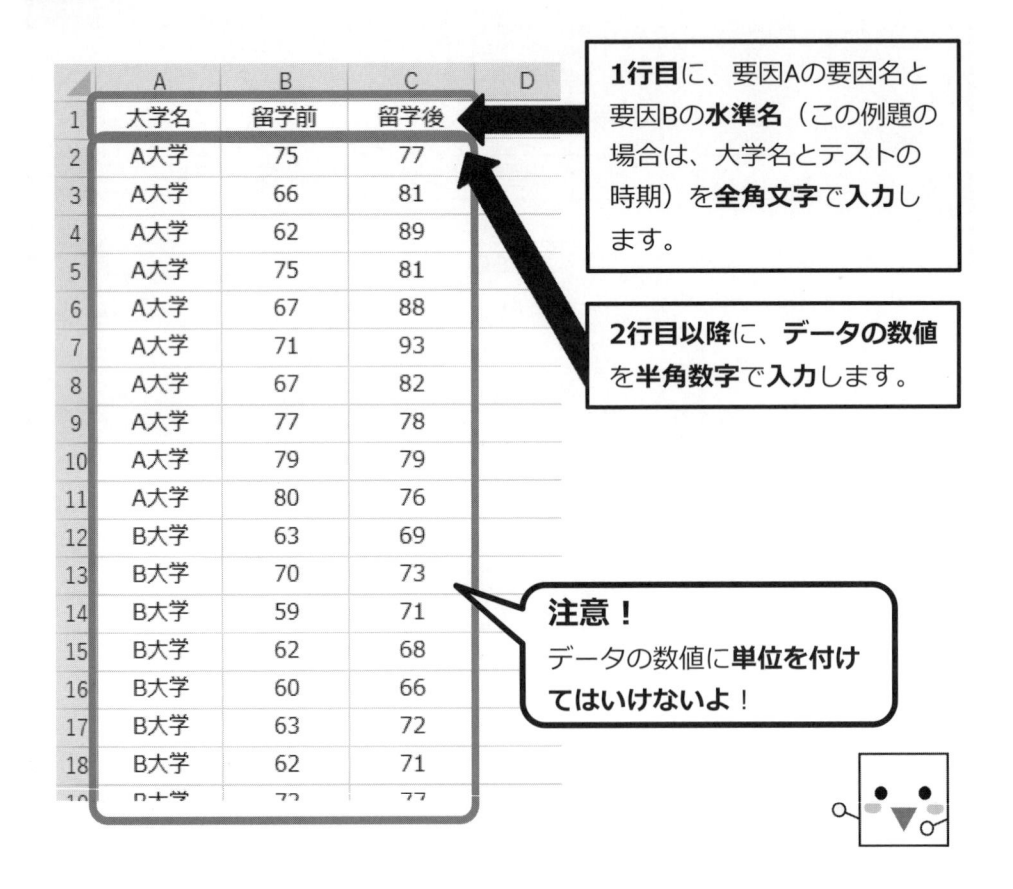

1行目に、要因Aの要因名と要因Bの**水準名**（この例題の場合は、大学名とテストの時期）を**全角文字**で**入力**します。

2行目以降に、**データの数値**を**半角数字**で**入力**します。

注意！
データの数値に**単位を付け**てはいけないよ！

	A	B	C	D
1	大学名	留学前	留学後	
2	A大学	75	77	
3	A大学	66	81	
4	A大学	62	89	
5	A大学	75	81	
6	A大学	67	88	
7	A大学	71	93	
8	A大学	67	82	
9	A大学	77	78	
10	A大学	79	79	
11	A大学	80	76	
12	B大学	63	69	
13	B大学	70	73	
14	B大学	59	71	
15	B大学	62	68	
16	B大学	60	66	
17	B大学	63	72	
18	B大学	62	71	
19	B大学	73	77	

※ 続いて、**要因別に水準ごとの平均値**と**標準偏差**を**算出**します。

平均値を**算出するための枠組み**を**作成**します。

手順2 ▶ 先に入力したシートと同じシートの任意の場所に
以下のように入力します。

平均値	大学名	留学前	留学後
	A大学		
	B大学		

枠組み（p.56参照）を作成してから、
平均値を算出すると、グラフの作成が
とっても簡単になるからオススメだよ！

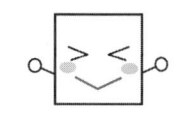

要因別に**水準ごと**の**平均値**を**算出**します。

手順3 ▶ Excelの関数は「**＝AVERAGE(平均値を算出したいセルの範囲を指定)**」
詳細はp.21を**参照**してください。

平均値	大学名	留学前	留学後	
	A大学	71.9	82.4	
	B大学	65.8	=AVERAGE(C12:C21)	

このように要因別に水準ごとの平均値を算出します。

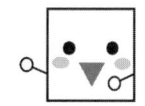

標準偏差を**算出するための枠組み**を**作成**します。

 手順4　手順2と同様に、先ほど入力したシートと同じシートの任意の場所に
以下のように入力します。

標準偏差	大学名	留学前	留学後	
	A大学			
	B大学			

水準ごとに**標準偏差**を**算出**します。

手順5　**Excelの関数は「＝STDEV(平均値を算出したいセルの範囲を指定)」**
詳細はp.22を参照してください

標準偏差	大学名	留学前	留学後	
	A大学	6.17252	5.6999	
	B大学	5.76965	=STDEV(C12:C21)	

このように要因別に水準ごとの標準偏差を算出します。

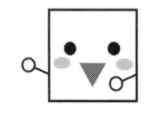

ここまでの準備でグラフを作成するために必要な
情報がそろったよ！
さぁいよいよ、2要因の場合の棒グラフの作成だよ。

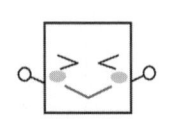

3.2.2　棒グラフを作成する

前節で算出したテストの時期および大学の要因を組み合わせてできる4つの平均から、棒グラフを作成します。

 下図のように、水準名と4つの平均値を選択します。

平均値	大学名	留学前	留学後
	A大学	71.9	82.4
	B大学	65.8	72.5

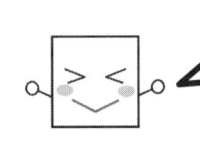

ストップ！
以下のように**セル**と**セル**との**間**に**余分なセル**があると**グラフ**が**正しく書けない**ので**注意！**
余分なセルを選択範囲に含めないこと！

＜不適切な選択例＞

平均値	大学名	留学前		留学後
	A大学	71.9	✖	82.4
	B大学	65.8		72.5

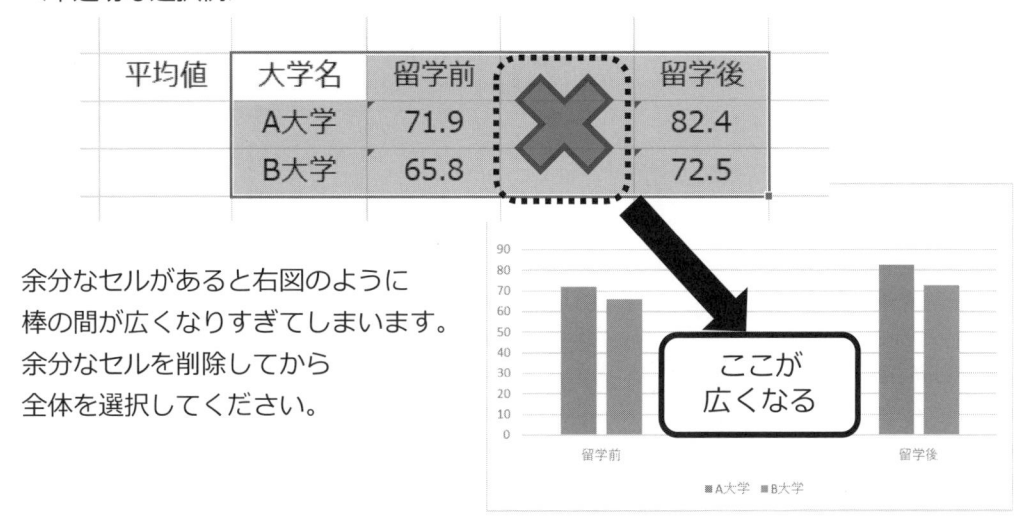

余分なセルがあると右図のように
棒の間が広くなりすぎてしまいます。
余分なセルを削除してから
全体を選択してください。

ここが
広くなる

＜手順1の続き＞

　水準名と平均値が選択されている状態で、**メニューバー**から**［挿入］**→［グラフ］→
［縦棒］→**［2-D 縦棒］**→**［集合縦棒］**を選択します。

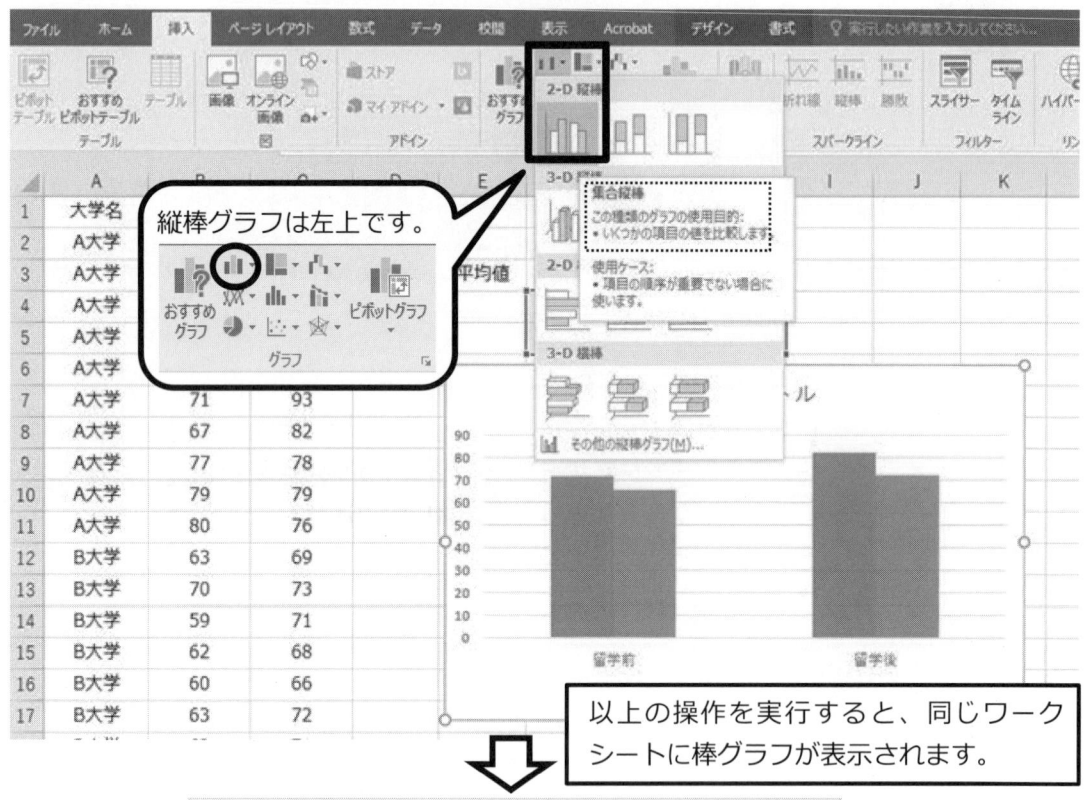

以上の操作を実行すると、同じワークシートに棒グラフが表示されます。

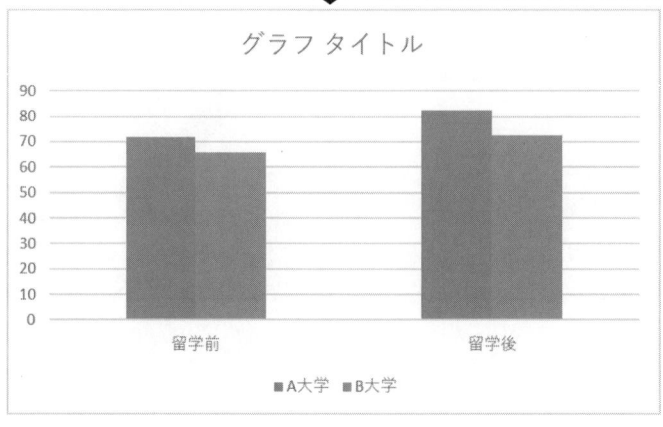

ここで**ストップ！**

p.62のグラフを**そのまま**レポートに**貼り付け**ては**ダメ！**

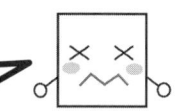

なぜならば、グラフに記載しなければいけない情報が足りておらず、グラフの見た目も非常に悪く、レポートや論文に載せるグラフとして適切ではないからです。

主な**問題点**

- **グラフ**が**カラー**で作られている（この本ではモノクロで表示されています）
- **グラフの一番外に枠線が付いている**
- ・縦軸が**表示されていない**
- **・縦軸の目盛ごとに横線が付いている**
- **・軸の線の色が薄すぎ**る（灰色に近い色）
- **・縦軸と横軸の数値やラベルの文字**の大きさが小さくて**見づらい**
- ・各棒グラフに、データの散らばり具合を示す「**エラーバー**」が付いていない
- **・軸ラベルが付いておらず、軸の数値や水準名**が**何を示しているか分からない**

下のようなグラフを目指します

2要因の棒グラフ完成見本

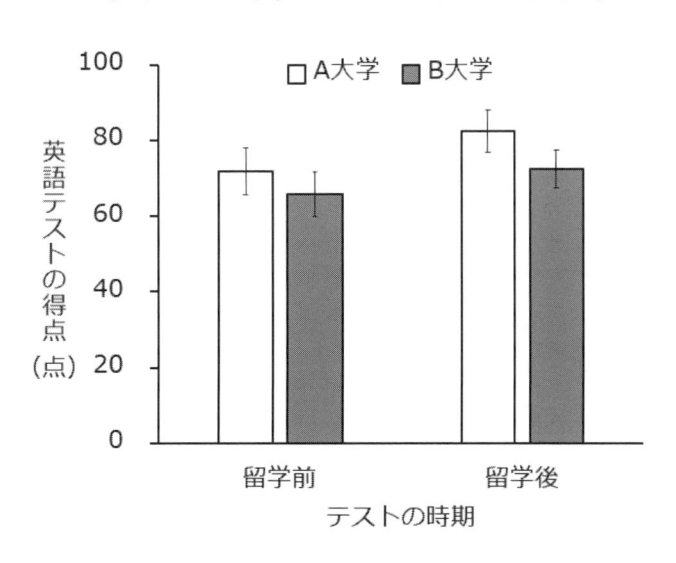

グラフ修正の基本

変更したいところで
右クリックして、
⇒「○○の**書式設定**」
で変更だよ！

前ページに示した「2要因の棒グラフ完成見本」を目指して、グラフを修正をします。

2要因の棒グラフの修正方法は1要因の棒グラフと同じです。以下のページを参照しながら2要因の棒グラフを修正し、見やすくきれいなグラフに仕上げましょう。

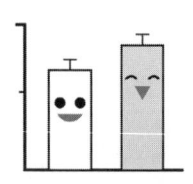

初めのうちは操作を覚えられなくて大変かもしれないけれど慣れてくると簡単にできるようになるよ！

きれいに仕上げられるように何度も練習しようね。

【参考1】1要因の棒グラフに系列を追加する

以下には、3.1節の方法で作成した1要因の棒グラフに系列 (要因) を
追加する方法を説明します。

テストの時期ごと（留学前と留学後）の英語テストの得点に関するデータがA大
学とB大学から得られたとしましょう。

		留学前	留学後
平均値	A大学	71.9	82.4
	B大学	65.8	72.5
標準偏差	A大学	6.2	5.7
	B大学	5.8	4.9

留学前後についてA大学のグラフ（下図）が完了（p.51まで）していると仮定します。
これにB大学のグラフを追加する方法を説明します。

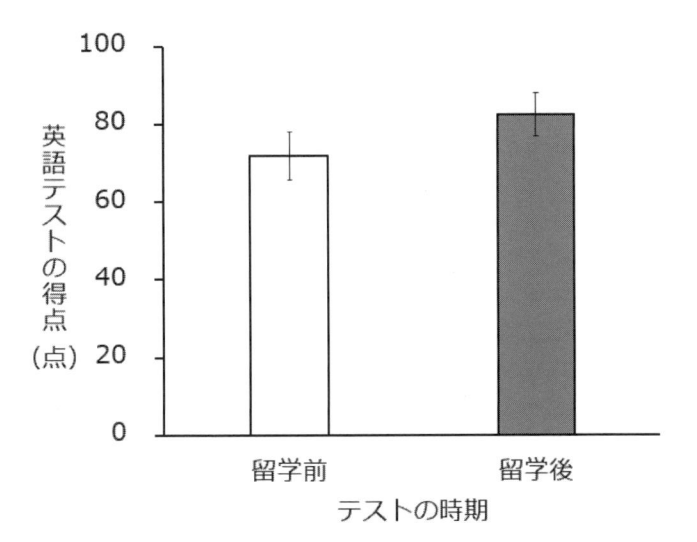

手順1 ▶ まず、すでにある2本の棒グラフの**色を揃えます。**

p.41の要領で留学後の棒グラフを選択した上で、［データ要素の書式設定］
→［塗りつぶしと線］（**一番左のアイコン**）で、［**塗りつぶし**］→
［**塗りつぶし（単色）**］、［**色**］→［**白**］を**選択**します。

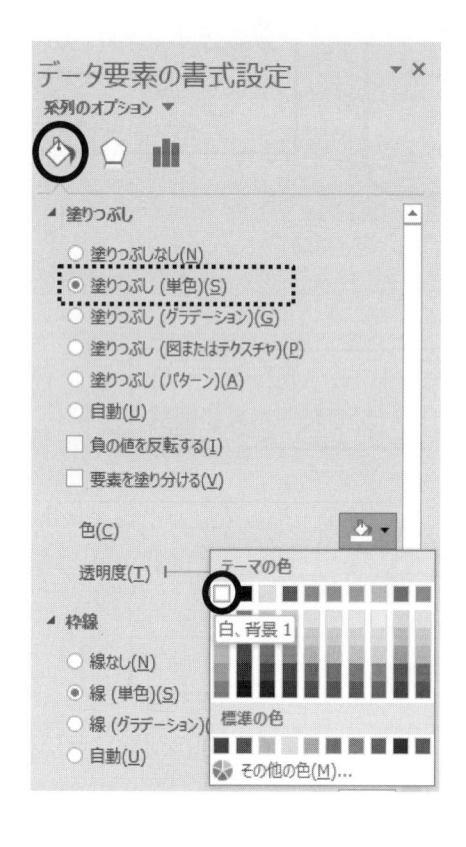

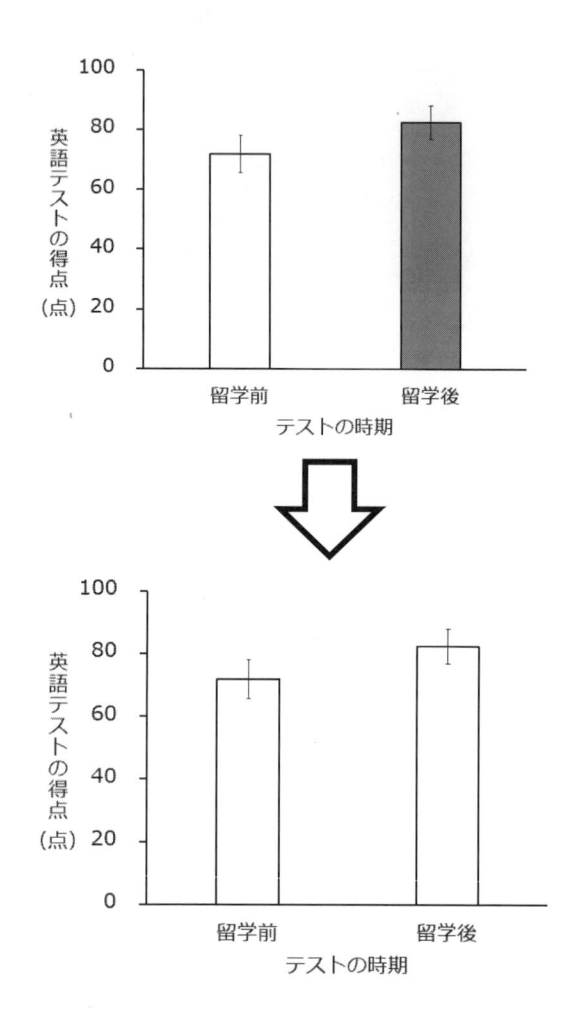

 **グラフ上のどこかをクリック**してグラフを選択し、その状態のままで
右クリックをして［データの選択］を選択します。

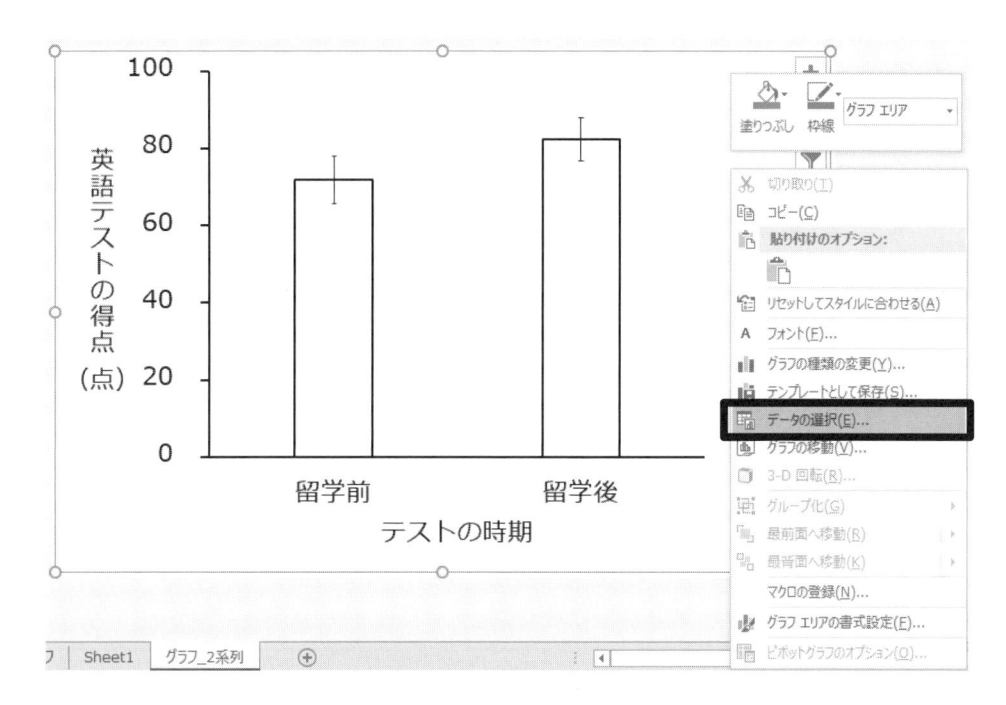

あるいは、**グラフをクリックして選択した状態**で、**メニューバー**から［グラフツール］
→［デザイン］→［データの選択］を**選択**してもOKです。

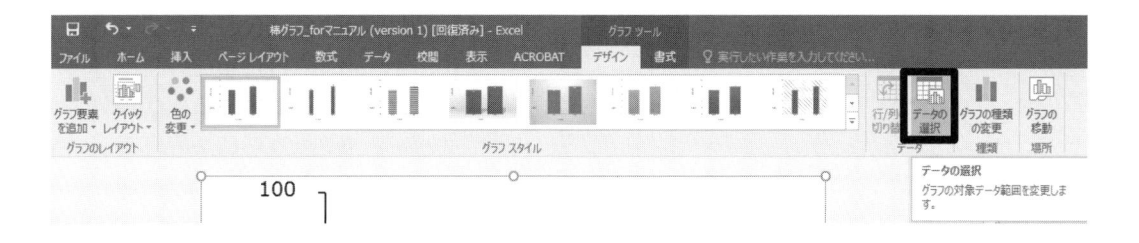

手順3 「**データソースの選択**」ウィンドウで、凡例項目の下にある［**追加**］の
ボタンを押し、「系列の編集」ウィンドウを立ち上げます。

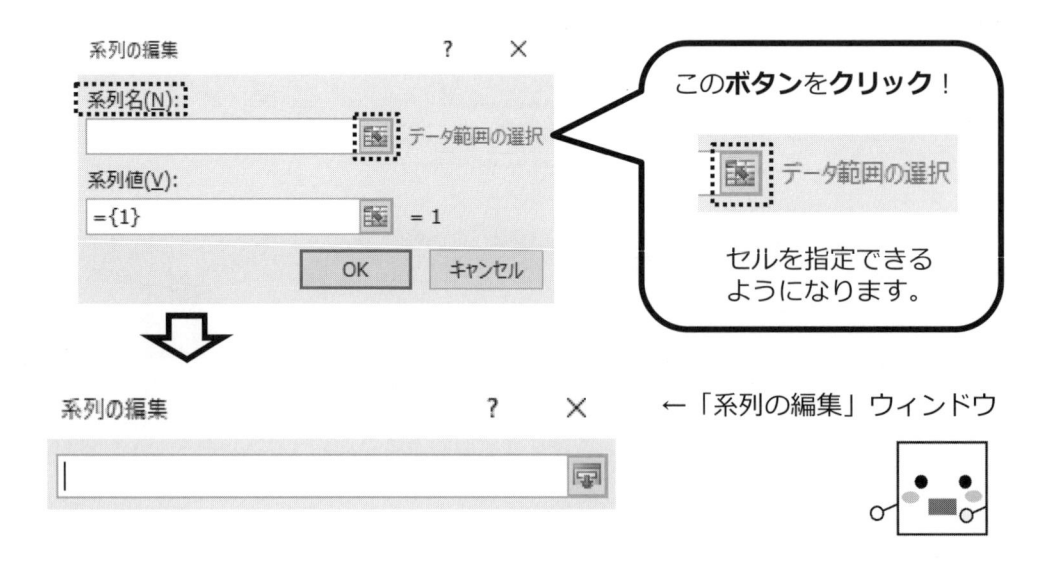

手順4 「**系列の編集**」ウィンドウで、**追加したい系列の系列名**、**系列値**の２つ
について、それぞれ適切なセルを**指定**します。

← 「系列の編集」ウィンドウ

追加したい系列の平均値や標準偏差が算出されているシートへ移動し、
① **追加したい系列名のセル**を**マウスでクリック**して**指定**します。
② **[ボタン]** を**クリック**して系列名の**入力を完了**します。

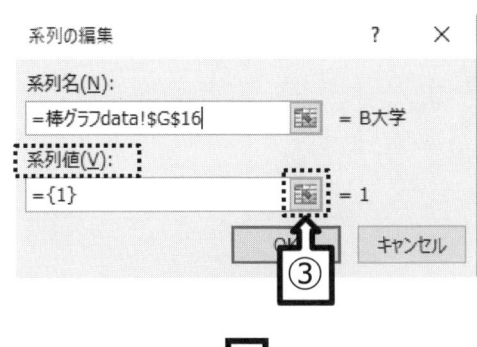

③ **[「系列値(V)」の端にあるボタン]** を**クリック**します。

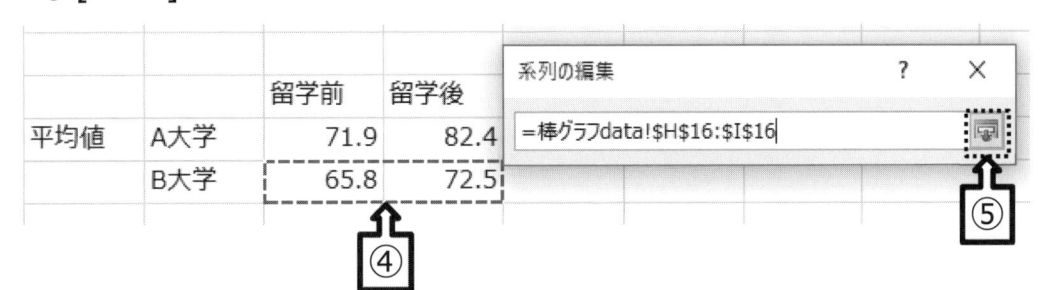

④ **追加したい系列値のセル**を含めてすべての平均値を**マウスを利用して指定します。**
⑤ **[ボタン]**を**クリック**して系列値の**入力を完了**します。

＜手順4の続き＞

⑥ **指定したセルを確認**し、**[OK]を押します。**

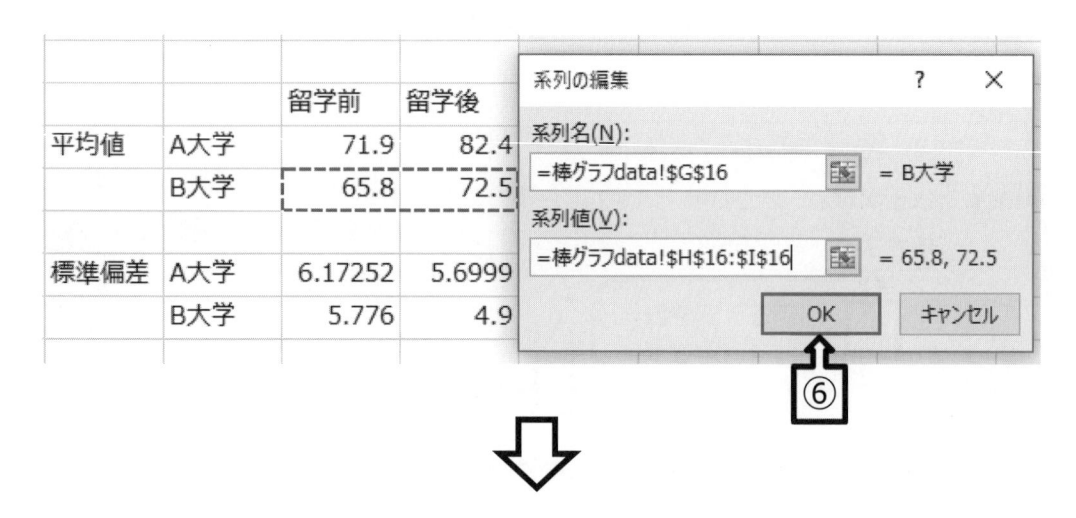

「**データソースの選択ウィンドウ**」の「**凡例項目（系列）**」に**B大学の系列が追加
された**ことを**確認**したら
　⑦　すでに存在している**［系列1］を選択**し
　⑧　**［編集］ボタン**を**クリック**します。

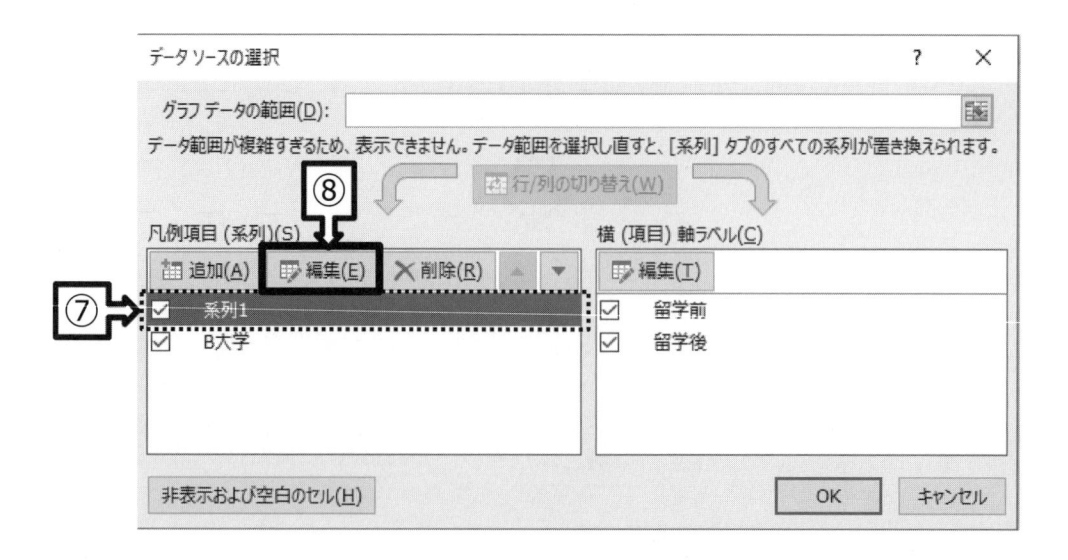

⑨ 「系列値」はすでに入力されているので
「系列名」の端にある**ボタン**を**クリック**します。

追加したい系列の平均値や標準偏差が算出されているシートへ移動し、
⑩ **追加したい系列名のセル**を**クリック**して**指定**します。

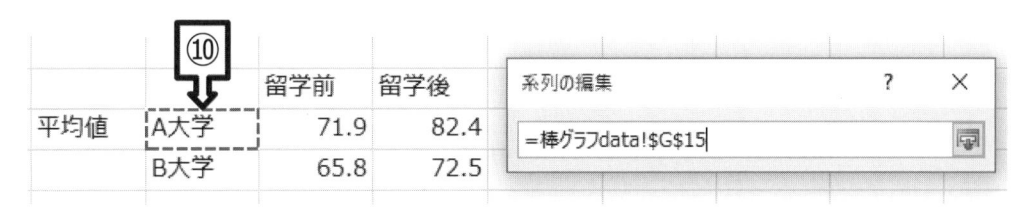

［OK］を押して**「データソースの選択ウィンドウ」**に戻り、「凡例項目（系列）」の
系列名がA大学に修正されたことを**確認**したら
⑪ ［OK］を**選択**します。

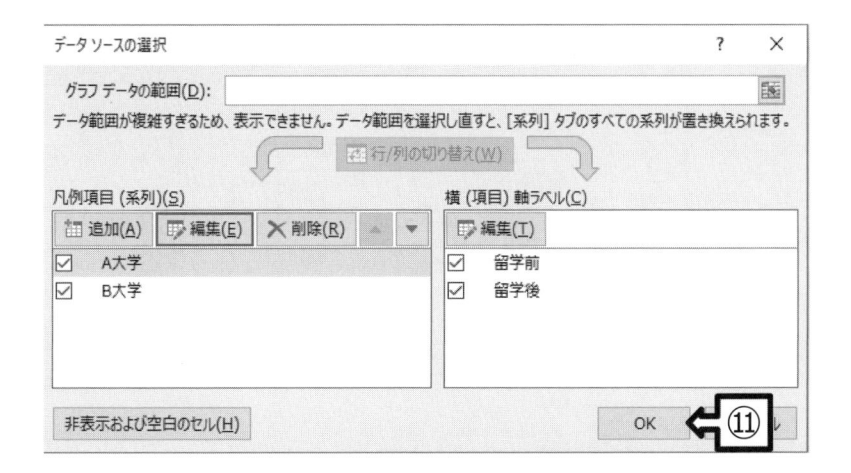

72

このように新しい系列が追加されました。

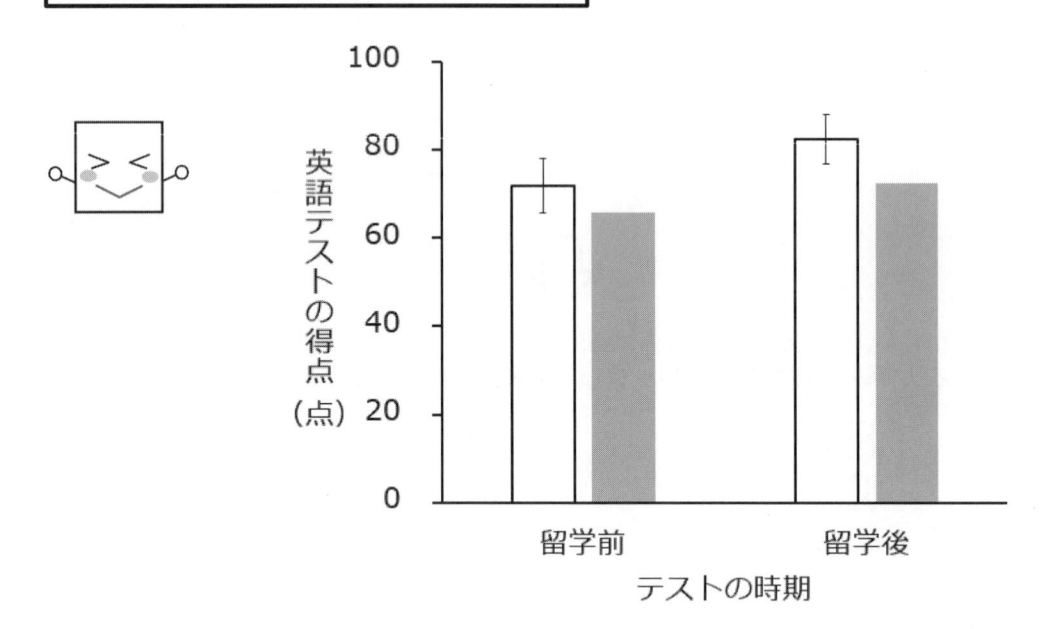

 手順5　pp.41〜42の要領で、新しい系列の**塗りつぶし**や**線**などを
修正したり、 pp.43〜45の要領で**エラーバーを追加**します。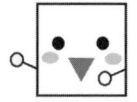

新しい系列の修正前

塗りつぶしや線を修正して
エラーバーを追加しました。

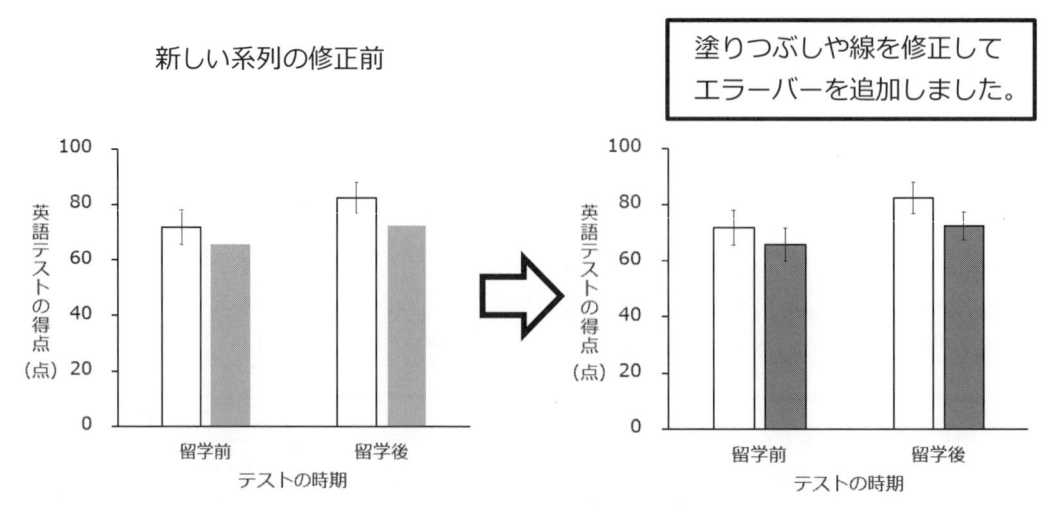

凡例を表示させます。

手順6 ▶ **グラフ**を**クリックして選択**した状態で、**メニューバー**から［グラフツール］
→ ［**デザイン**］ → ［**グラフ要素を追加**］ → ［**凡例**］
→ ［上］や［右］などの**適切な位置を選択**します。

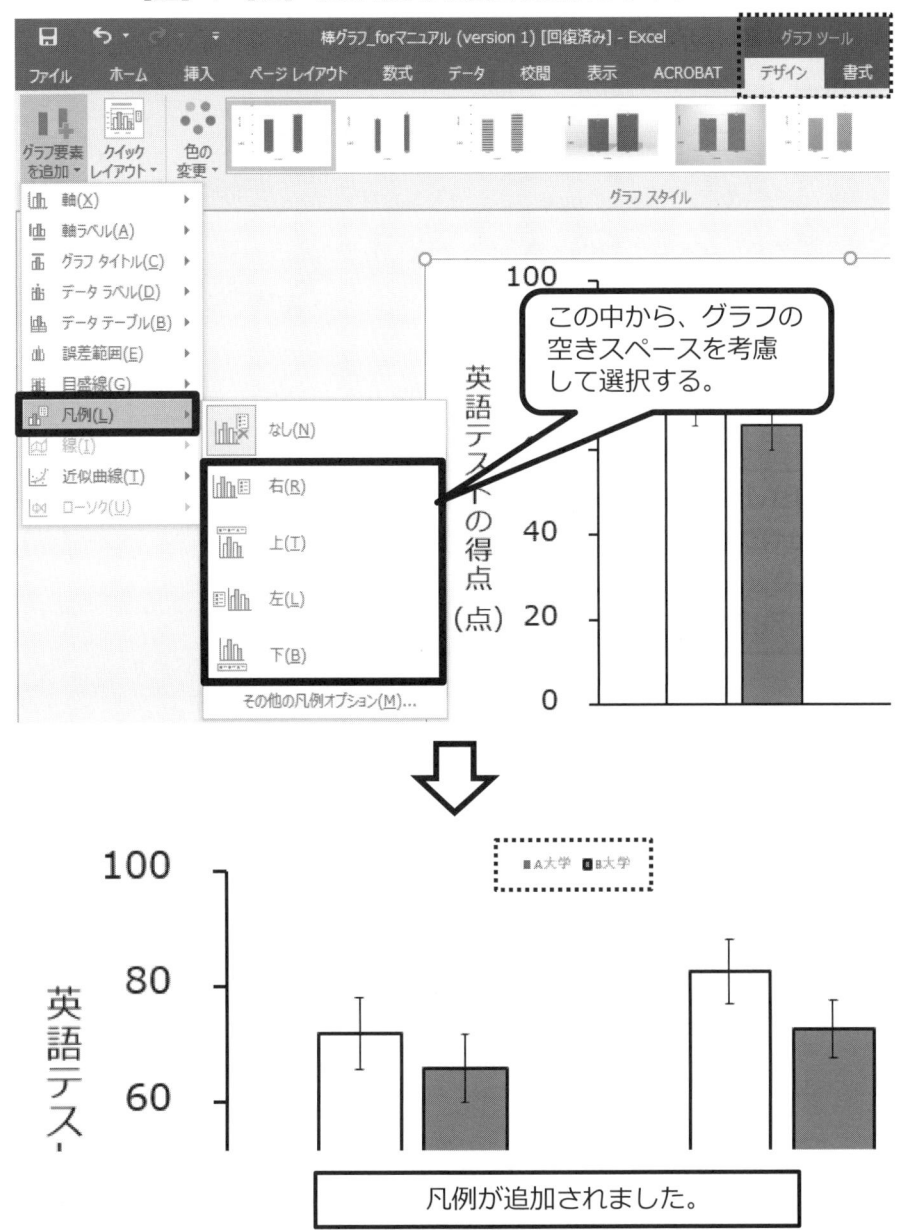

手順7　追加した凡例を選択した状態で、
メニューバーから［ホーム］→［フォント］にて、凡例の文字の色や
大きさを変更します。文字の種類や色を軸ラベルなどと同じにし、
文字の大きさも軸ラベルなどと同じくらいにします。

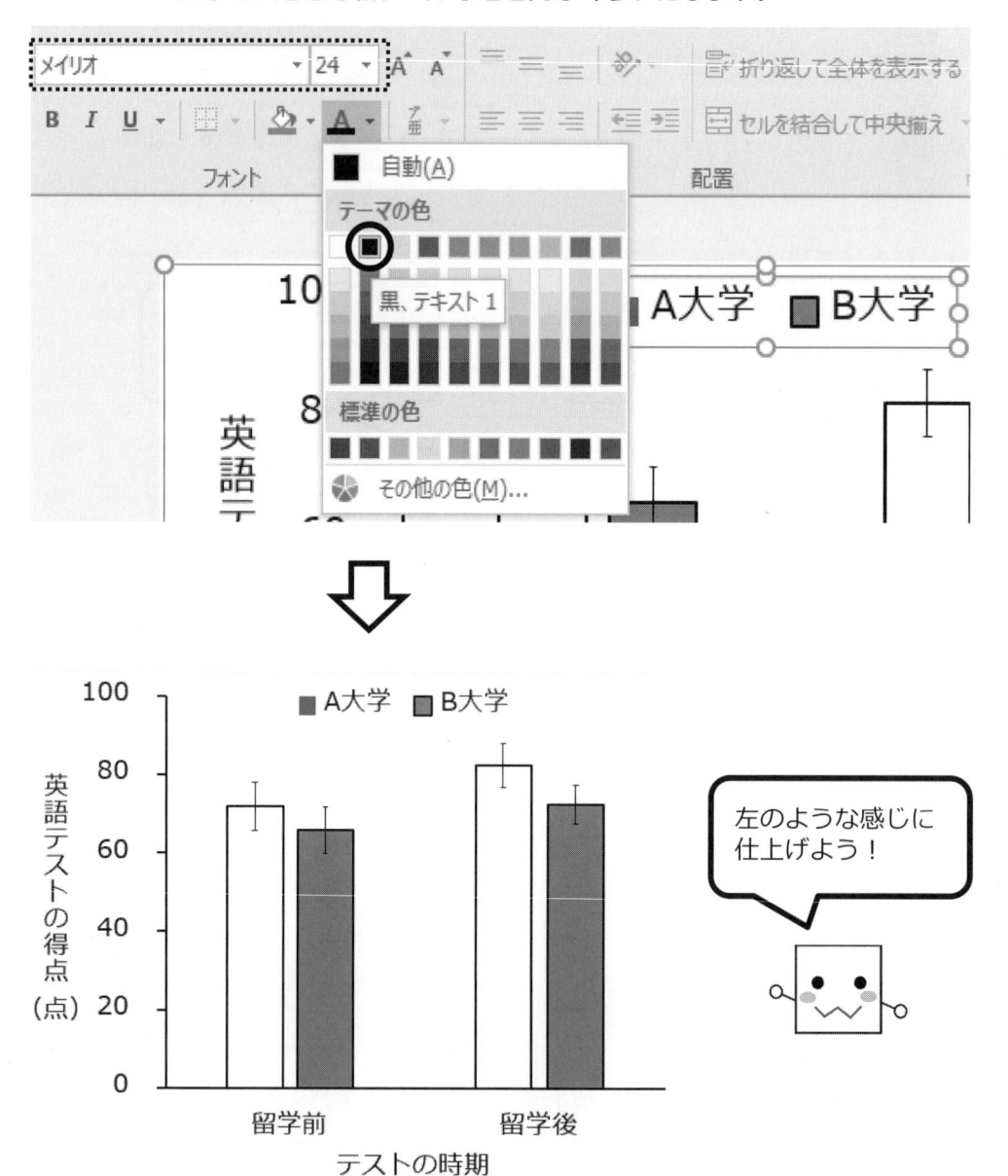

左のような感じに
仕上げよう！

続けて、**凡例と棒グラフの塗りつぶしや線を揃えます。**
今回の例では、A大学の凡例を**グラフと同じように白抜き**にします。

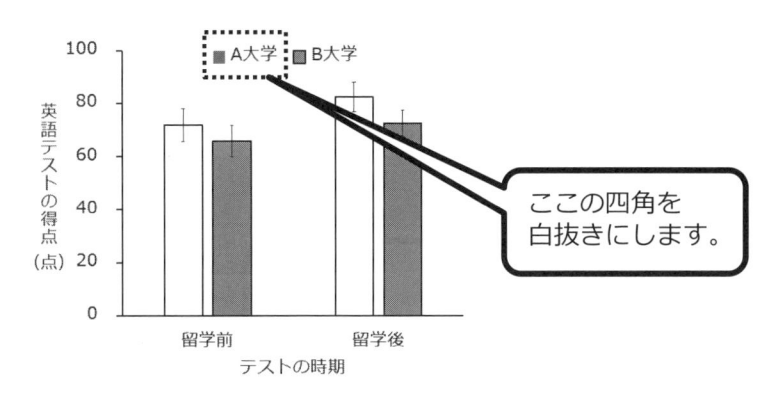

　四角の色を変えるには「**凡例の書式設定**」において、**塗りつぶしと線を変更**します。ここでは例として、白抜きの四角を作成します。

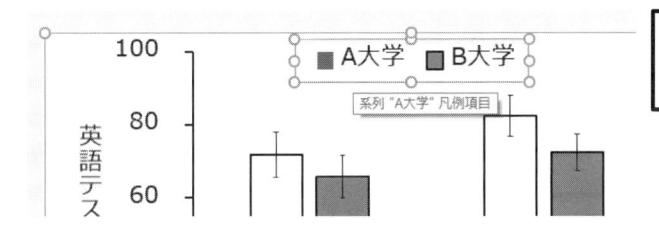

凡例の近くを**1回クリック**すると、
凡例全体がまとめて選択されます。

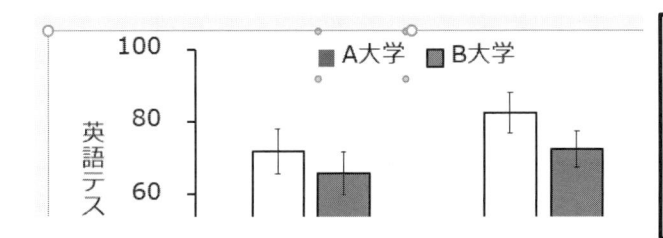

上の状態で、**デザインを変更したい凡例の項目をもう1回クリック**すると、**その凡例だけが選択**され、
[凡例項目の書式設定]が右側に開きます。

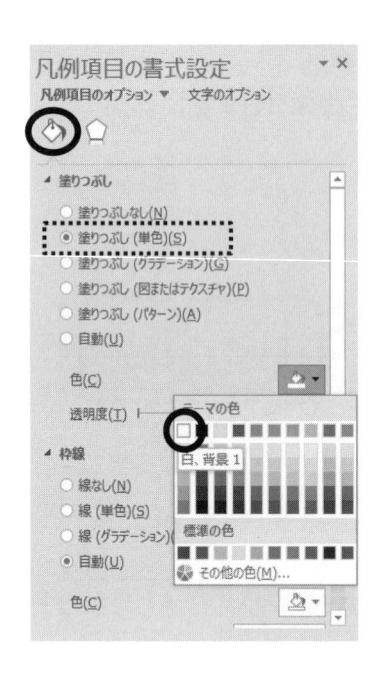

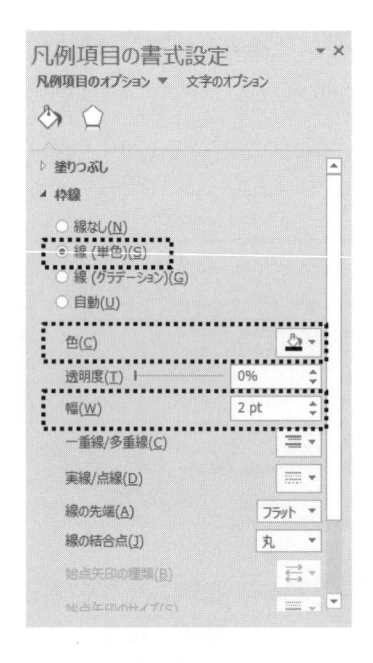

［塗りつぶしと線］（**一番左のアイコン**）で、
［塗りつぶし］→［塗りつぶし（単色）］、
［色］→［白］を**選択**します。

［枠線］→［線（単色）］、
［色］→［黒］を**選択**します。
また、**枠線の幅をデフォルトよりも
太く変更**します。

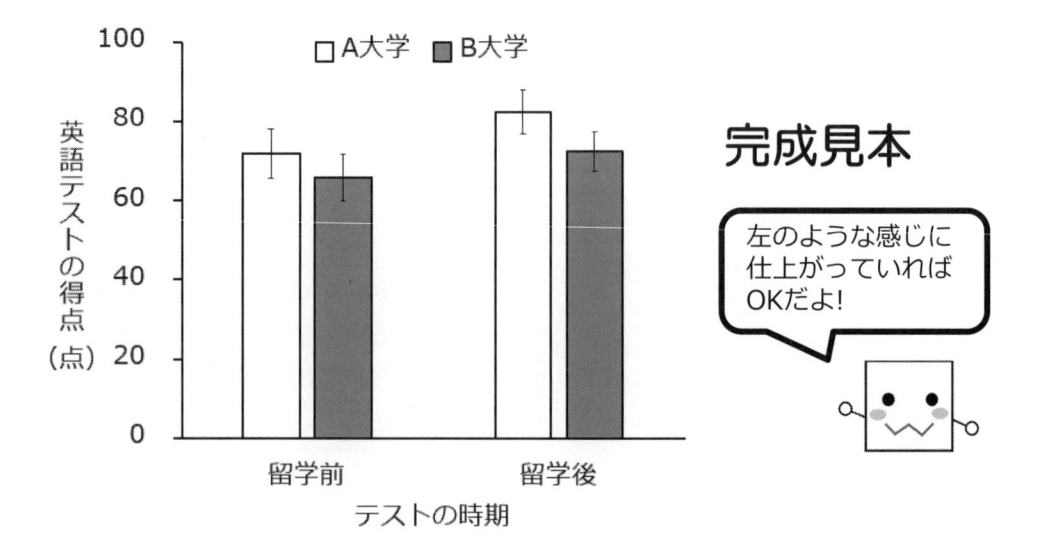

完成見本

左のような感じに
仕上がっていれば
OKだよ!

【参考2】棒グラフの横軸と凡例を入れ替える

以下に、2要因の棒グラフの横軸と凡例を入れ替える方法を説明します。

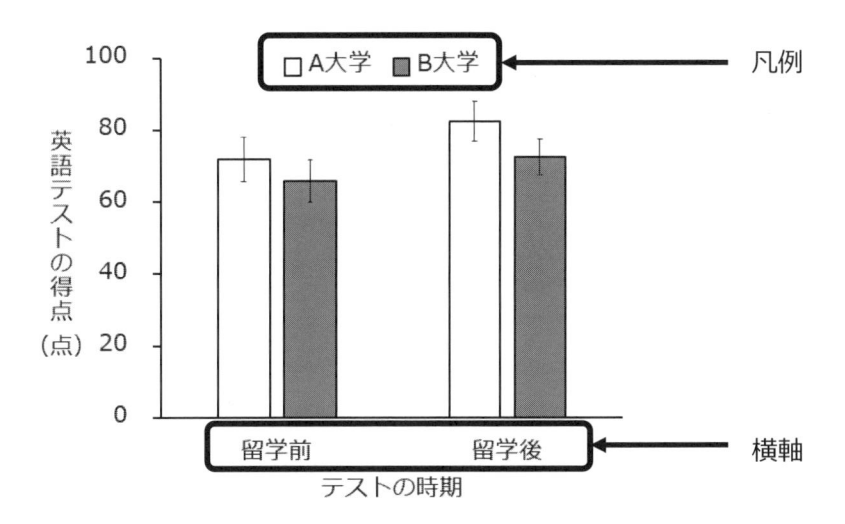

手順1 **グラフ上のどこかをクリック**してグラフを選択し、その状態のままで **右クリックをして［データの選択］を選択**します。

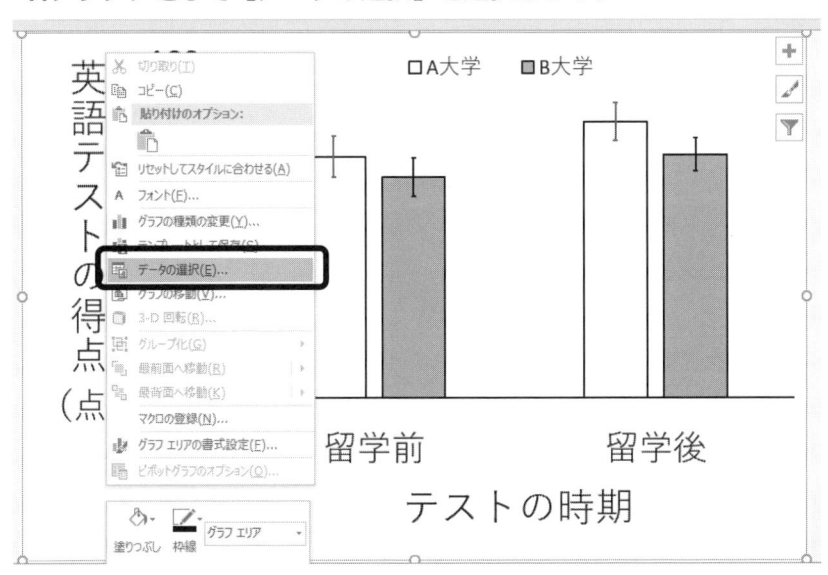

手順2 「**データソースの選択**」ウィンドウで、① 『**行/列の切り替え**』の**ボタン**を
押し、［凡例項目（系列）］と［横（項目）軸ラベル］内の情報が
入れ替わったことを確認して、② **［OK］** を押します。

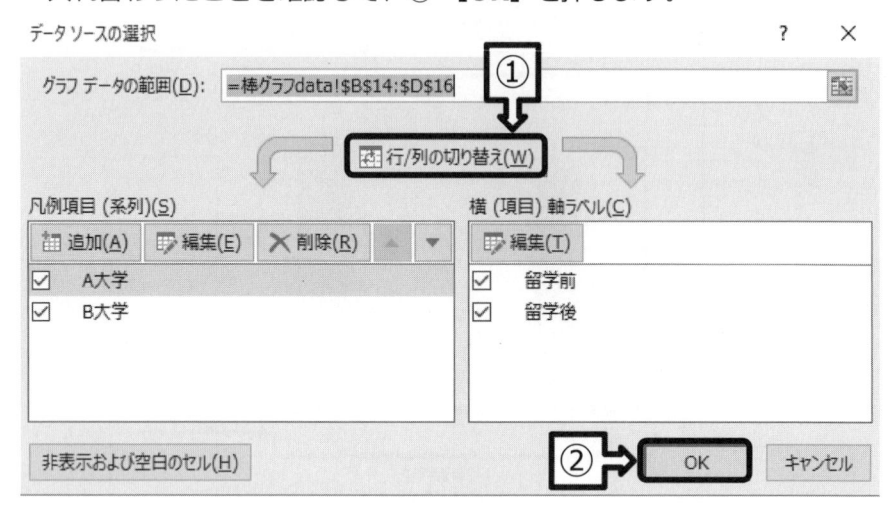

このように横軸と凡例が入れ替わりました。

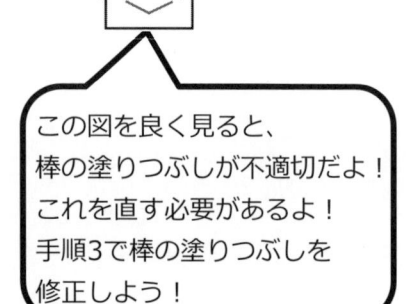

この図を良く見ると、
棒の塗りつぶしが不適切だよ！
これを直す必要があるよ！
手順3で棒の塗りつぶしを
修正しよう！

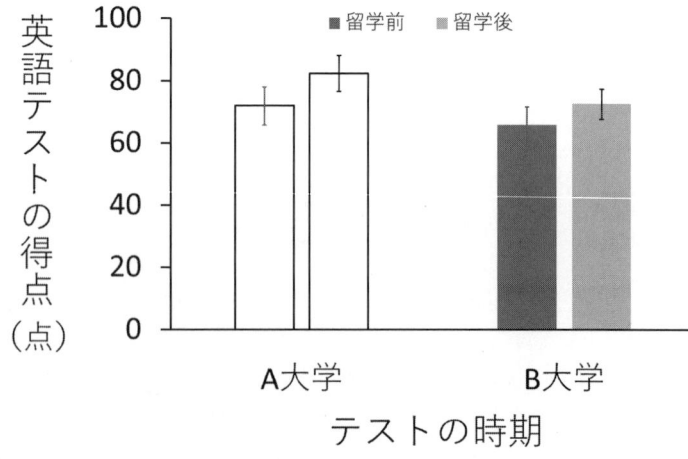

手順3　修正したい棒を**2回クリック**して**選択**した状態で、**右クリック**し、
一番下の［**データ要素の書式設定**］を**選択**します。

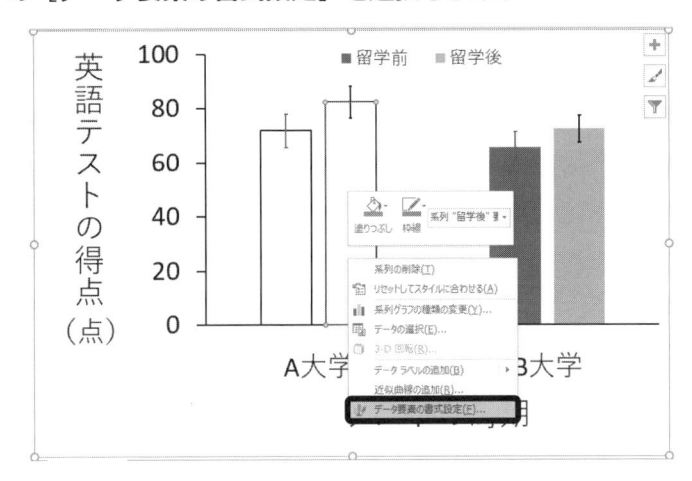

［塗りつぶしと線］（**一番左のアイコン**）で、
［**塗りつぶし**］→［**塗りつぶし（単色）**］、
［**色**］→［黒、テキスト1、白+基本色 50%］を
選択します。

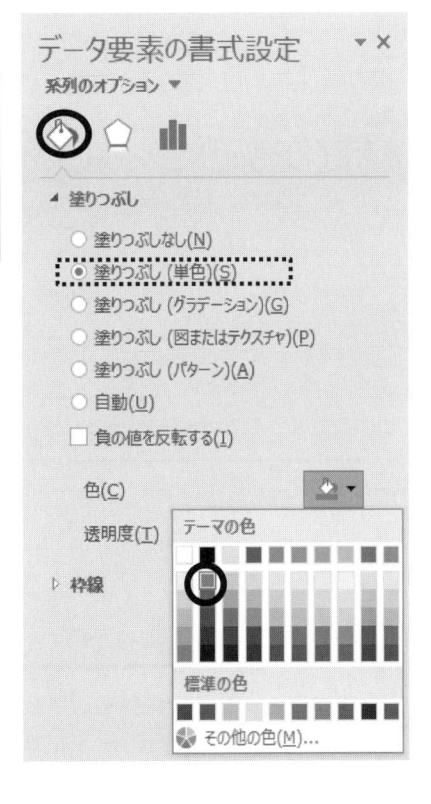

同じ要領で棒の色やパターンも
変更できるよ！

＜手順3の続き＞　必要があれば枠線を太くします。

[枠線] → [線（単色）]、
[色] → [黒] を選択します。
また、枠線の幅をデフォルトよりも
太くします。

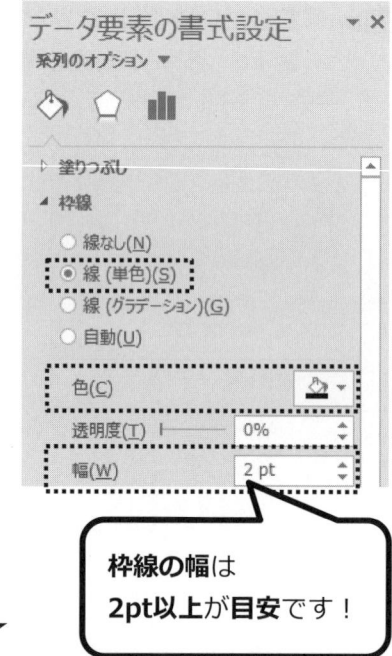

枠線の幅は
2pt以上が目安です！

棒の塗りつぶしを修正したグラフの見本

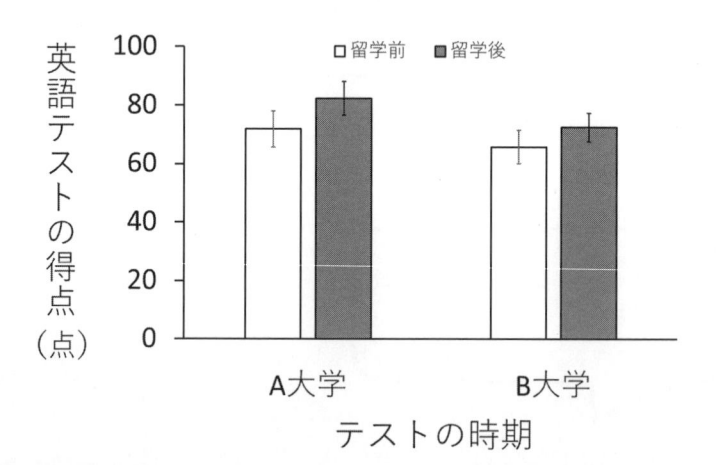

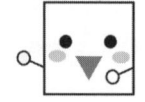

棒グラフでは一番比較したい条件を隣り合うように並べるのが
コツだよ！（p.5を参照）

【参考3】棒グラフの間隔を変更する

以下に2要因の棒グラフの間隔を変更する方法を説明します。

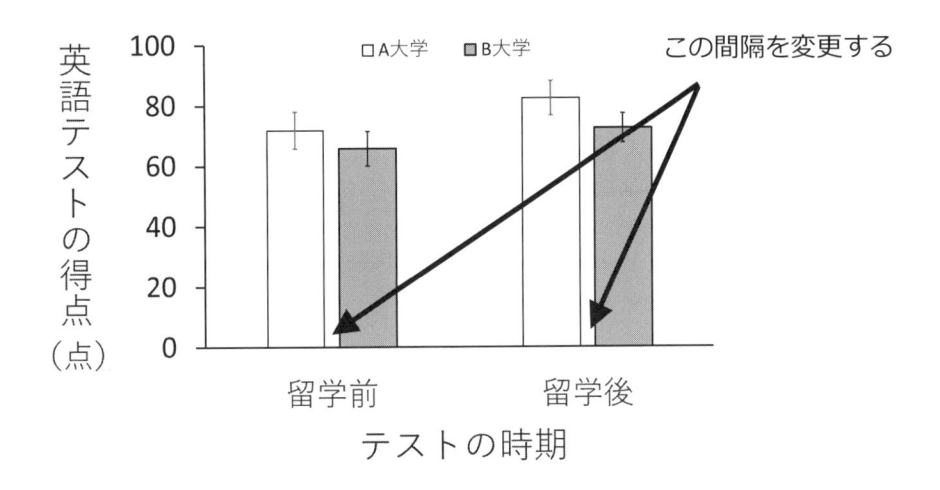

手順1 ▶ **グラフ上のいずれかの棒をクリック**して選択し、その状態のままで **右クリックをして［データ系列の書式設定］**を**選択**します。

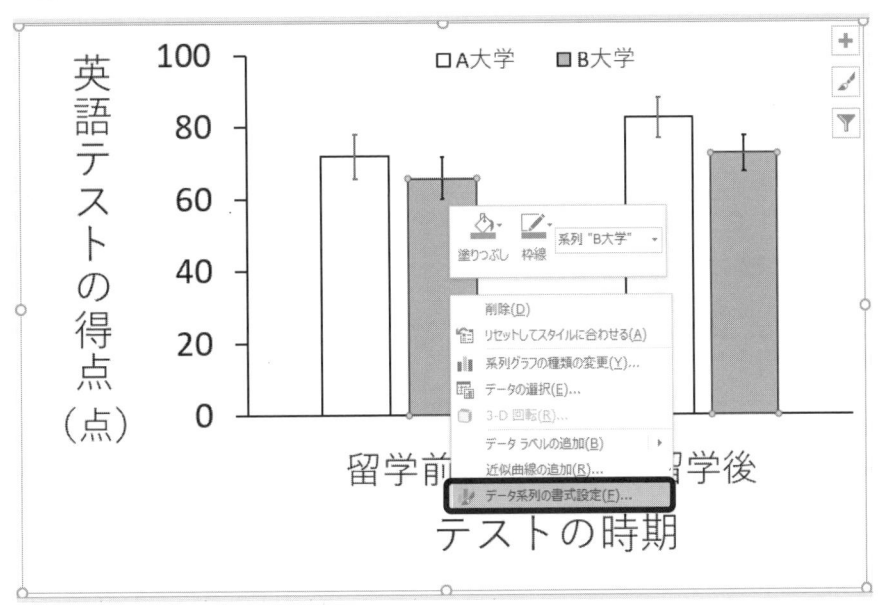

 **手順2** ［系列のオプション］（**一番右のアイコン**）で［**系列の重なり**］を０％にします。

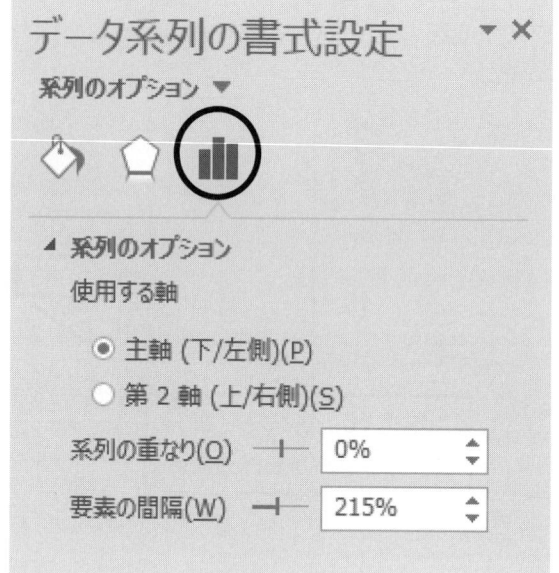

棒の間隔を修正したグラフの見本

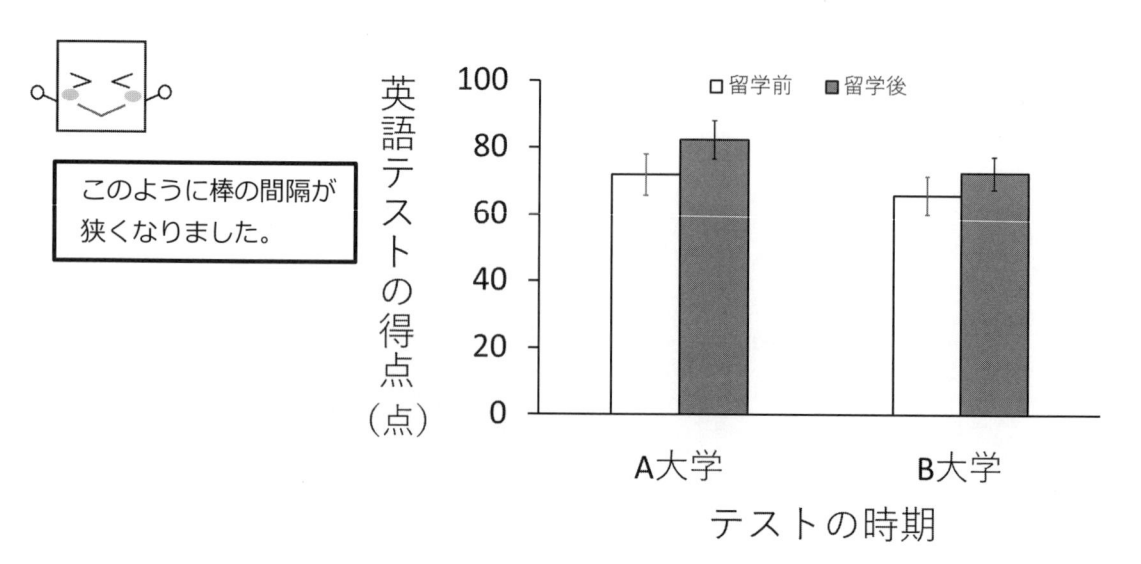

このように棒の間隔が狭くなりました。

【参考4】棒グラフの棒の幅を変更する

以下に2要因の棒グラフの棒の幅を変更する方法を説明します。

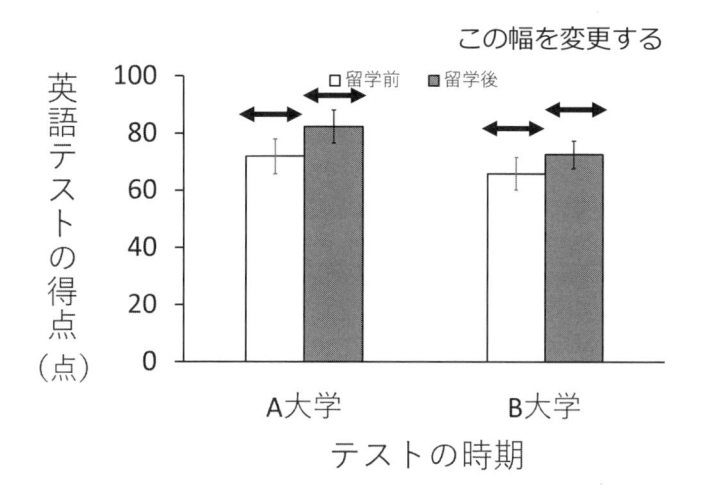

手順1 **グラフ上のいずれかの棒をクリック**して選択し、その状態のままで
右クリックをして［データ系列の書式設定］を**選択**します。

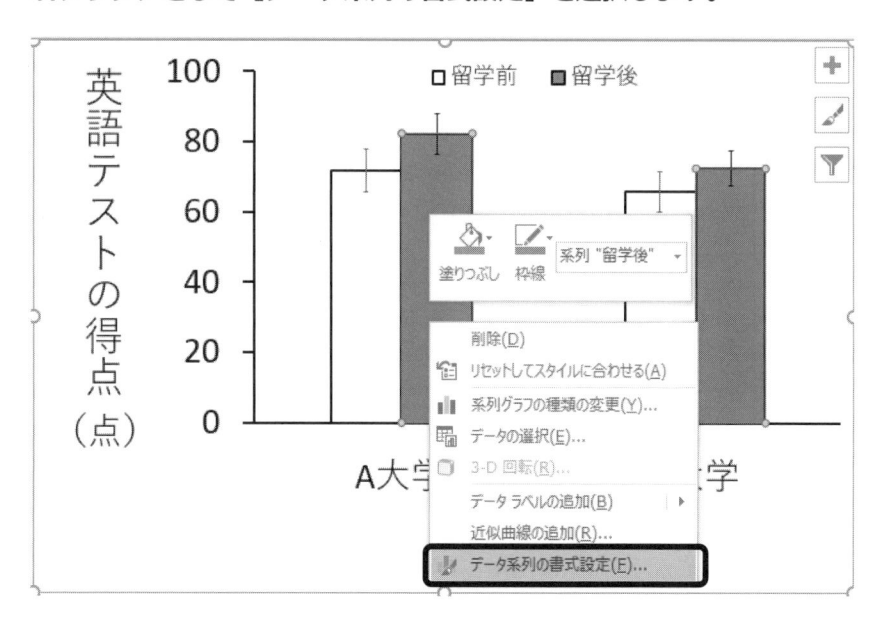

 ［系列のオプション］（**一番右のアイコン**）で［**要素の間隔**］を
50％にします。

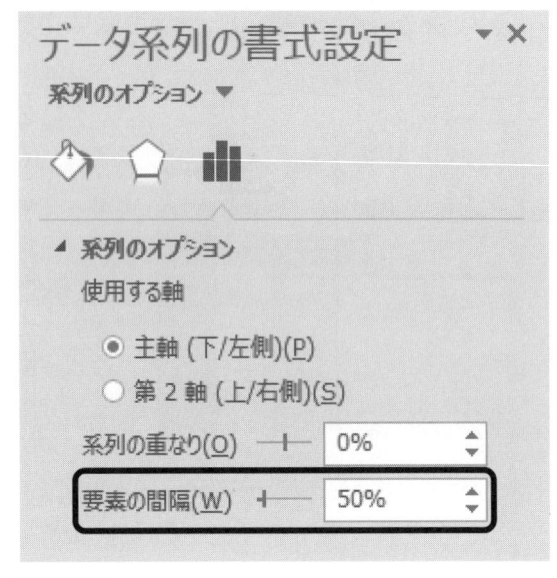

要素の間隔の値を**小さく**すると
棒の幅が**広く**なるよ！

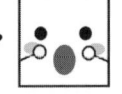

棒の幅を広くしたグラフの見本

このように棒の幅が
広くなりました。

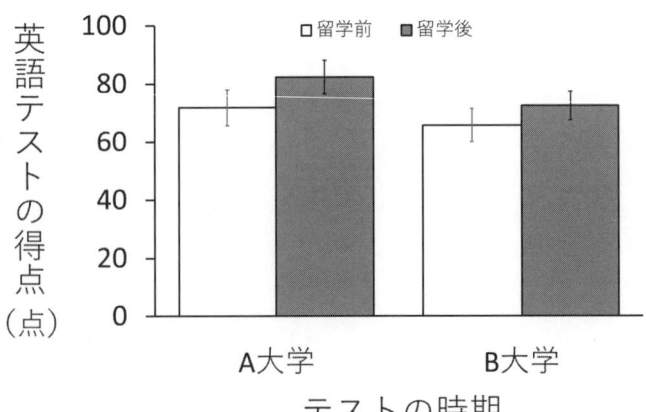

 折れ線グラフの作り方

折れ線グラフとは、独立変数（要因）の値（水準）と従属変数の値の対を、平面上に点として配置し、その点を順に直線で繋いだ図です。

p.4で述べたように、独立変数（要因）が連続量の場合に折れ線グラフを用います。

レポートや論文に載せる折れ線グラフの作り方を、下の例題のデータを用いて説明します。この例題の要因（すなわち独立変数）は練習量であり、その水準は1時間、2時間、3時間の3水準です。この練習量は**連続量**なので、データを「**折れ線グラフ**」で表します。

例題

ある市内の、少年野球チームの練習量について調査を行った。野球チームの1回の練習量は1時間、2時間、3時間の3種類であった。各練習量につき5チームずつの計15チームについて調べた地区リーグ戦での得点をTable 4.1 に示す。練習量の効果について検討せよ。

Table 4.1
練習量ごとの各チームの得点（点）

練習量（時間）		
1	2	3
10	14	26
9	11	19
5	9	20
6	9	20
9	13	20

4.1 データの入力と平均値・標準偏差の算出

前ページの Table 4.1 のデータを、**Excel**のワークシートに**入力**し、**水準ごと**に**平均値**と**標準偏差**を**算出**します。

 **手順1**　　**Excel**のワークシートに**水準名**と**データの数値**を**入力**します。

	A	B	C	D
1		1	2	3
2		10	14	26
3		9	11	19
4		5	9	20
5		6	9	20
6		9	13	20
7				

1行目に、**水準名**（この例題の場合は練習量）を**半角数字**で**入力**します。

2行目以降に、**データの数値**を**半角数字**で**入力**します。

注意！
データの数値に**単位を付けては**
いけないよ！

水準ごとに**平均値**を**算出**します。

 **手順2**　　= AVERAGE(
と**半角文字**で**入力**し、**マウスでデータの範囲を指定**し、**カッコを閉じ**、
Enterを押します。

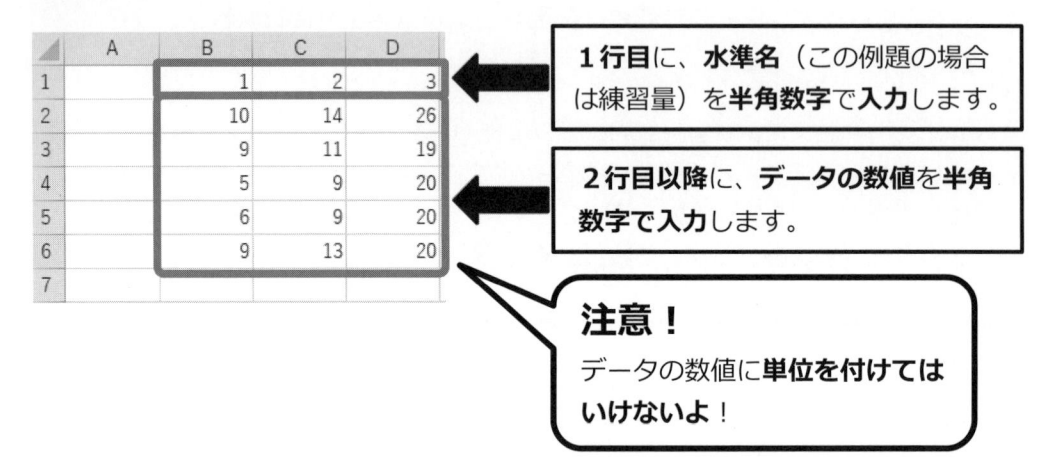

	A	B	C	D	E
1		1	2	3	
2		10	14	26	
3		9	11	19	
4		5	9	20	
5		6	9	20	
6		9	13	20	
7					
8					
9					
10		=AVERAGE(B2:B6)			
11					

	A	B	C	D	E
1		1	2	3	
2		10	14	26	
3		9	11	19	
4		5	9	20	
5		6	9	20	
6		9	13	20	
7					
8					
9					
10		7.8			
11					

水準ごとに**標準偏差を算出**します。

手順3　　**= STDEV(**
と半角文字で入力し、マウスでデータの範囲を指定し、カッコを閉じ、
Enterを押します。

	A	B	C	D	E
1		1	2	3	
2		10	14	26	
3		9	11	19	
4		5	9	20	
5		6	9	20	
6		9	13	20	
7					
8					
9					
10		7.8			
11					
12		=STDEV(B2:B6)			
13					

	A	B	C	D	E
1		1	2	3	
2		10	14	26	
3		9	11	19	
4		5	9	20	
5		6	9	20	
6		9	13	20	
7					
8					
9					
10		7.8			
11					
12		2.167948			
13					

手順4　　他の水準についても、平均と標準偏差を同様の方法で求めます。

	A	B	C	D	E
1		1	2	3	
2		10	14	26	
3		9	11	19	
4		5	9	20	
5		6	9	20	
6		9	13	20	
7					
8					
9					
10		7.8	=AVERAGE(C2:C6)		
11					
12		2.167948			
13					

	A	B	C	D	E
1		1	2	3	
2		10	14	26	
3		9	11	19	
4		5	9	20	
5		6	9	20	
6		9	13	20	
7					
8					
9					
10		7.8	11.2	21	
11					
12		2.167948	2.280351	2.828427	
13					

手順5 手順2で算出した**平均値の上のセル**に、**水準名のラベルを入力**します。

	A	B	C	D
1		1	2	3
2		10	14	26
3		9	11	19
4		5	9	20
5		6	9	20
6		9	13	20
7				
8				
9	練習量	1	2	3
10	平均値	7.8	11.2	21
11				
12	標準偏差	2.167948	2.280351	2.828427

水準ごとに**名称、平均値、標準偏差の値**を**同じ列に書きます**。

ちなみに、**要因が2つ以上の場合**には、[**データの選択**]の機能を使って**系列を追加**します。詳しくは、第4章[発展1]（p.120〜）を参照します。

グラフを作成する前に、
以下のように**平均値と標準偏差を適切に配置**しておきます。

確認

9	練習量	1	2	3
10	平均値	7.8	11.2	21
11				
12	標準偏差	2.167948	2.280351	2.828427

このような枠組みを用意してからグラフを作成すると便利です！

補足 オートフィルを用いた平均値・標準偏差の算出

各条件でデータ数が同じ場合、AVERAGE や STDEV を毎回入力しなくても、
以下の操作を行うことで、平均値や標準偏差を算出できます。

練習量	1	2	3
平均値	7.8		

**平均値を計算したセルの右下の角に
カーソルを移動**させると、**カーソルが
「＋」に変化**します。

⬇

練習量	1	2	3
平均値	7.8		

マウスの左ボタンを押しながら、
平均値を算出したいセルに向かって
カーソルを横へ移動させます。

⬇

練習量	1	2	3
平均値	7.8	11.2	21

マウスの左ボタンを離すと、そのセル
に平均値の**算出結果が表示されます**。

（注）**データ数が異なる場合**は、間違った平均値や標準偏差を計算する可能性が
あるので、**この方法を使用しない**でください。

4.2 折れ線グラフを作成する

前節で算出した練習量ごとの得点の平均値から、折れ線グラフを作成します。下の図の
ように、①**各水準の平均値と水準名を選択**し、②**メニューバー**から**［挿入］**→［グラフ］
→ **［散布図］**→**［散布図（直線とマーカー）］**を**選択**します。

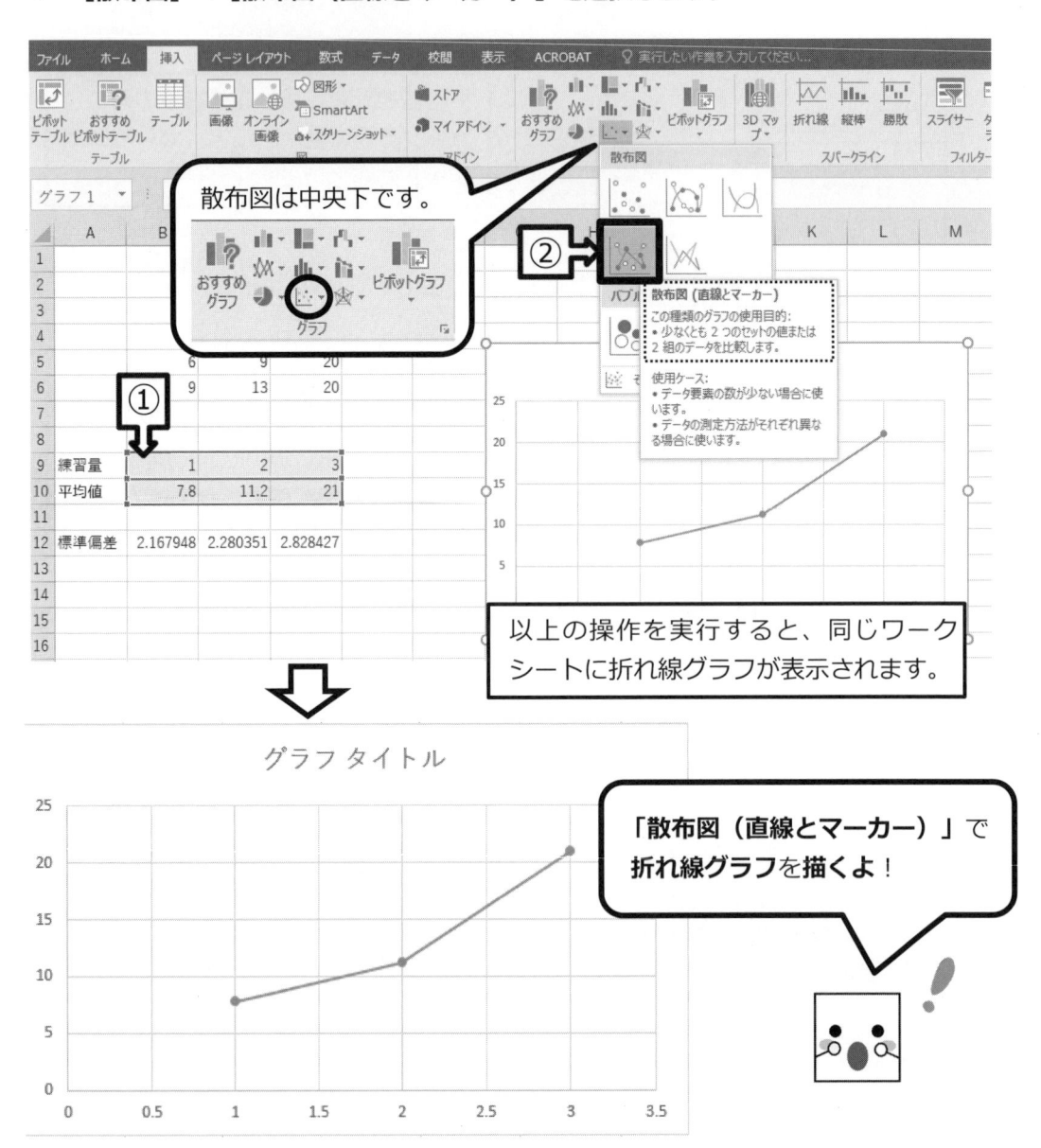

ここで**ストップ！**
　　　p.90のグラフを**そのまま**レポートに**貼り付け**てはダメ！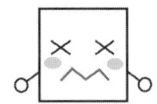

なぜならば、グラフに記載しなければいけない情報が足りておらず、グラフの見た目も非常に悪く、レポートや論文に載せるグラフとして適切ではないからです。

<u>主な**問題点**</u>

- **グラフ**が**カラー**で作られている（この本ではモノクロで表示されています）
- **グラフの一番外に枠線**が付いている
- **縦軸、横軸の目盛**が付いておらず、グラフの中に**余分な横線、縦線**が付いている
- **軸の線の色が薄すぎる**（灰色に近い色）
- **縦軸と横軸の数値の大きさが小さくて見づらい**
- **折れ線のマーカーや線のデザインが見づらい**
- 折れ線グラフに、データの散らばり具合を示す**「エラーバー」**が付いていない
- **軸ラベル**が付いておらず、**軸の数値が何を示しているか分からない**

下のようなグラフを目指します

折れ線グラフ完成見本

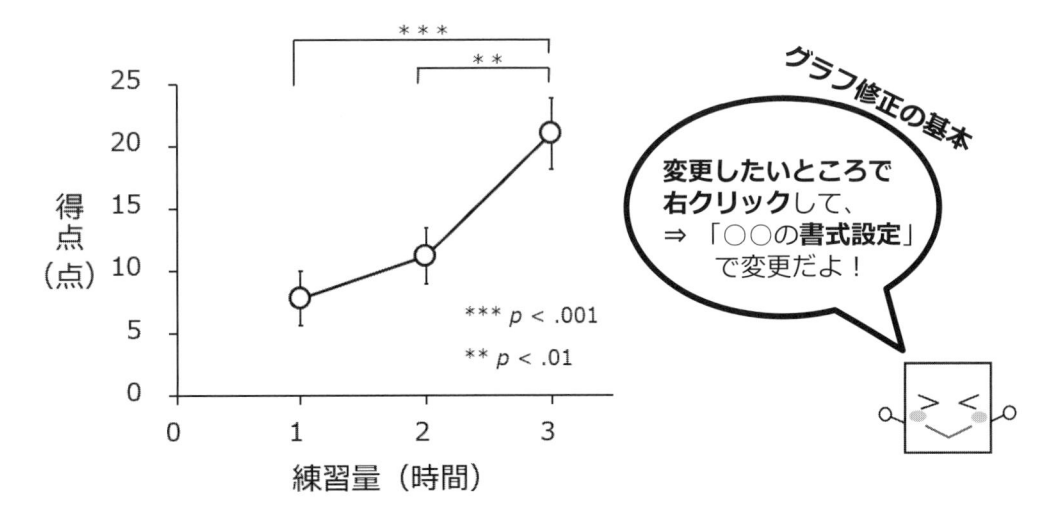

グラフ修正の基本

変更したいところで右クリックして、
⇒「○○の**書式設定**」で変更だよ！

【参考】　なぜ Excel の「折れ線」でグラフを作成しないのか？

独立変数が連続量の場合、データ間を線でつないだ**折れ線グラフ**を作って、**従属変数の推移をみるのが一般的**です。この折れ線グラフを **Excel で作成するには**、名前のとおりの**「折れ線」ではなく「散布図」を選択**する必要があります。

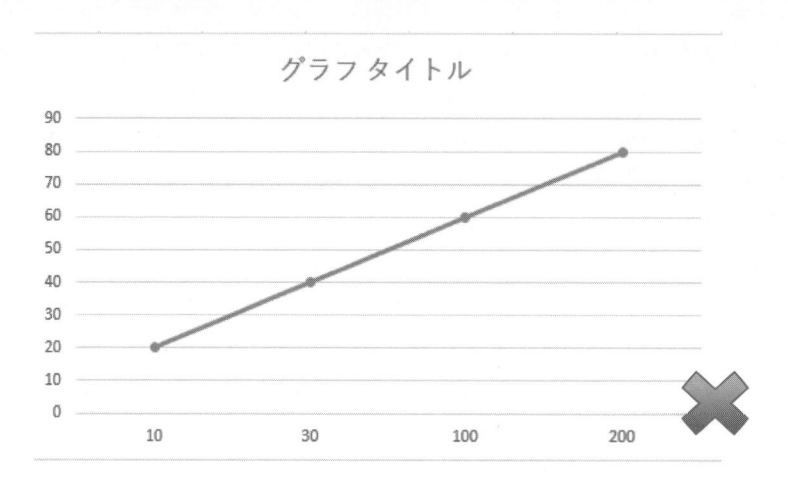

グラフ タイトル

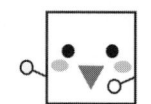

その理由は、**Excel の「折れ線」で作成すると**、上図のように、
（1）独立変数の値が等間隔ではない場合にも、値が等間隔に配置されてしまい、
　　　マーカー間の距離が**実際の数値の差を表していない**
（2）横軸の目盛が横軸の数字の上に表示されない

などの問題が生じるからです。
よって **Excel の「折れ線」で作成したグラフ**は、折れ線グラフとして**ふさわしくないのです。**

4.3　折れ線グラフを別ワークシートへ移動する

グラフ本体を別のワークシートに移動します。

手順1

① **グラフをクリックして選択**し、②**メニューバー**から［**グラフツール**］
→［**デザイン**］→［**グラフの移動**］を**選択**します。

［グラフの移動］を選択すると、
「グラフの移動」ウィンドウが
表示されます。

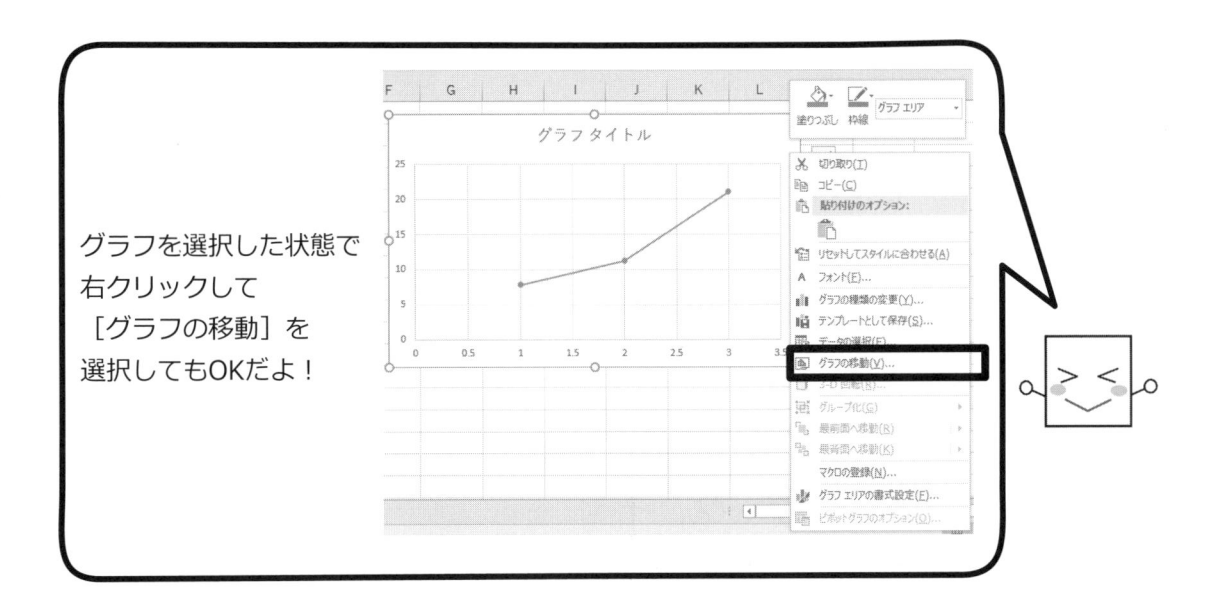

グラフを選択した状態で
右クリックして
［グラフの移動］を
選択してもOKだよ！

 「グラフの移動」ウィンドウで、**グラフの移動先のシート名**を**指定**します。

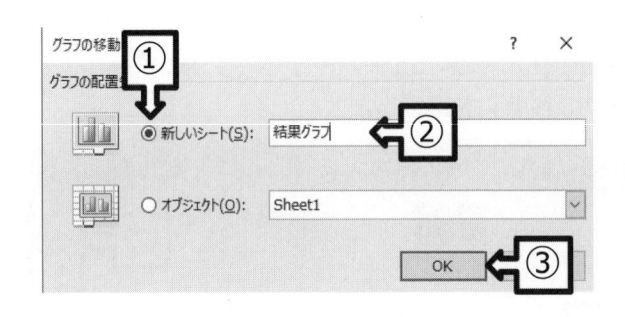

① [**新しいシート**] に**チェック**を入れます。

② **シートの名前を入力**します。

③ [**OK**] ボタンを押します。

新しい「結果グラフ」ワークシートが作られ、シート全体にグラフが表示されます。

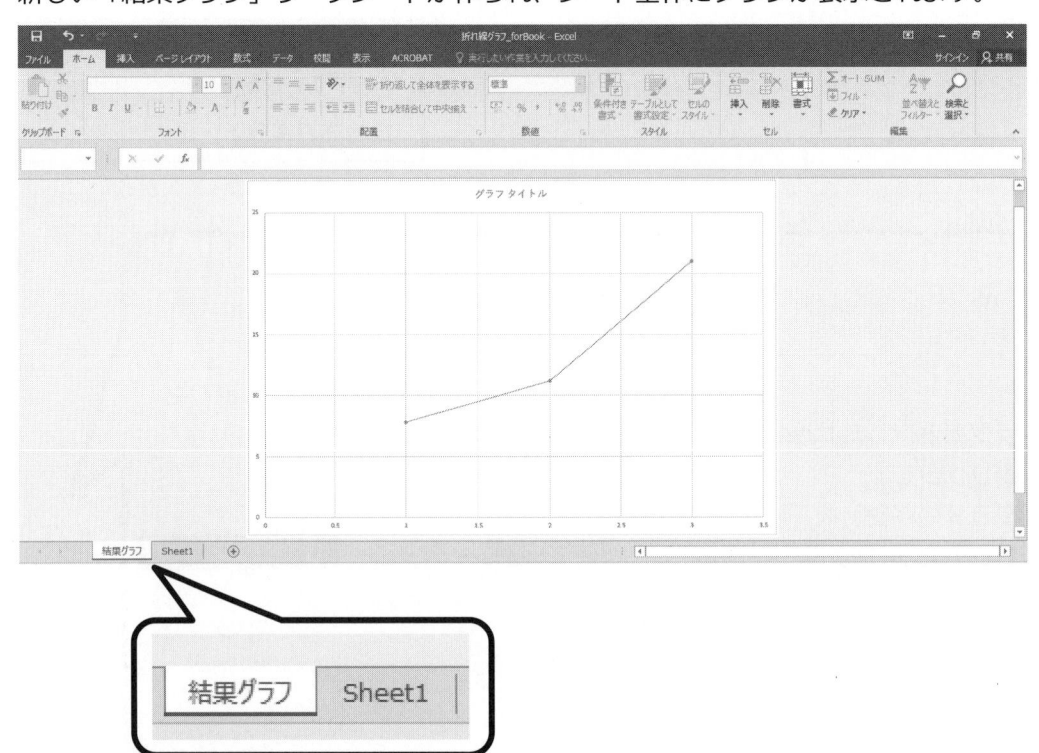

4.4　折れ線グラフを修正する

レポートにふさわしいように、**折れ線グラフを修正**します。

グラフの色をデフォルトの青色から**モノクロ（白黒）に変更**します。

① グラフをクリックして選択し、②**メニューバー**から［グラフツール］→
［**デザイン**］ →［グラフスタイル］ →［**色の変更**］→［**モノクロ**］→
［**色11（モノクロ）**］を選択します。

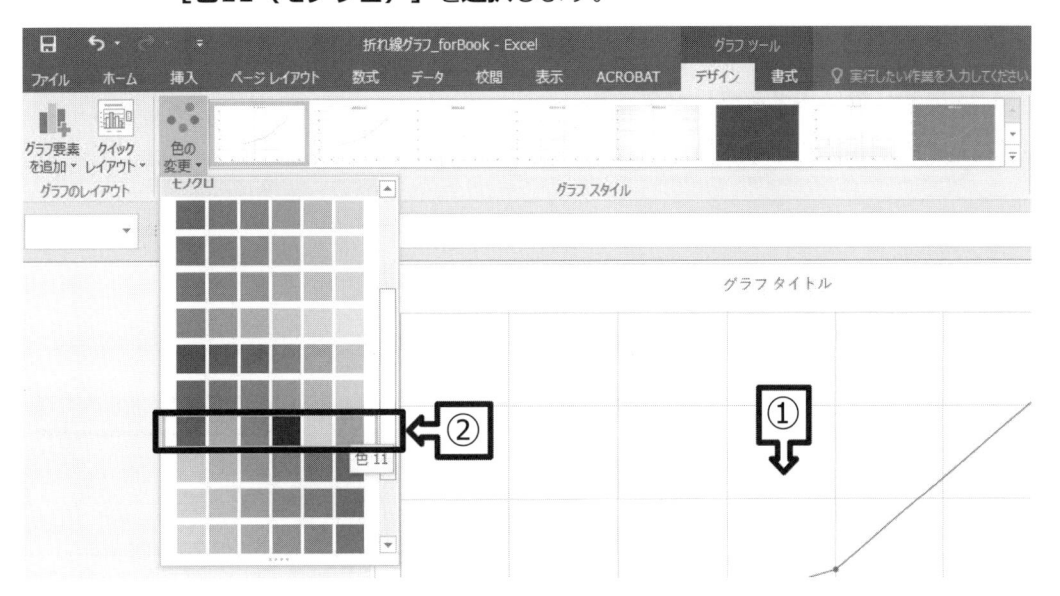

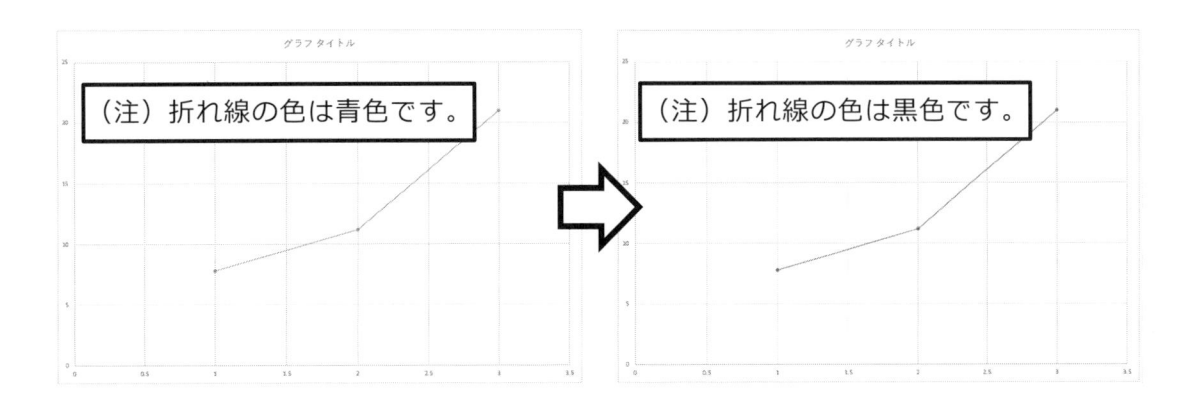

（注）折れ線の色は青色です。　→　（注）折れ線の色は黒色です。

グラフの外に付いている**枠線**を**消去**します。

 **グラフ全体を選択した状態**で**右クリック**し、
下から二番目の[**グラフエリアの書式設定**]を**選択**します。

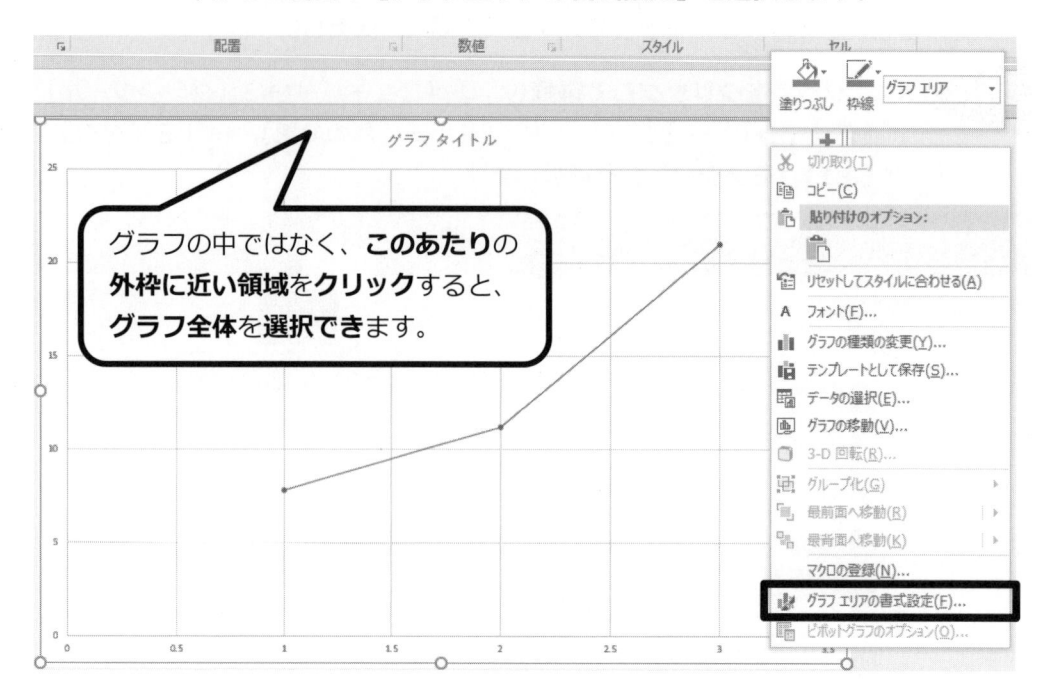

グラフの中ではなく、**このあたりの
外枠に近い領域**を**クリック**すると、
グラフ全体を**選択でき**ます。

グラフの右側に「グラフエリア
の書式設定」が現れます。

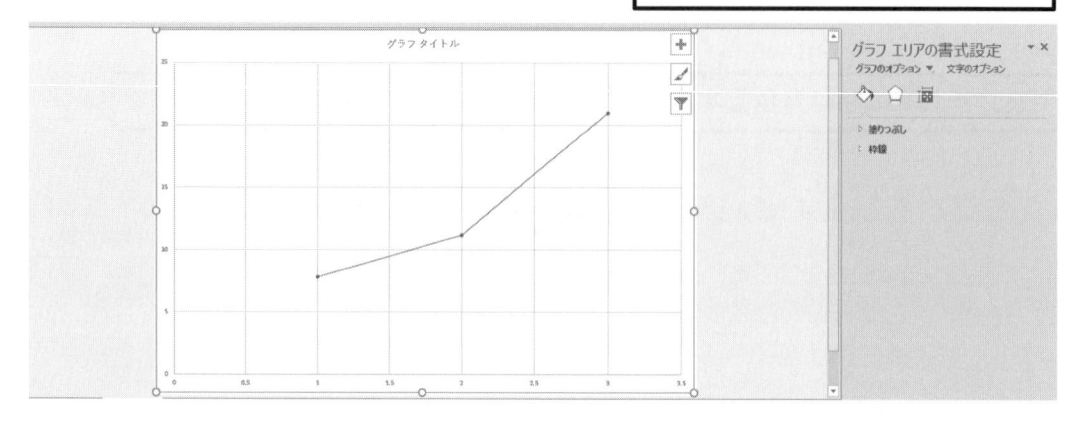

手順3 「**グラフエリアの書式設定**」のメニュー**アイコンの一番左**［**塗りつぶしと線**］
→［**枠線**］→［**線なし**］に**チェック**を入れます。

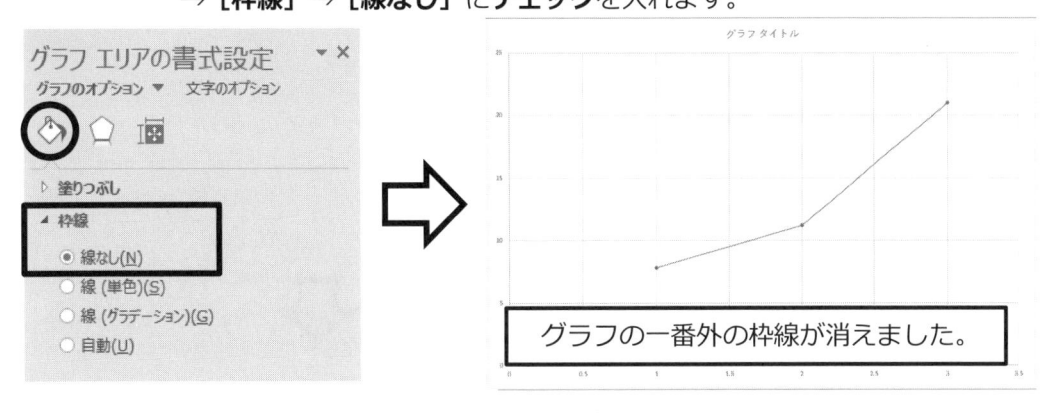

グラフの一番外の枠線が消えました。

グラフ上部の「**グラフタイトル**」を**消去**します。

手順4 「グラフタイトル」の**文字の部分を左クリック**し、**テキストボックスを
選択した状態で右クリック**し、一番上の［**削除**］を**選択**します。

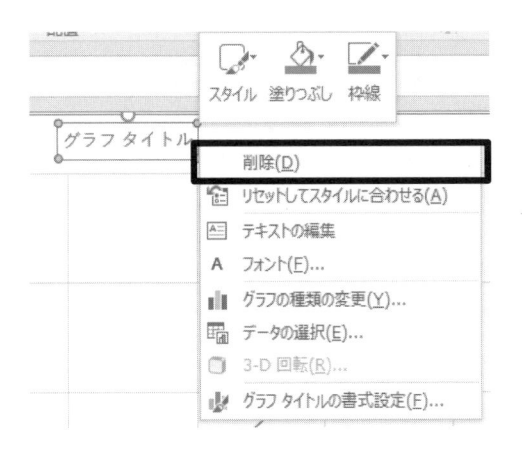

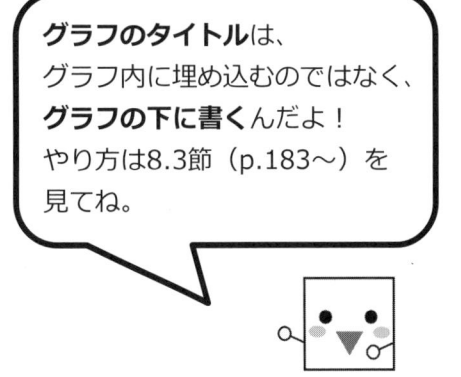

グラフのタイトルは、
グラフ内に埋め込むのではなく、
グラフの下に書くんだよ！
やり方は8.3節（p.183〜）を
見てね。

タイトルに限らず、**何かを削除したいとき**は、**その項目を選択**して
キーボードの**BackSpaceキー**や**Deleteキー**を押しても**削除**できるよ。

＜手順4の続き＞

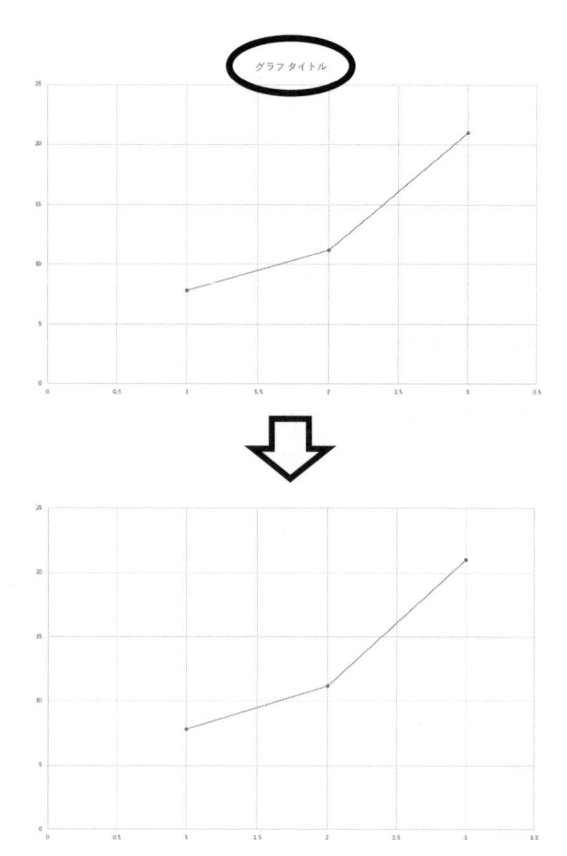

前ページの要領で［削除］を選択
すると「グラフタイトル」の
テキストボックスが消えました。

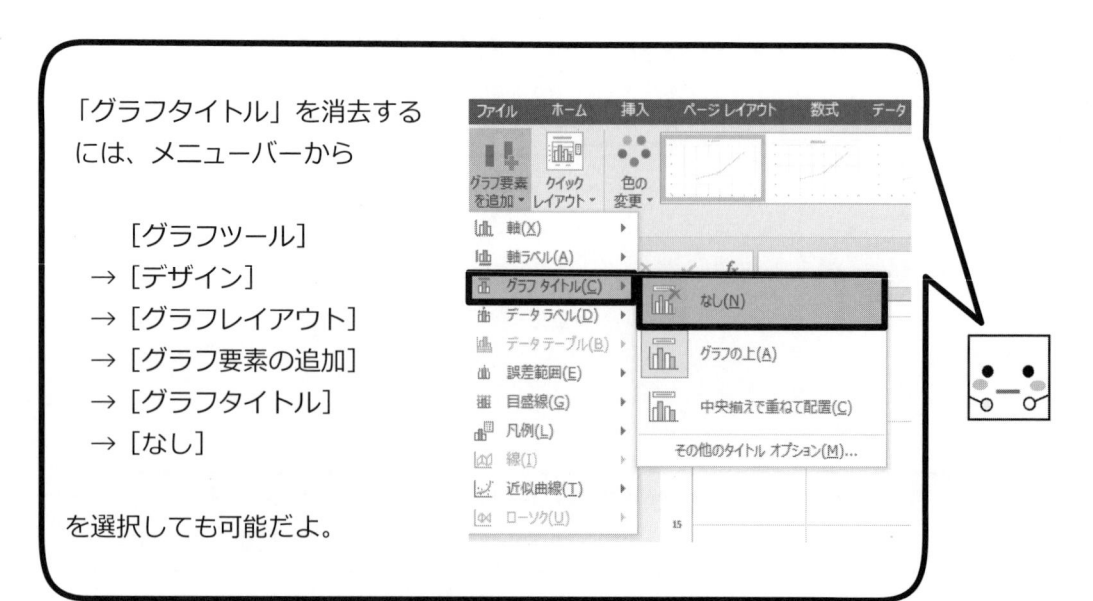

「グラフタイトル」を消去する
には、メニューバーから

　　　［グラフツール］
　→［デザイン］
　→［グラフレイアウト］
　→［グラフ要素の追加］
　→［グラフタイトル］
　→［なし］

を選択しても可能だよ。

グラフの中の横線を消去します。

 **数本の横線のうちのいずれか1本をクリック**すると、**すべての横線が選択**されます。**その状態で右クリック**し、一番上の[**削除**]を**選択**します。

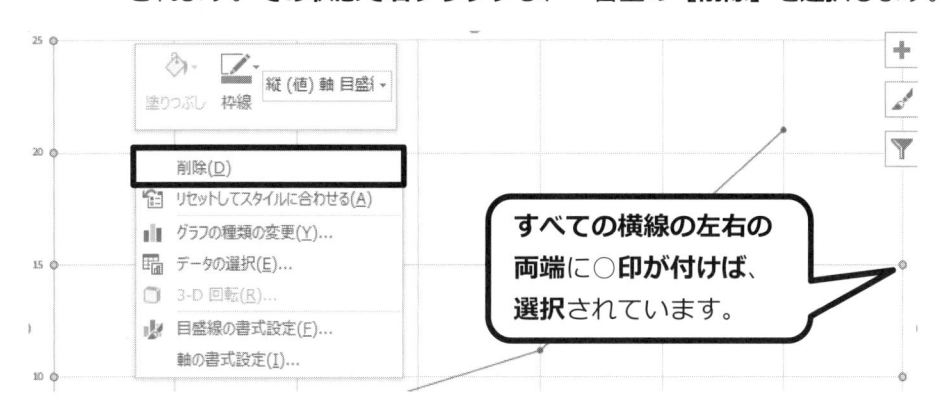

> **すべての横線の左右の両端に○印が付けば、選択されています。**

続いて、**グラフの中の縦線も消去**します。

手順6 **数本の縦線のうちのいずれか1本をクリック**すると、**すべての縦線が選択**されます。**その状態で右クリック**し、一番上の[**削除**]を**選択**します。

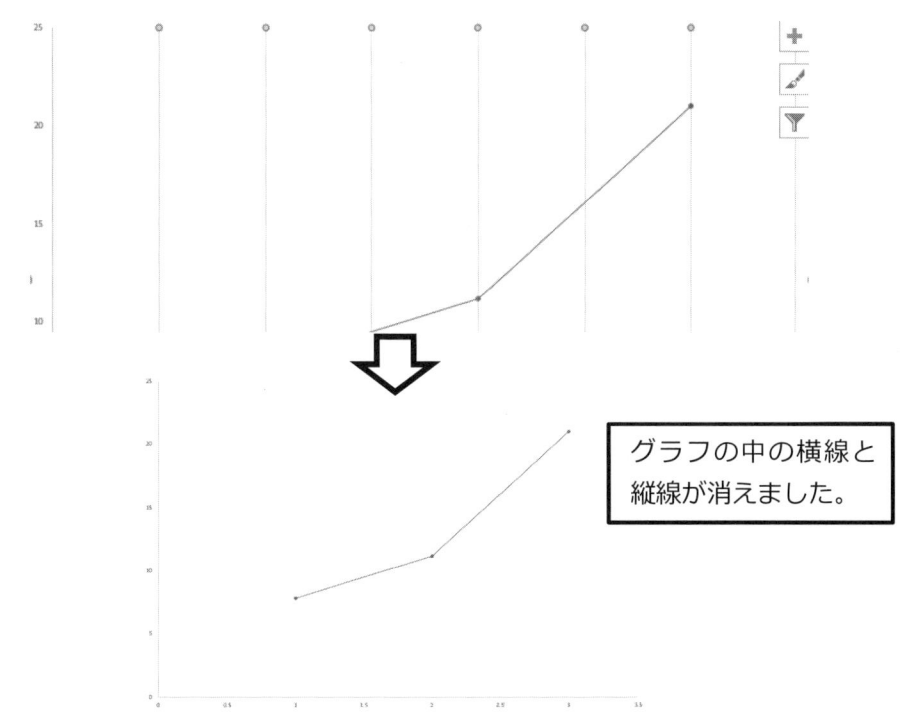

> グラフの中の横線と縦線が消えました。

軸ラベルを表示し、かつ縦軸と横軸の数値や文字を大きくするために、**グラフの周囲に
スペースを作ります。**

手順7 **グラフの中央部付近をクリックして選択**した状態で、
グラフの**左、下、右の境界**をそれぞれ**移動**させ、**形状**を**変更**します。

＜グラフ領域の形状の変更方法＞

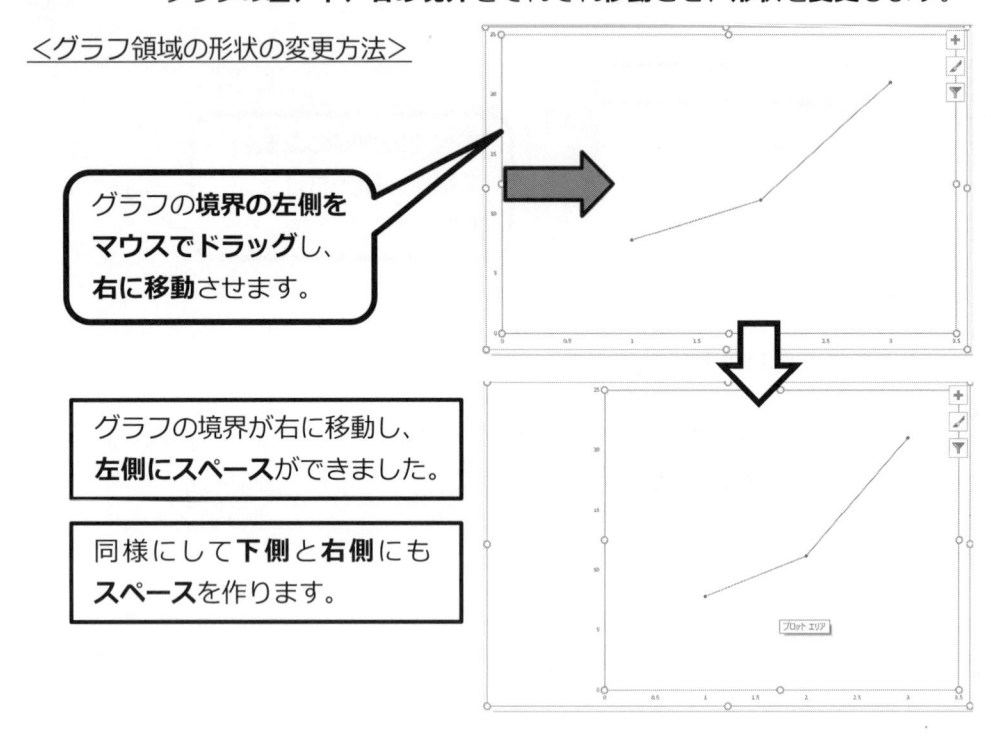

グラフの**境界の左側を
マウスでドラッグ**し、
右に移動させます。

グラフの境界が右に移動し、
左側にスペースができました。

同様にして**下側**と**右側**にも
スペースを作ります。

＜グラフ領域の形状の変更後＞

軸ラベルを表示
し、かつ縦軸と
横軸の数値や文
字を大きくする
ために、**左側**と
下側を空けます。

右側もある程度
空けます。
**グラフをWordに
貼り付ける時に**
この**スペースを
削除**します。
(8.2節 p.180～
を参照)

縦軸の数値範囲、軸のデザイン、数値の文字の大きさなどを変更します。

 **手順6** 　**縦軸の数値部分をクリック**すると、縦軸および軸の数値が選択されます。
その状態で**右クリック**し、一番下の**[軸の書式設定]**を選択します。

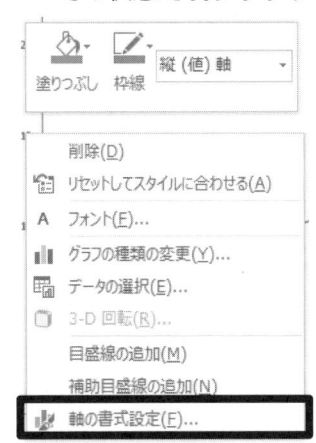

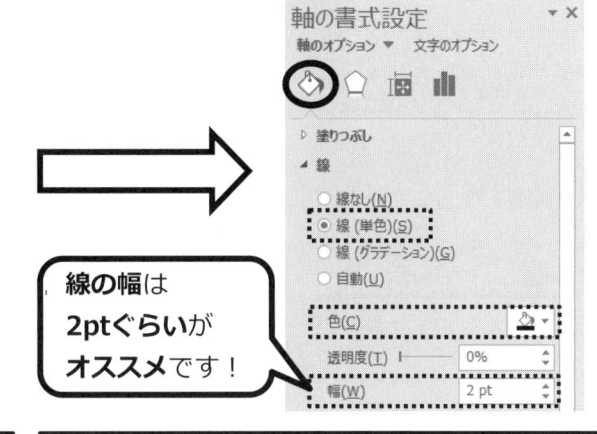

線の幅は
2ptぐらいが
オススメです！

[軸の書式設定]を選択すると、
グラフの右側に「軸の書式設定」
が開きます。

[塗りつぶしと線]（**一番左のアイコン**）で、
縦軸の線の色と太さを設定します。**色を黒**に、
幅をデフォルトよりも太くします。

よく使うアイコン

 　[塗りつぶしと線]のアイコン

 　[軸のオプション]のアイコン

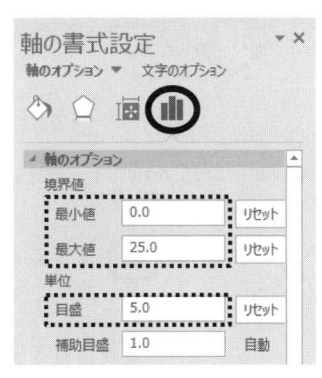

ここは少し分かりづらいかも
知れないけれど、
軸の書式設定をするためには、
まず**アイコンを選択**して**変更**
したい設定を変えてね！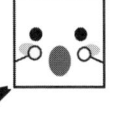

※ X軸との交点の変更方法は
　 p.131を参照。

[軸のオプション]（**一番右のアイコン**）で、
縦軸の最小値、最大値、目盛間隔を設定します。
取り得る最低得点は0点なので最小値を 0 とし、
ここでは最大値を 25、目盛間隔を 5 に設定します。

＜手順6の続き＞

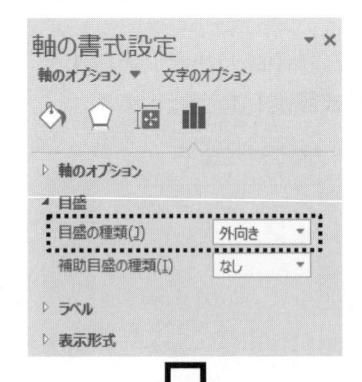

［軸のオプション］→［目盛］で、
目盛の種類を［**外向き**］にします。

補助目盛を付ける場合には、
補助目盛の種類を
［**外向き**］にしてね。
補助目盛の**間隔**は［**単位**］で
設定できるよ。

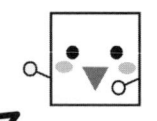

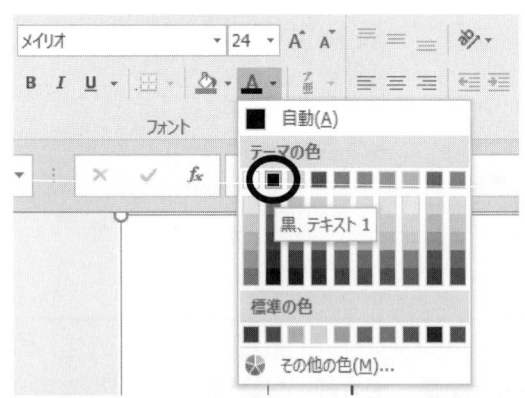

縦軸の数値の文字の大きさを設定します。
メニューバーの［**ホーム**］→［**フォント**］
の中の、**フォントの大きさリスト**から、
適切な大きさを選びます。

文字の大きさは**24ptから32pt**
くらいが**オススメ**だよ！

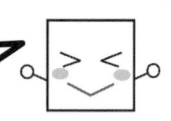

縦軸の数値の文字の色が若干薄いので、
文字色アイコンをクリックし、［**黒**］
を**選択**します。

縦軸の数値を整数にしたいのに、小数点以下が表示されている場合はp.37を参照。

横軸の数値範囲、軸のデザイン、数値の文字の大きさなどを**変更**します。

 縦軸と同様に、**横軸の数値部分をクリック**すると、
横軸および軸の数値が選択されます。その状態で**右クリック**し、
一番下の**[軸の書式設定]**を選択します。

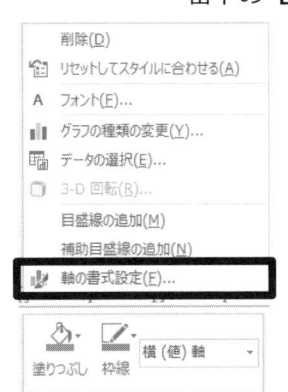

書式を変える時は
まず**変更したい内容に沿った
アイコン**を**選択**してね！

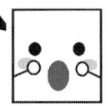

[軸の書式設定]を選択すると、
グラフの右側に「軸の書式設定」
が開きます。

[塗りつぶしと線]（**一番左の
アイコン**）で、**横軸の線の色と
太さを設定**します。**色を黒に、
幅をデフォルトよりも太く**します。

[軸のオプション]（**一番右のアイコン**）で、
横軸の最小値、最大値、目盛間隔を設定
します。取り得る最低練習量は0時間なので
最小値を 0 とし、ここでは最大値を 3.5、
目盛間隔を1 に設定します。

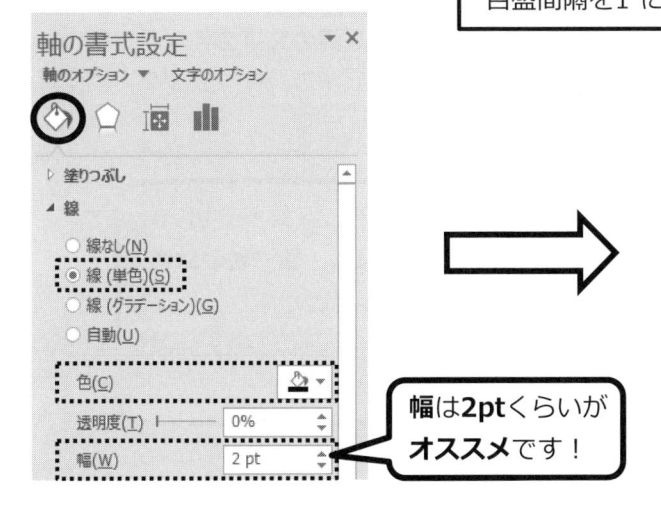

幅は2ptくらいが
オススメです！

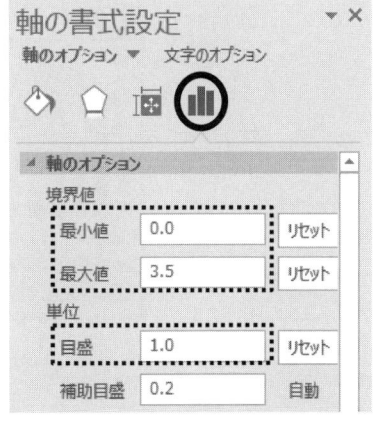

＜手順7の続き＞

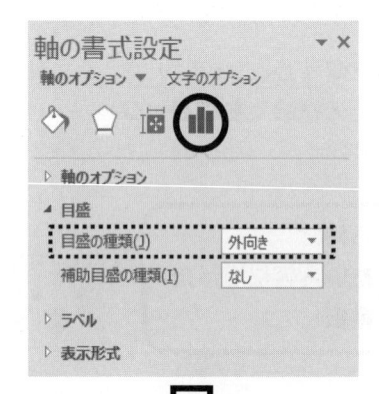

［軸のオプション］→［目盛］で、**目盛の種類を［外向き］**にします。

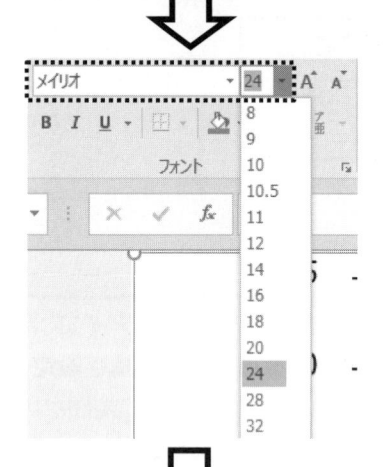

横軸の数値の文字の大きさを設定します。メニューバーの［**ホーム**］→［**フォント**］の中の、**フォントの大きさリストから、適切な大きさを選び**ます。

文字の大きさは24ptから32ptくらいが**オススメ**だよ！

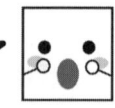

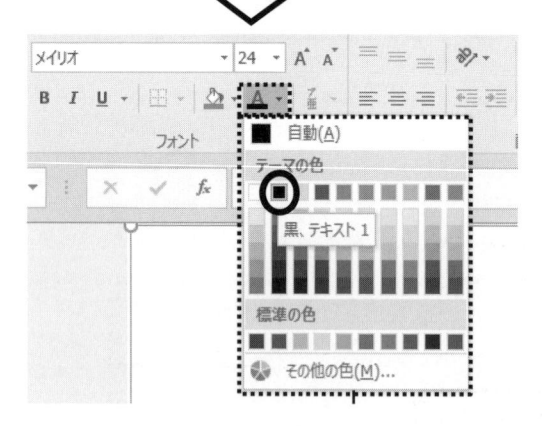

横軸の数値の文字の色が若干薄いので、文字色アイコンをクリックし、［**黒**］を**選択**します。

Excelがデフォルトで描いてくれる図は、**軸**や**軸の数値**、**タイトル**などがグレーになっているので、必ず［**黒**］にしてね！

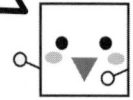

折れ線のマーカーや線のデザインを変更します。

手順8　**折れ線が選択された状態**で**右クリック**し、一番下の［**データ系列の書式設定**］を**選択**します。

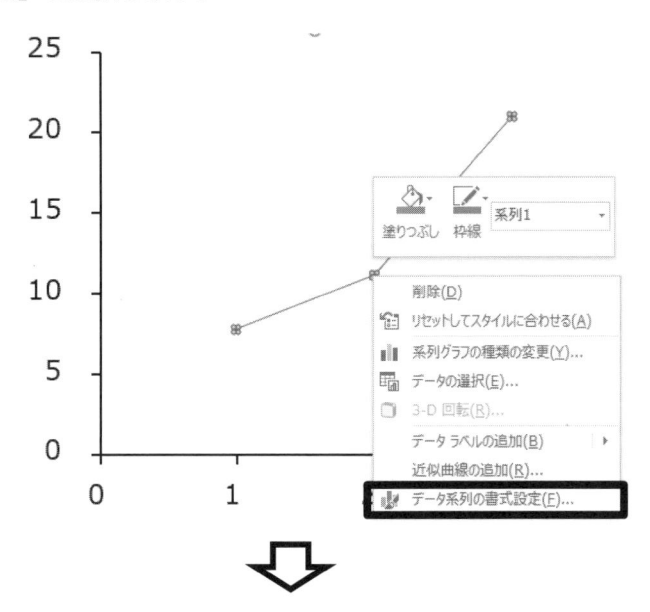

「**データ系列の書式設定**」で、**折れ線のデザインを変更**します。
ここでは例として、白抜きのマーカーとそれを黒色の直線で結ぶ折れ線を作成します。

手順9　［塗りつぶしと線］（**一番左のアイコン**）で、［**マーカー**］→
　　　　［**マーカーのオプション**］→［**組み込み**］→［**種類**］／［**サイズ**］にて、
　　　　　マーカーの形状は円形のままとし、マーカーを大きくします。

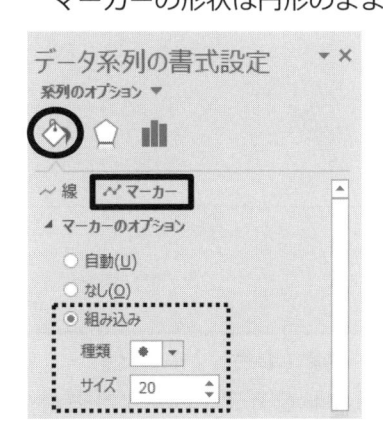
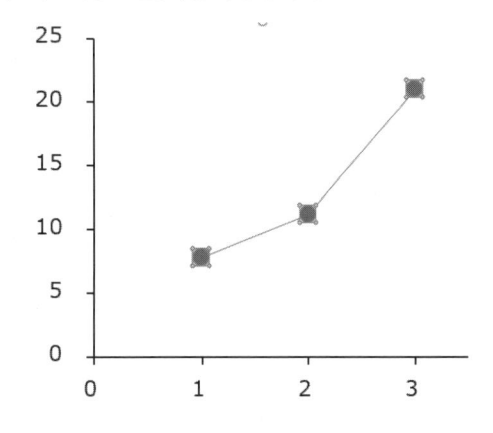

＜手順9の続き＞

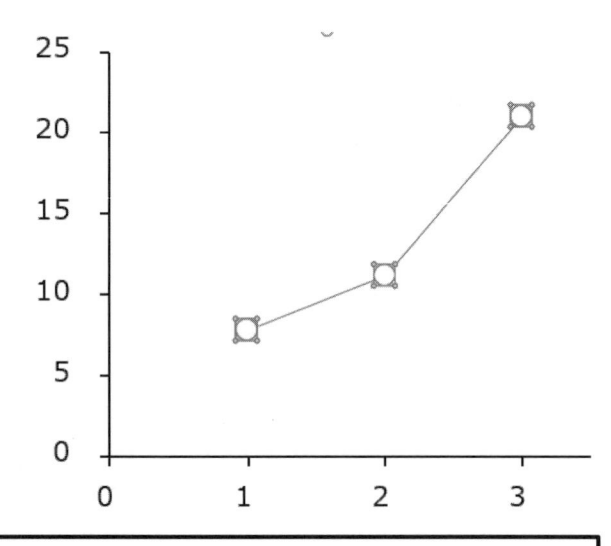

［塗りつぶし］→［塗りつぶし（単色）］→［色］→［白］を選択します。

マーカーの枠線の色と幅を変更します。

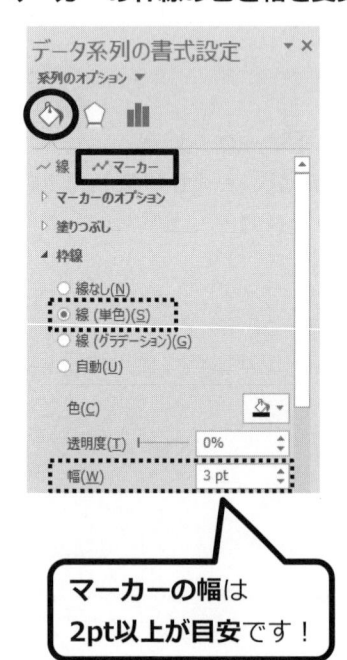

マーカーの幅は
2pt以上が目安です！

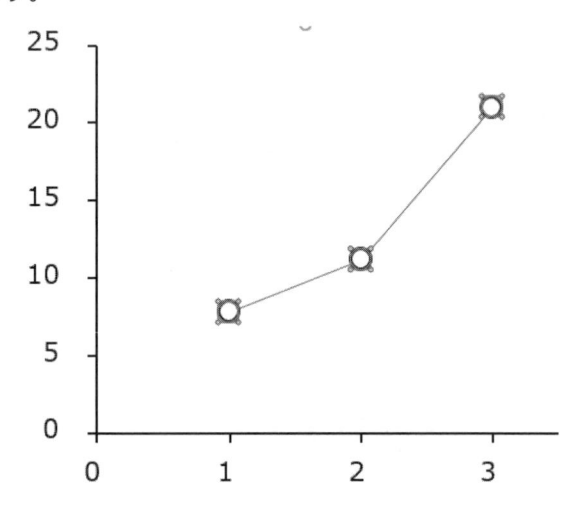

［枠線］→［線（単色）］→［色］→［黒］を
選択し、［幅］をデフォルトよりも太くします。

マーカー同士をつなぐ線のデザインを変更します。

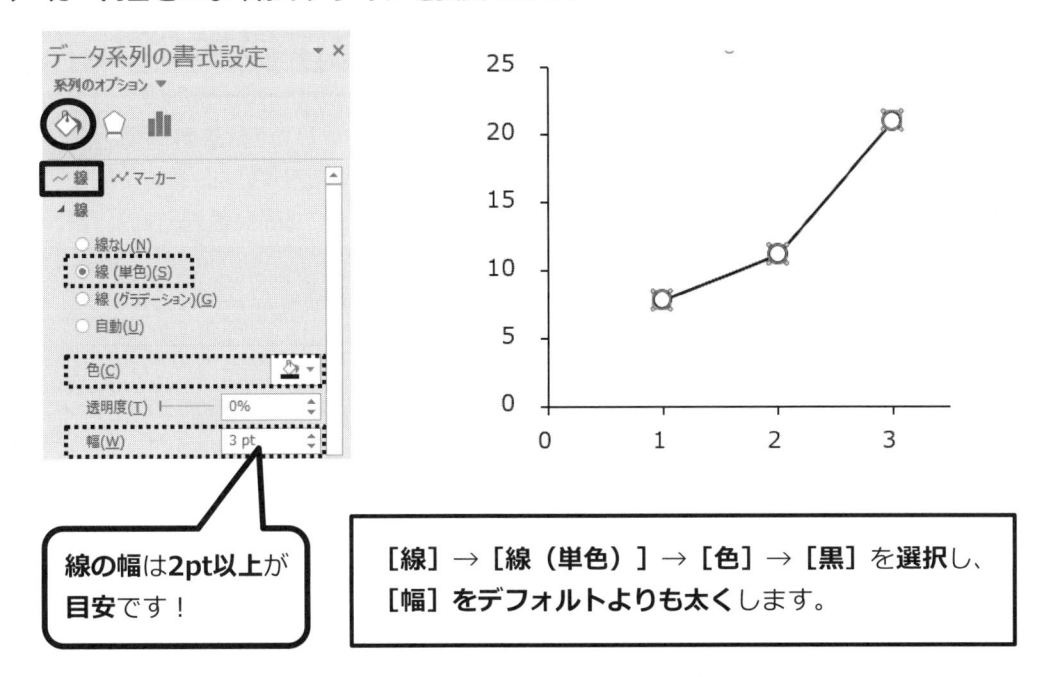

線の幅は**2pt以上**が
目安です！

［線］→［線（単色）］→［色］→［黒］を選択し、
［幅］をデフォルトよりも太くします。

マーカーの大きさをどれくらい大きく、線をどれくらい
太くすればいいのかな？

　ディスプレイの画面全体に大きく広げたワークシート上で
作成したグラフを、レポートのWordファイルに貼り付けて、
A4の紙に印刷する場合、そのグラフが縮小されてしまう可能性
が高いよ！
　グラフが縮小されてマーカーがつぶれたり、線が見えづらく
なってしまわないように、**画面上で「これだと大きすぎる**
（太すぎる）かな？」というぐらいの大きさや太さに設定して
おくといいよ。

修正見本（途中）

ここまでの修正で、
以下のようになっていればOKだよ！

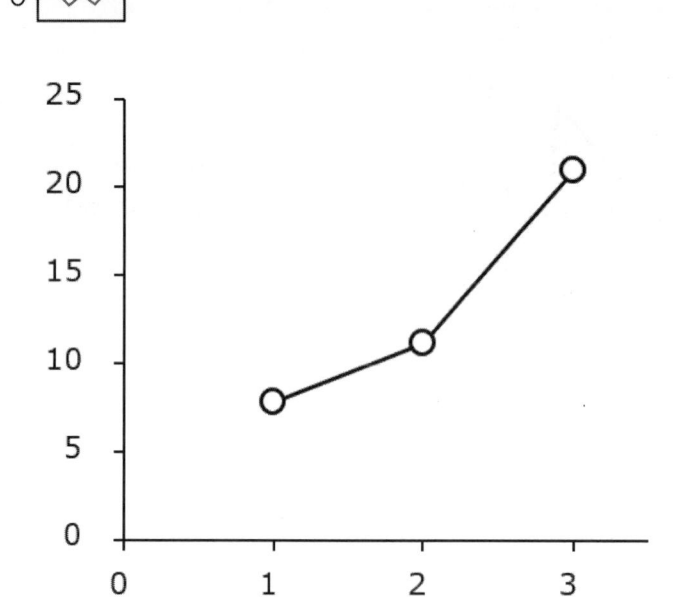

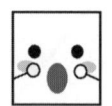

チェック
□ 折れ線グラフの色はモノクロですか？
□ X軸とY軸の交点は「0」になっていますか？
□ 目盛は外向きになっていますか？
□ 目盛の間隔は適切ですか？

4.5　折れ線グラフにエラーバーを付ける

4.1節で算出した**標準偏差の値**を使って、**折れ線にエラーバーを付けます。**

手順1　**マーカーを1回クリック**して**折れ線を選択**し、その状態で、
メニューバーから　［グラフツール］→［**デザイン**］→［**グラフ要素を
追加**］→［**誤差範囲**］→［**その他の誤差範囲オプション**］を**選択**します。

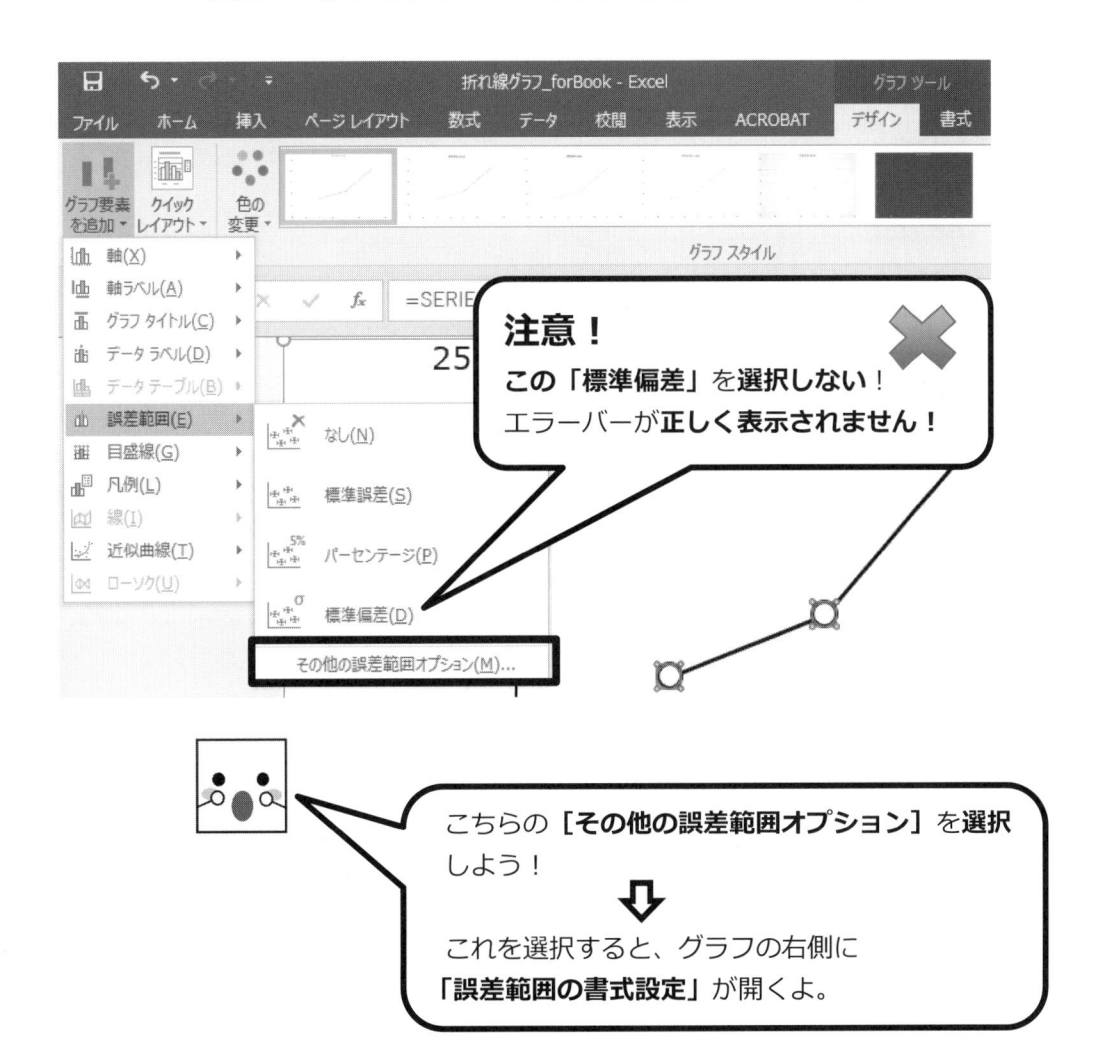

水平方向にもエラーバーが付いてしまった場合は、**それを消去**します。

▶**手順2** **水平方向のエラーバーをクリックして選択した状態**で、**右クリック**し、
一番上の［**削除**］を**選択**します。

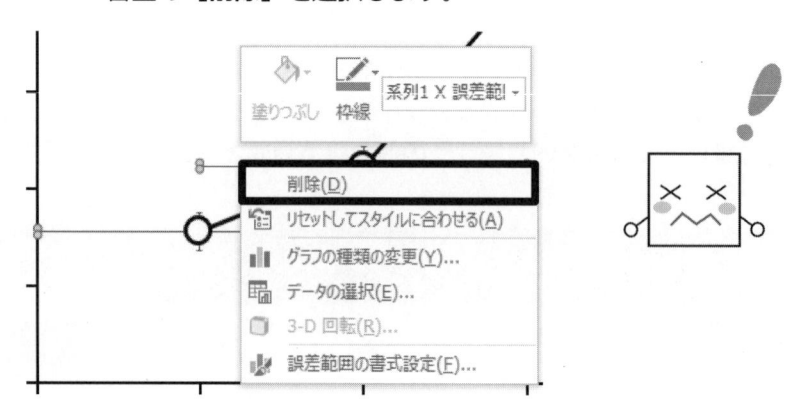

「**誤差範囲の書式設定**」で、**エラーバーの設定**を行います。

▶**手順3** **垂直方向のエラーバーをクリックして選択した状態**で、**右クリック**し、
一番下の［**誤差範囲の書式設定**］を**選択**します。

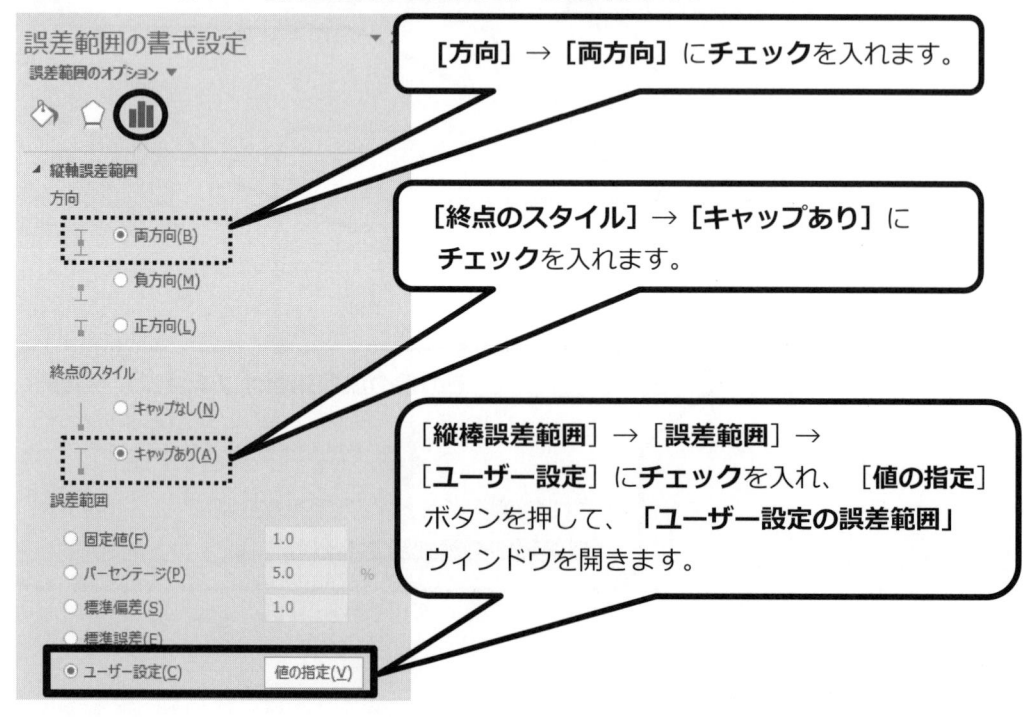

［方向］→［両方向］に**チェック**を入れます。

［終点のスタイル］→［キャップあり］に
チェックを入れます。

［**縦棒誤差範囲**］→［**誤差範囲**］→
［**ユーザー設定**］に**チェック**を入れ、［**値の指定**］
ボタンを押して、「**ユーザー設定の誤差範囲**」
ウィンドウを開きます。

「ユーザー設定の誤差範囲」ウィンドウで、**エラーバーの値の指定**を行います。

 ① **［正の誤差の値］のボタンを押します。**
　　　　→　**ワークシートから数値範囲を選択**できるようになります。

② ワークシート左下の［Sheet1］タブを選択し、シートを移動します。

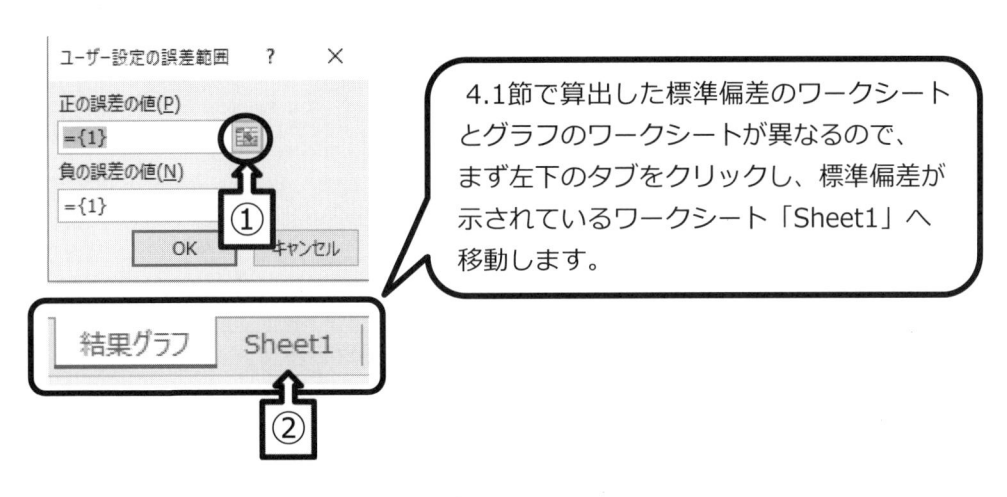

③ 3つの水準の**標準偏差が示されているセルをまとめて選択**します。

④ 入力終了**ボタンを押します。**

＜手順4の続き＞

⑤ ［**負の誤差の値**］でも、①から④の手順を繰り返します。

　（注）標準偏差の値は、**正の誤差の場合と同じセルを選択**します。

⑥ ［**OK**］ボタンを押し、「**誤差範囲の書式設定**」に戻ります。

9	練習量	1	2	3
10	平均値	7.8	11.2	21
11				
12	標準偏差	2.167948	2.280351	2.828427
13				
14				
15				

ユーザー設定の誤差範囲 ?　×

正の誤差の値(P)
=Sheet1!$B$12:$D

負の誤差の値(N)
⑤→ =Sheet1!$B$12:$D

OK　キャンセル
⑥

「**誤差範囲の書式設定**」で、**エラーバーのデザインを変更**します。

手順5　**エラーバーをクリックして選択した状態**で、誤差範囲の書式設定から
　　　　［塗りつぶしと線］（**一番左のアイコン**）→［線］→［幅］にて
　　　　エラーバーの線の幅を太くし、色を黒にします。

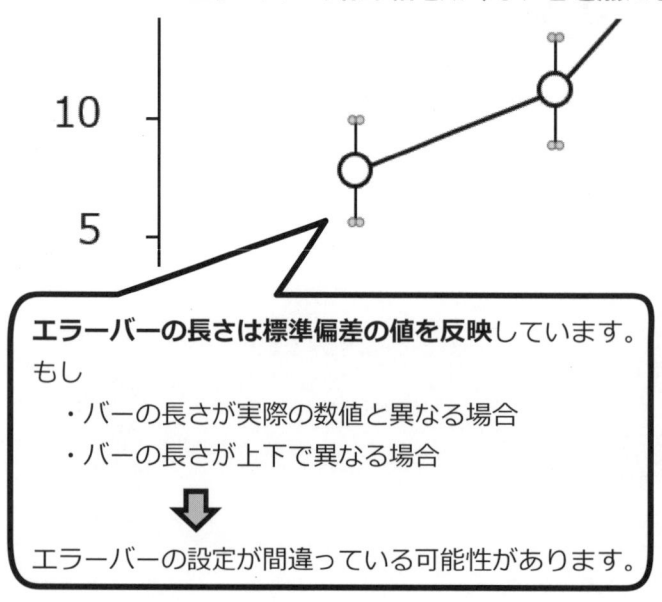

エラーバーの長さは標準偏差の値を反映しています。
もし
　　・バーの長さが実際の数値と異なる場合
　　・バーの長さが上下で異なる場合
　　　⬇
エラーバーの設定が間違っている可能性があります。

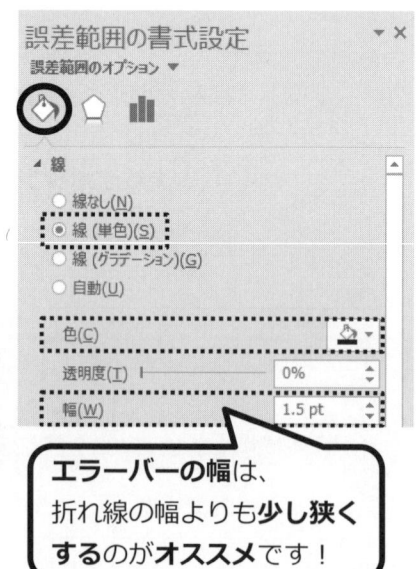

誤差範囲の書式設定　▼×
誤差範囲のオプション ▼

▲ 線
　◯ 線なし(N)
　● 線 (単色)(S)
　◯ 線 (グラデーション)(G)
　◯ 自動(U)

　色(C)
　透明度(T) | 　　0%
　幅(W) 　　1.5 pt

エラーバーの幅は、
折れ線の幅よりも**少し狭く
する**のが**オススメ**です！

4.6　折れ線グラフの横軸と縦軸にラベルを付ける

折れ線グラフの**横軸**と縦軸に、**軸名を示すラベルを付けます。**

手順1 ▶ **グラフをクリックして選択した状態**で、**メニューバー**から［グラフツール］→［デザイン］→［グラフ要素を追加］→［軸ラベル］→［第1横軸］を**選択**します。

手順2 ▶ **横軸の下部分にテキストボックス**が出現します。これに、**横軸のラベルを入力**しましょう。この例では横軸の数値は練習量を示し、その単位は「時間」なので、「練習量（時間）」と入力します。

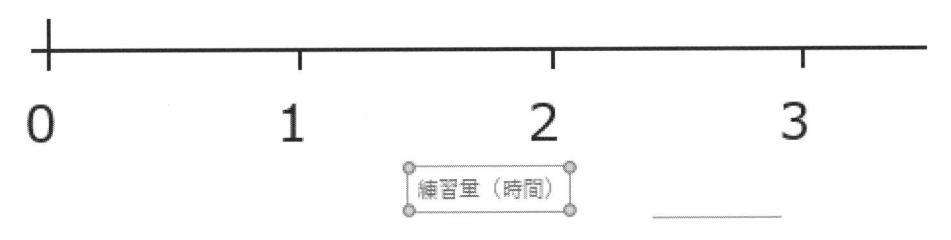

手順3 横軸ラベルをクリックして選択した状態で、
メニューバーから［ホーム］→［フォント］にて、**横軸ラベルの文字の色や
大きさを変更**します。**横軸ラベルの文字の種類や色**は、**横軸の水準名と統一し、
文字の大きさは横軸の水準名よりも大きいくらいがよい**でしょう。また、**横軸
ラベルと水準名の間**に適切な距離を空けるとよいでしょう。

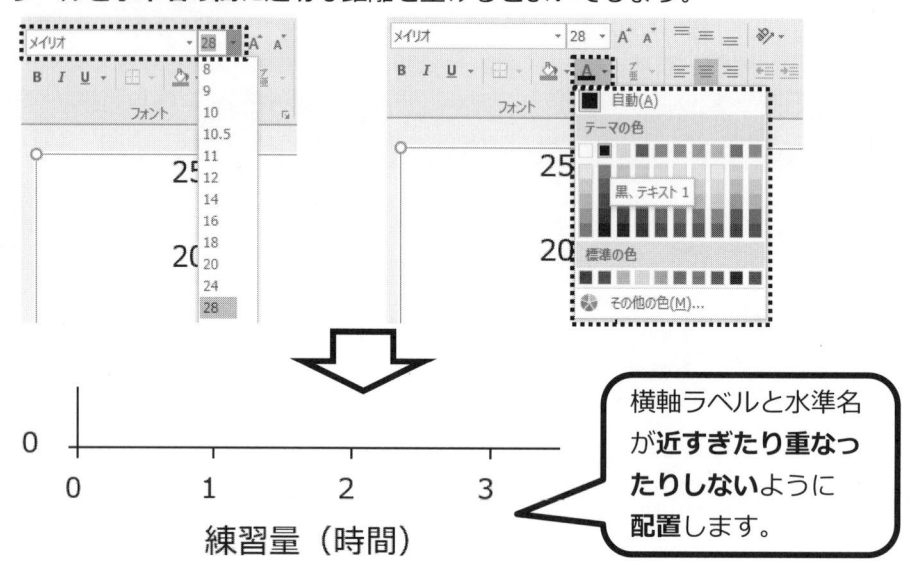

横軸に続いて、**縦軸にもラベルを付けます。**

手順4 **グラフを選択した状態**で、**メニューバー**から［グラフツール］→**［デザイン］
→［グラフ要素を追加］→［軸ラベル］→［第1縦軸］を選択**します。

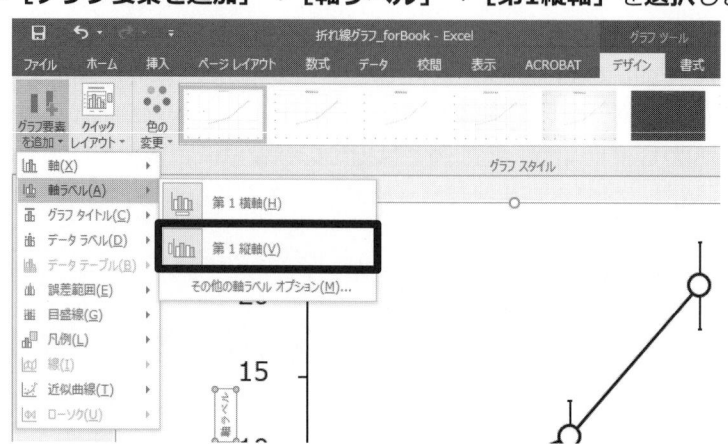

手順5 ▶ 縦軸の左側に**テキストボックス**が出現します。**このテキストボックスが選択された状態で右クリック**し、一番下の［**軸ラベルの書式設定**］を**選択**します。

手順6 ▶ 「軸ラベルの書式設定」にて、［**サイズとプロパティ**］（**一番右のアイコン**）
→ ［**配置**］ → ［**文字列の方向**］ → ［**縦書き**］を**選択**します。

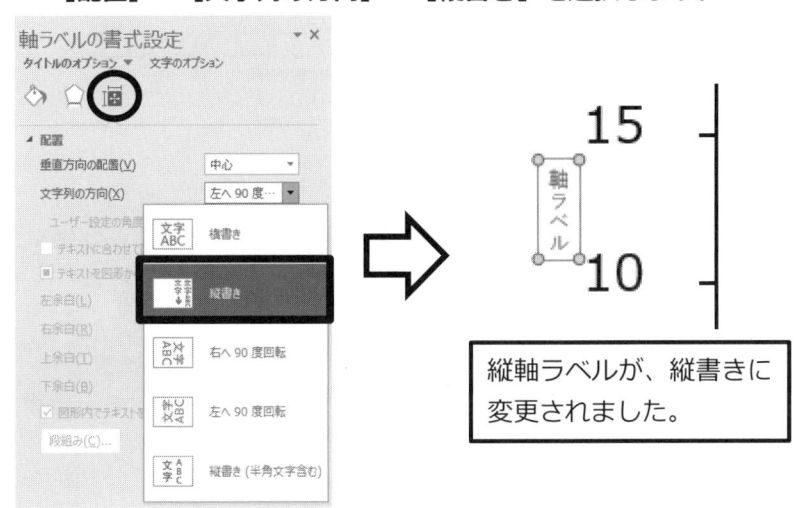

縦軸ラベルが、縦書きに
変更されました。

手順7 ▶ **縦軸のラベルを入力**しましょう。この例では縦軸は野球の試合の得点を
示すので、「得点」と入力します。

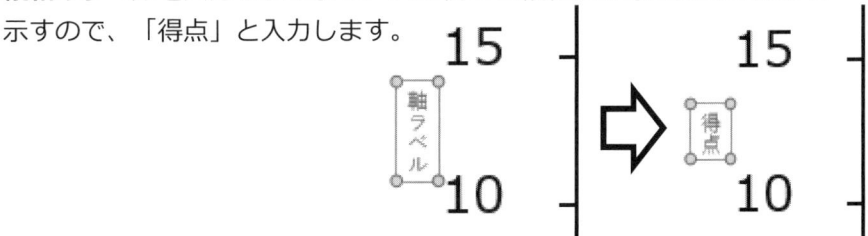

手順8 縦軸ラベルをクリックして選択した状態で、
メニューバーから［ホーム］→［フォント］にて、縦軸ラベルの文字の色や
大きさを変更します。文字の種類や色を縦軸の数値と同じにし、縦軸ラベル
の文字の大きさは縦軸の数値の文字よりも大きくします。

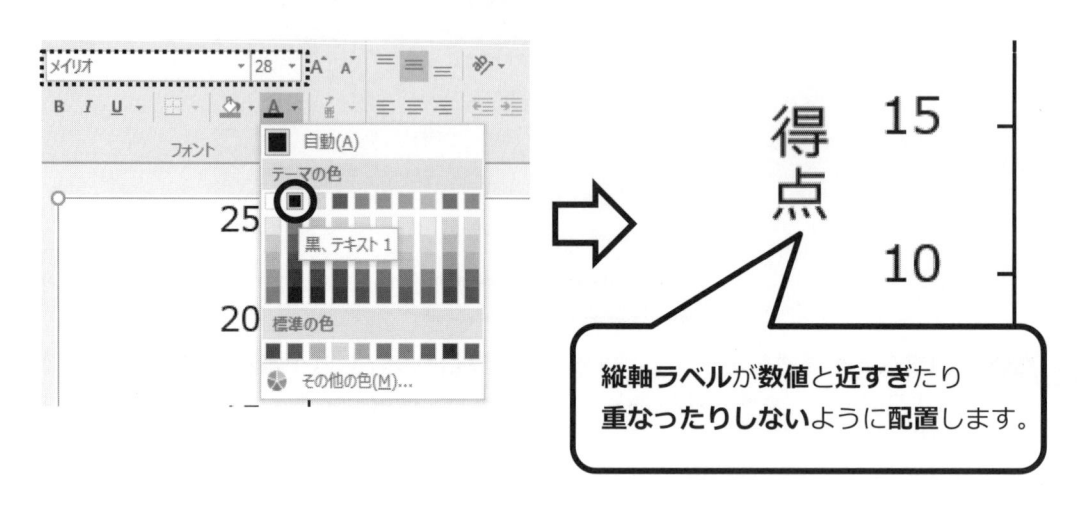

縦軸ラベルが**数値**と**近すぎ**たり
重なったりしないように**配置**します。

縦軸のラベルの下に、**縦軸の数値の単位を追加**します。

手順9 **グラフエリアを選択した状態**で、**メニューバーの［挿入］→［テキストボックス］**
→［テキスト］→［横書きテキスト ボックス］を選択し、縦軸ラベルの下に
テキストボックスを作ります。得点の単位は「点」なので、「（点）」と**入力**
します。**文字の種類**や**大きさ**、**色**などを縦軸ラベルと**揃えます**。

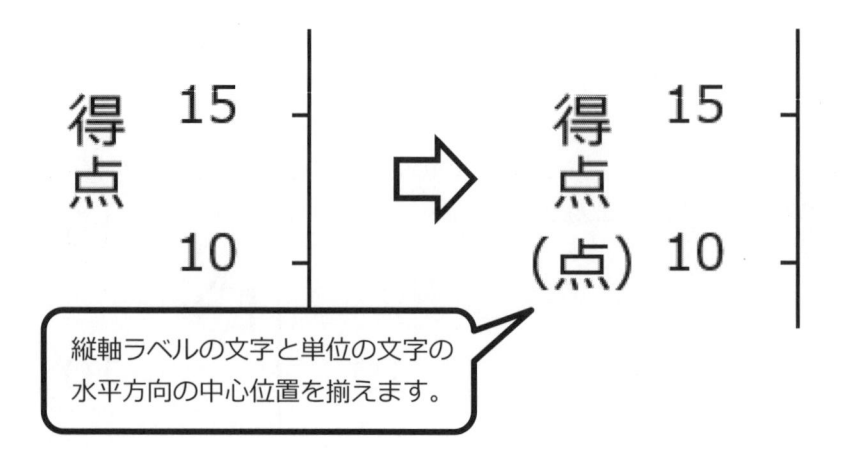

縦軸ラベルの文字と単位の文字の
水平方向の中心位置を揃えます。

4.7 有意差を示す記号を折れ線グラフに付ける

統計的検定の結果、要因間もしくは水準間に**有意差があった場合**には、**グラフに
その有意差を示す記号を付けます。**

 **グラフを選択した状態で、メニューバー**から**［挿入］** → ［図］ → **［図形］** →
［線］ → **［＼（直線）］** を**選択**します。

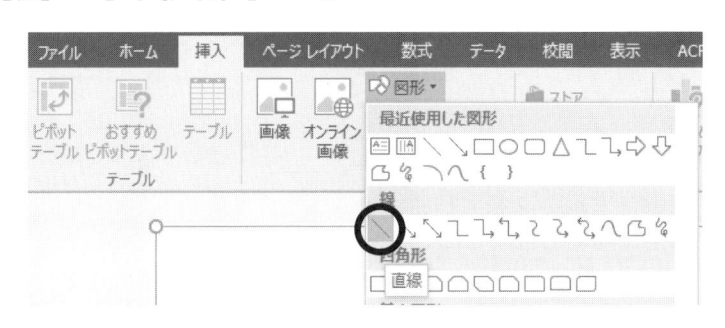

右下の図の①、②、③の線を描画したら、横書きテキストボックスを利用して**有意水準を
示す記号を入力**します。

有意水準5%で有意差があった場合：　　［*]
有意水準1%で有意差があった場合：　　[**]
有意水準0.1%で有意差があった場合：[***]

*印を**横線の上中央に配置**します。

 **メニューバー**の **[挿入]** → ［テキスト］ → **[テキストボックス]**
→ **[横書きテキスト ボックス]** を**選択、**適切な記号を入力します。

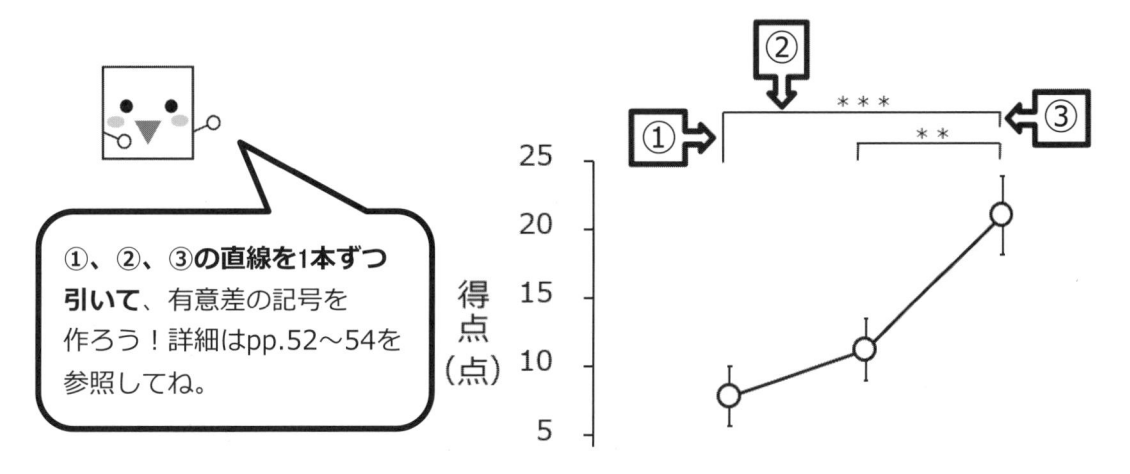

①、②、③の直線を1本ずつ
引いて、有意差の記号を
作ろう！詳細はpp.52～54を
参照してね。

 **グラフの空白部分**に、横書きテキストボックスを利用して、*** 印の意味を記載**します。

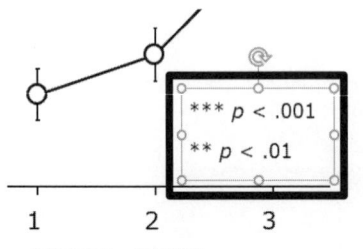

手順2で入力した**有意の記号（*, **, ***）の意味**を下の表のとおりに**不等号を使って示し**ます。

※ 統計量のアルファベット (*p*) は斜体にします。

5%水準	→	*	*p* < .05
1%水準	→	**	*p* < .01
0.1%水準	→	***	*p* < .001

< の前後には半角スペースを入れるよ！
有意水準の数字には１の位のゼロを
示さないよ！　例：*p* < .05

折れ線グラフ完成見本

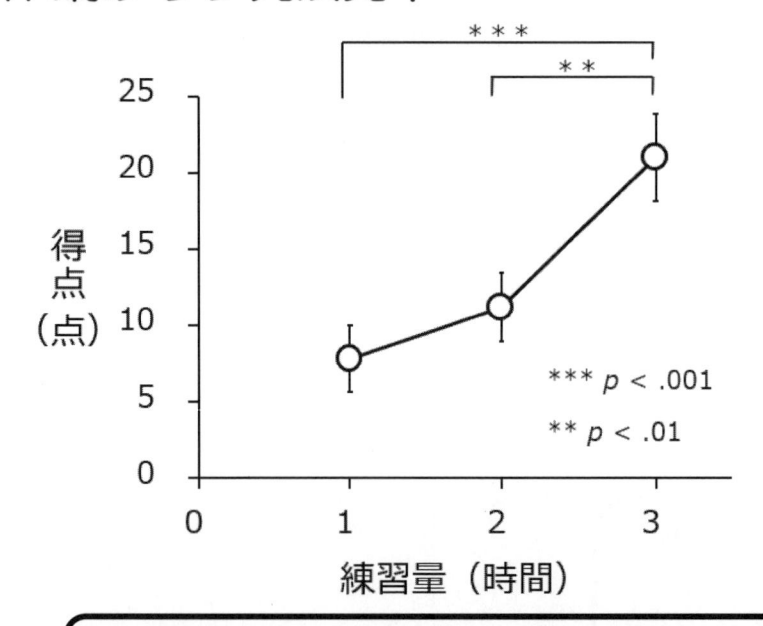

グラフをWordに貼り付けた後にタイトルを追加するよ！
追加方法は8.3節（p.183～）を参照してね！

4.8 折れ線グラフの発展

ここまでは、折れ線グラフの作成方法の最も基本的な部分を説明しました。
しかし、実際には測定したデータに応じて少し異なる形のグラフを作成した方が、
より良く結果を表現できる場合があります。そこでここからは、やや発展的な
グラフの作り方について説明します。

【発展1】折れ線グラフの系列を追加する

＜補足＞エラーバーを上または下のみに付ける

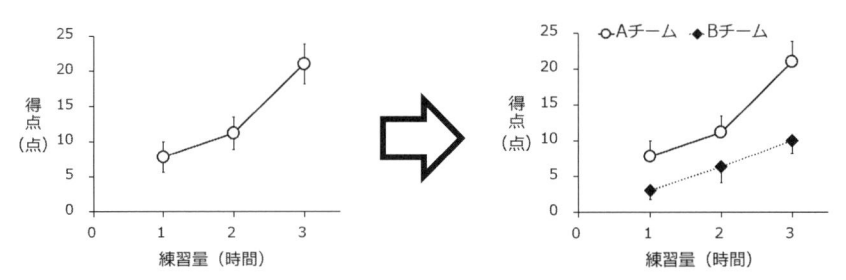

【発展2】「0」以外の交点で縦軸と横軸が交わるようにする

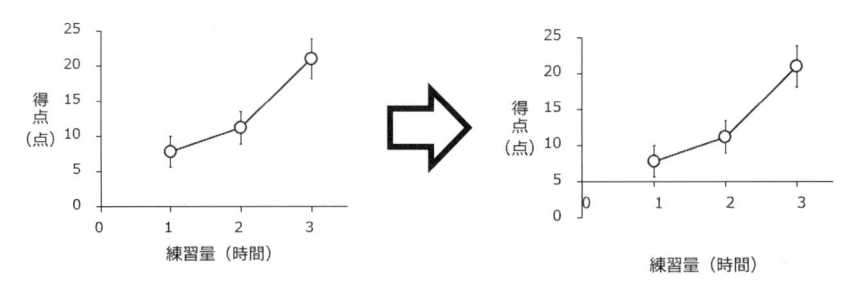

【発展3】軸を対数軸にする

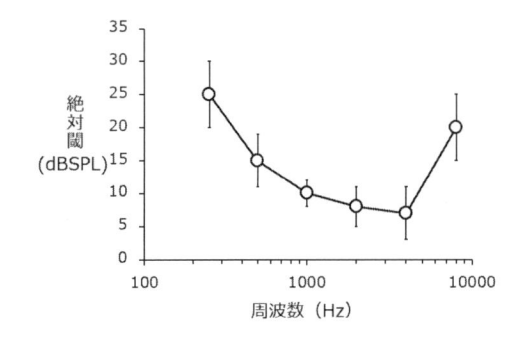

ここでは折れ線グラフを例に説明
するけれど、**棒グラフの場合も
基本的には同じ**だよ！

【発展１】折れ線グラフの系列を追加する

心理実験では要因が複数の場合があります。そのような場合に系列 (要因) を
折れ線グラフに追加する方法を説明します。

ここまでの例で用いた練習量ごとの得点に関するデータが
AチームとBチームという異なる２つのチームについてあるとしましょう。

		練習量	1	2	3
平均値	Aチーム		7.8	11.2	21
	Bチーム		3	6.3	10
標準偏差	Aチーム		2.17	2.28	2.83
	Bチーム		1.2	2.2	1.8

Aチームについてのグラフ作成が完了（p.116まで）していると仮定して
これにBチームのグラフを追加する方法を説明します。

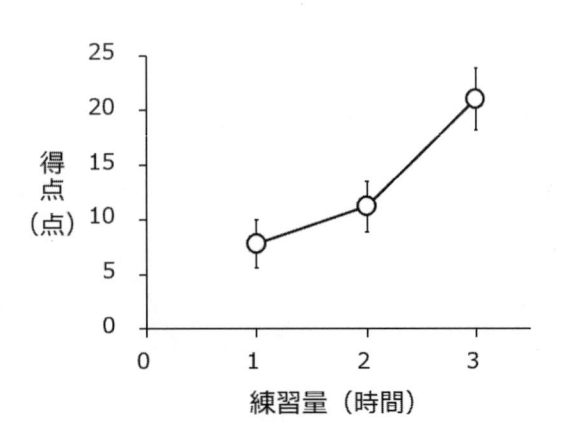

手順1　**グラフ上のどこかをクリック**してグラフを選択し、その状態のままで
右クリックをして［データの選択］を選択します。

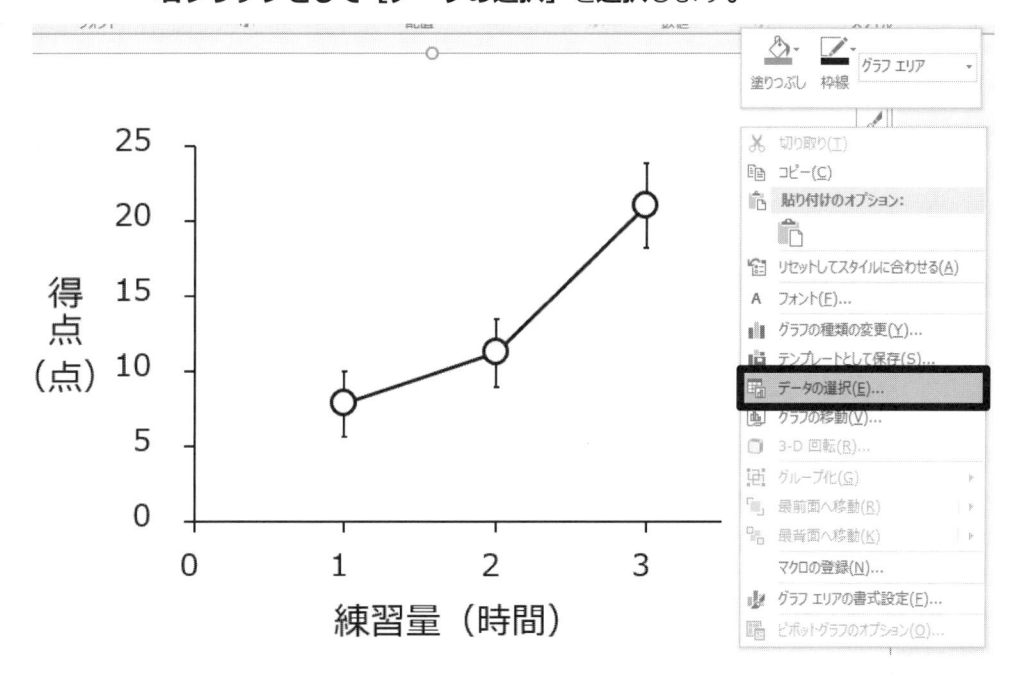

あるいは、**グラフをクリックして選択した状態**で、**メニューバー**から［グラフツール］
→［デザイン］→［データの選択］を**選択**してもOKです。

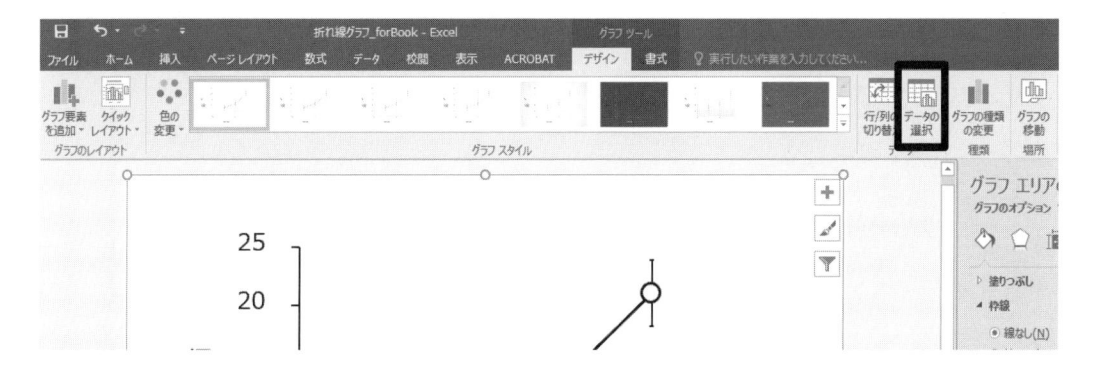

手順2 　**「データソースの選択」**ウィンドウで、凡例項目の下にある**［追加］**のボタンを押し、「系列の編集」ウィンドウを立ち上げます。

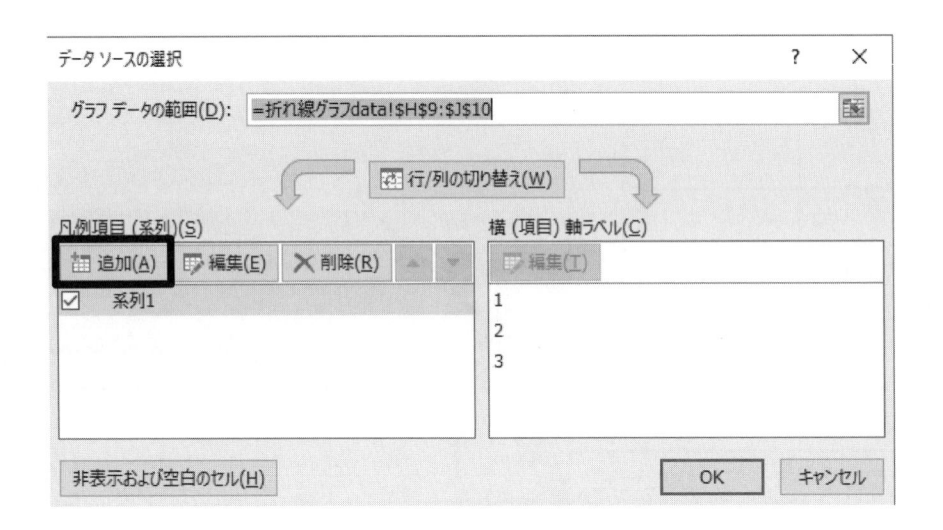

手順3 　「系列の編集」ウィンドウで、**追加したい系列の「系列名」「系列Xの値」「系列Yの値」**の３つについて、それぞれ適切なセルを**指定**します。

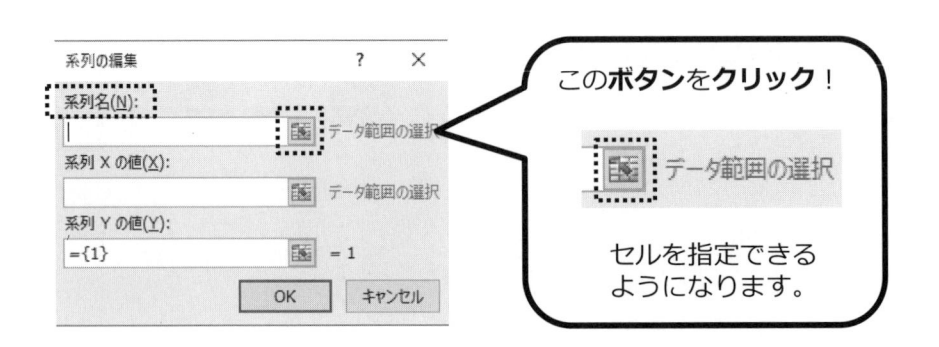

追加したい系列の平均値や標準偏差が算出されているシートへ移動し、
① **追加したい系列名のセル**を**クリック**して**指定**します。
② **[ボタン]**を**クリック**して系列名の**入力を完了**します。

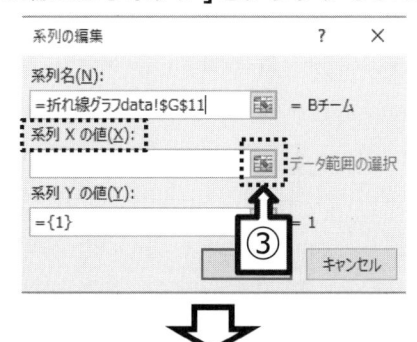

③ **[「系列Xの値」の端にあるボタン]**を**クリック**します。

④ **追加したい系列のXの値のセルを**マウスを利用して指定します。
⑤ **[ボタン]**を**クリック**してXの値の**入力を完了**します。

X軸の値は、**数値データ**である必要があるよ。%やdBなどの**単位を付ける**と
入力されている値が文字データとして扱われ、**グラフが正しく表示されないよ**！

＜手順3の続き＞

⑥ [「**系列Yの値**」の端にある**ボタン**]を**クリック**します。

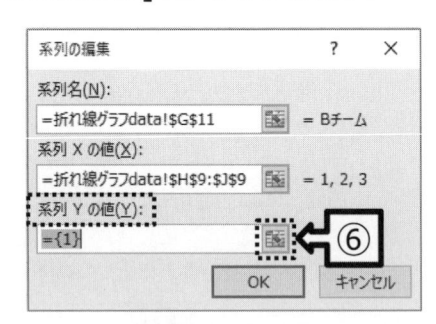

⑦ **追加したい系列のYの値のセル**を**マウスを利用して指定**します。
⑧ [**ボタン**]を**クリック**してYの値の**入力を完了**します。

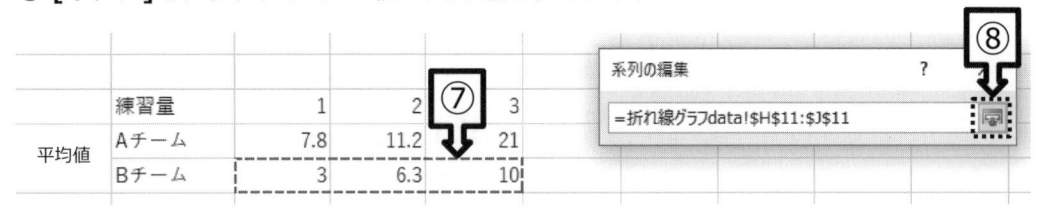

⑨ **指定したセルを確認**し、[**OK**]を**押します**。

	練習量	1	2	3
平均値	Aチーム	7.8	11.2	21
	Bチーム	3	6.3	10
標準偏差	Aチーム	2.17	2.28	2.83
	Bチーム	1.2	2.2	1.8

［データソースの選択ウィンドウ］の**［凡例項目（系列）］**に**Bチームの系列が追加されたこと**を**確認**したら

⑩　すでに存在している**系列1を選択**し

⑪　**「編集」ボタン**を**クリック**します。

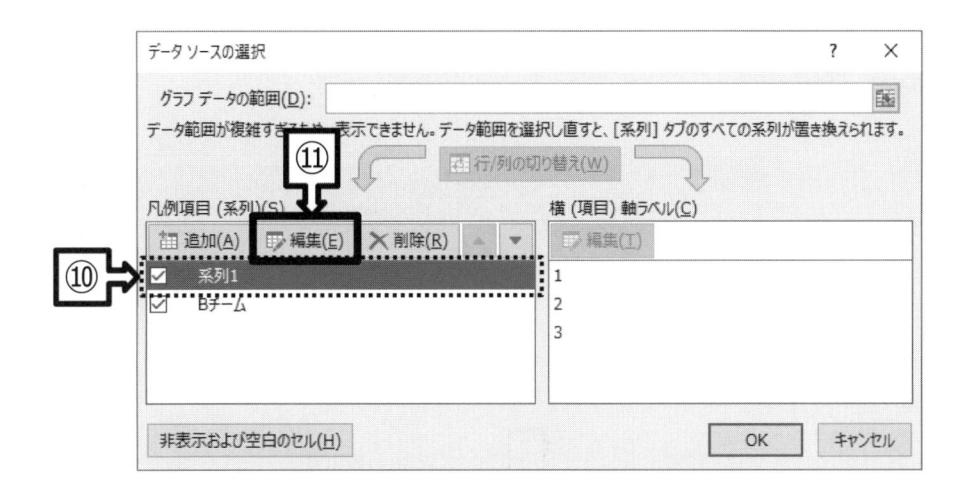

⑫　「系列Xの値」と「系列Yの値」はすでに入力されているので
　　［「系列名」の端にある**ボタン］**を**クリック**します。

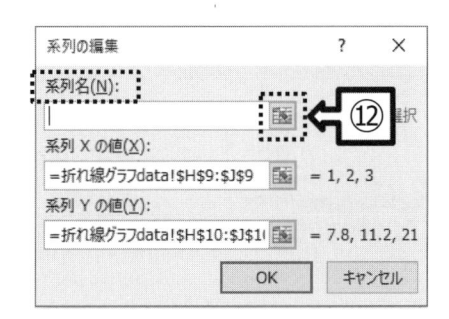

＜手順3の続き＞

追加したい系列の平均値や標準偏差が算出されているシートへ移動し、
⑬ **追加したい系列名のセルをクリック**して**指定**します。
⑭ ［**OK**］**を押します。**

	練習量	1	2	3
平均値	Aチーム	7.8	11.2	21
	Bチーム	3	6.3	10
標準偏差	Aチーム	2.17	2.28	2.83
	Bチーム	1.2	2.2	1.8

系列の編集　　　　　　　　　　　　**?**　**×**

系列名(N):

=折れ線グラフdata!$G$10　🔲　データ範囲の選択

系列 X の値(X):

=折れ線グラフdata!$H$9:$J$9　🔲　= 1, 2, 3

系列 Y の値(Y):

=折れ線グラフdata!$H$10:$J$1(　🔲　= 7.8, 11.2, 21

OK　　キャンセル

⑮ 「**データソースの選択ウィンドウ**」の「**凡例項目（系列）**」の**系列名が
Aチームに修正された**ことを**確認**し、［**OK**］を**選択**します。

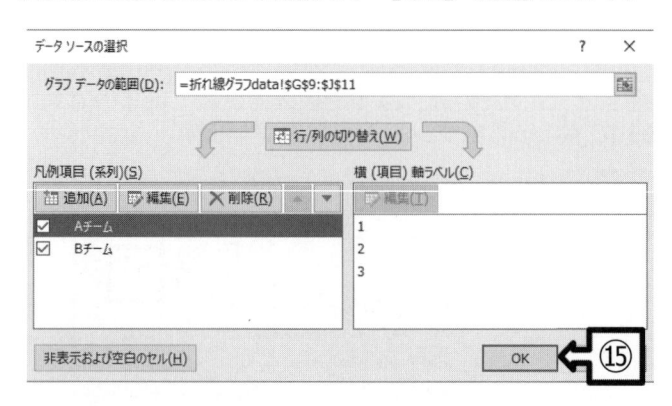

このように新しい系列が追加されました。

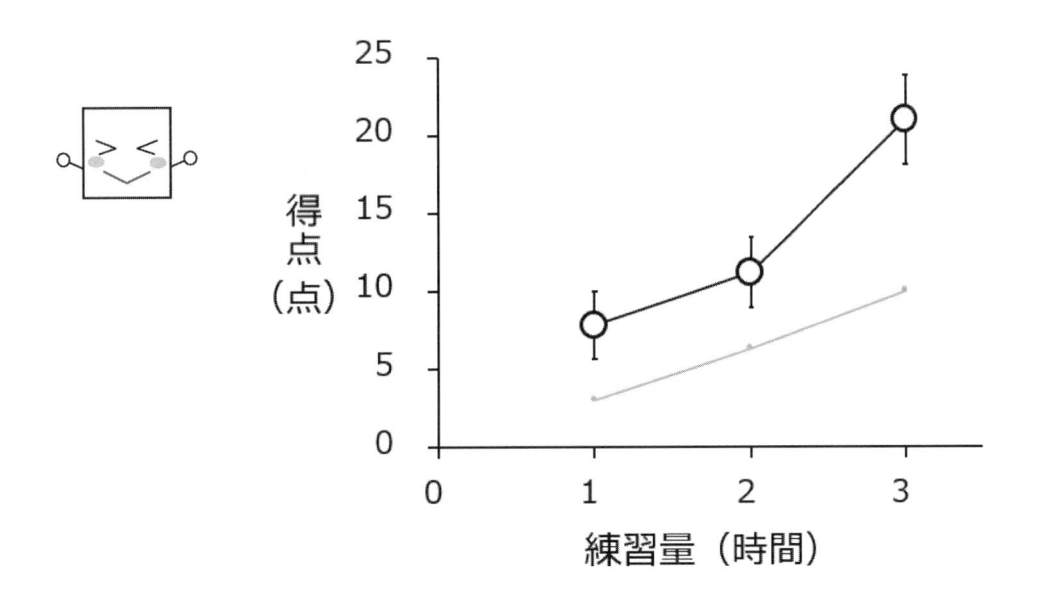

手順4　pp.105〜112の要領で、新しい系列に**エラーバー**を追加したり、**線**や**マーカー**などの**修正**をしてグラフを整えます。

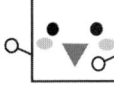

新しい系列の修正前

線やマーカーを修正して
エラーバーを追加しました。

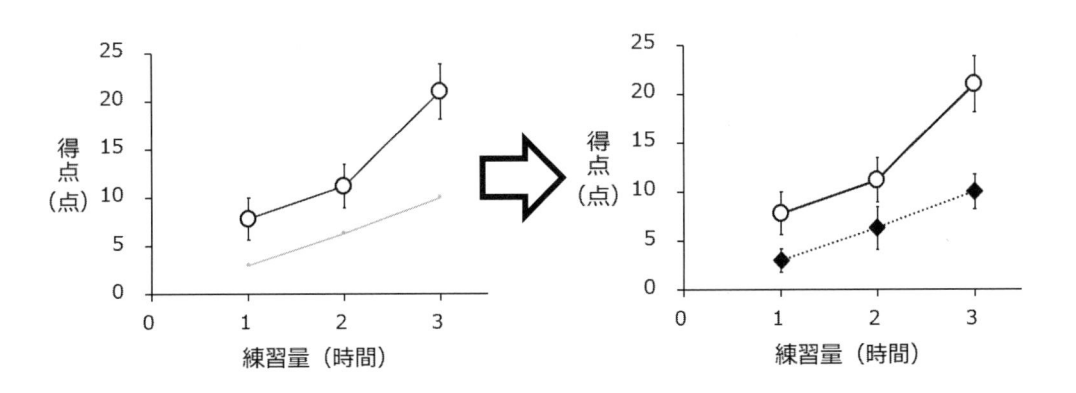

凡例を表示させます。

手順5 ▶ **グラフ**を**クリックして選択した状態**で、［グラフツール］ → **［デザイン］**
→［グラフ要素を追加］ → **［凡例］** →［上］や［右］などの**適切な位置を
選択**します。

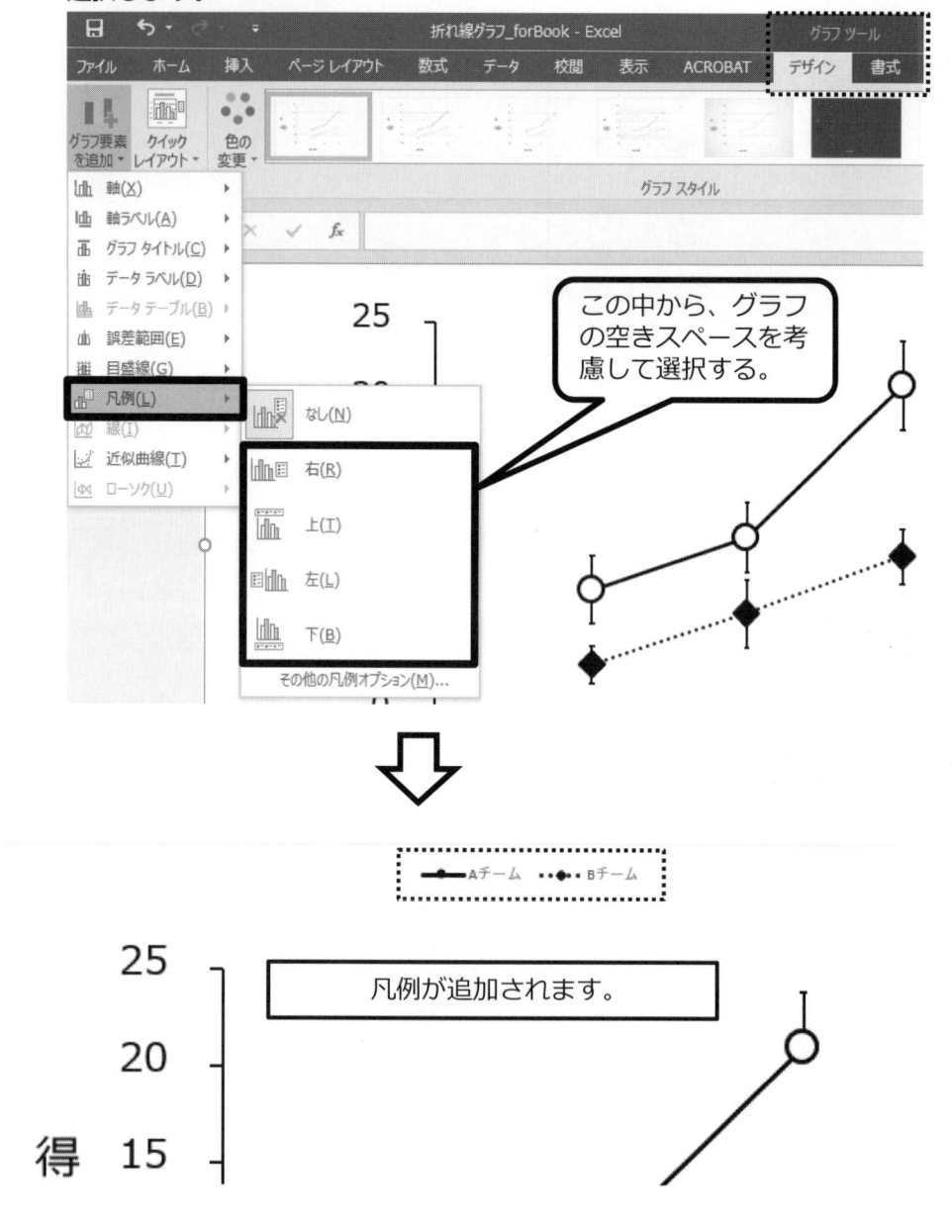

 メニューバーから［**ホーム**］→［**フォント**］にて、**凡例の文字の色や大きさを変更**します。**文字の種類や色を軸ラベルなどと同じにし、文字の大きさも軸ラベルなどと同じくらいにします。**

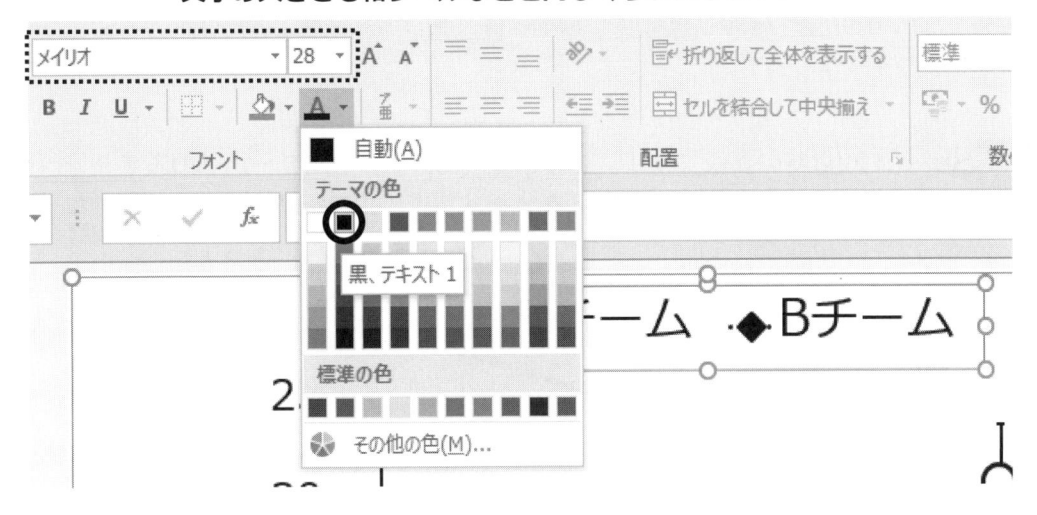

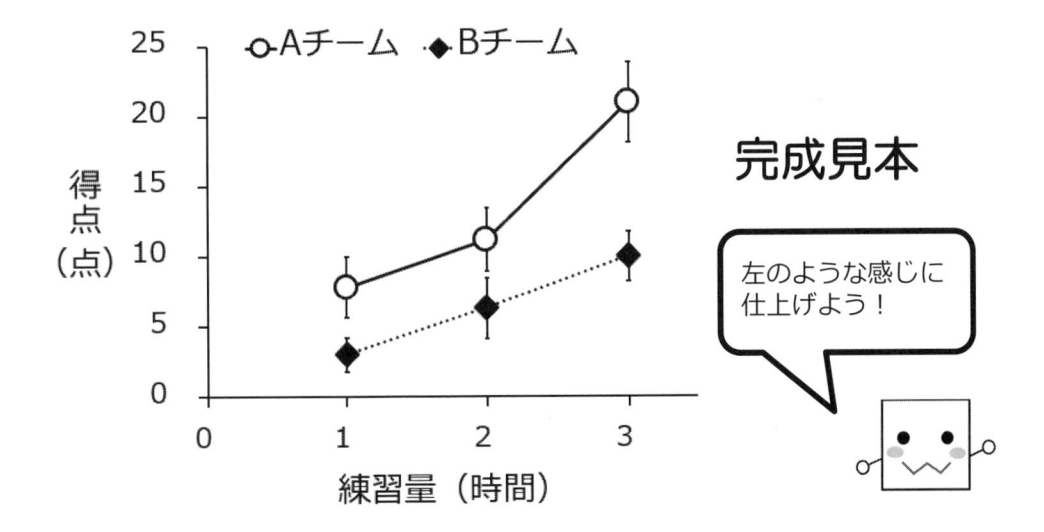

完成見本

左のような感じに
仕上げよう！

補足　エラーバーを上または下のみに付ける

通常、エラーバーは上下に付けますが、系列が2つ以上あるとエラーバーが重なって
見にくくなる場合があります。そのような場合は、エラーバーを上または下のみに
付けると見やすくなります。

手順 ▶ p.109以降の要領で、「誤差範囲の書式設定」で**エラーバーの設定**を行う時に、
[両方向]ではなく[負方向]を選択すると、エラーバーが下側だけになります。

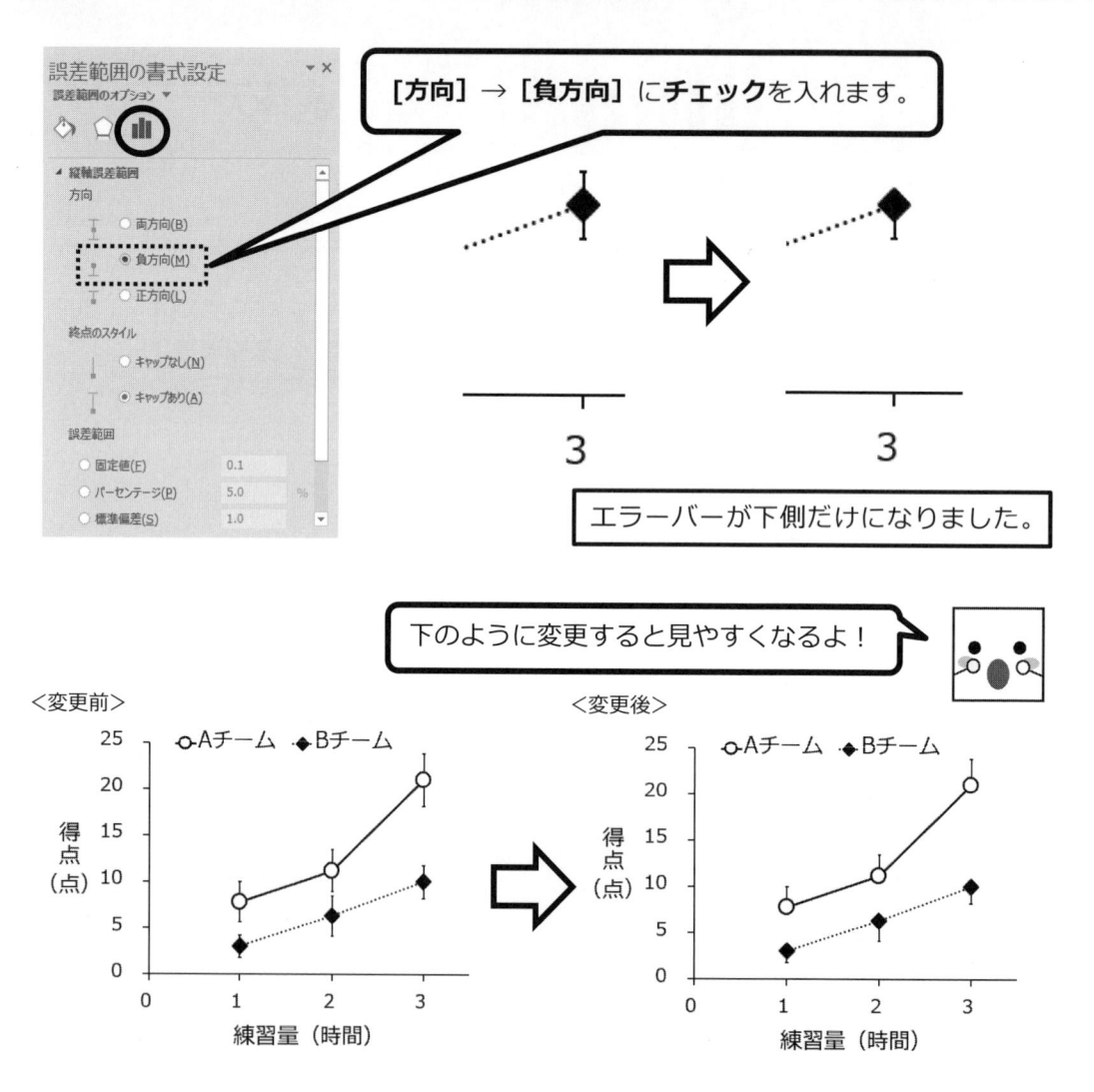

【発展2】「0」以外の交点で縦軸と横軸が交わるようにする

 **縦軸の数値部分**を**クリック**し、**縦軸および軸の数値を選択**した状態で
さらに**右クリック**し、一番下の**［軸の書式設定］**を**選択**します。

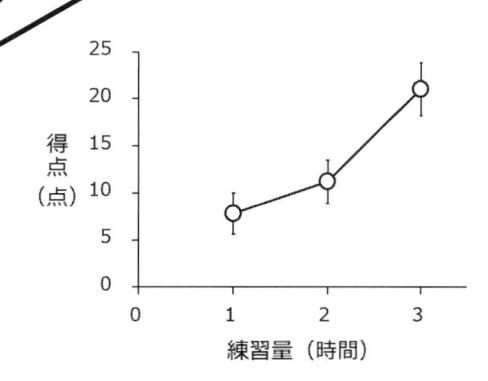

「軸のオプション」にある［横軸との
交点］→［軸の値］に交点の数値を
入力します。この例ではY軸の「5」と
X軸が交わるように指定しています。

この例では縦軸を変更しているけど、
横軸も同じ方法で変更できるよ
縦軸や横軸の値が0から始まらない
場合に有用だよ！

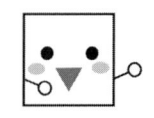

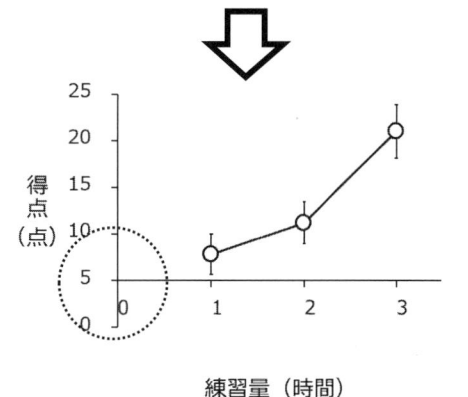

縦軸との交点が**変更**されました。

【発展３】軸を対数軸にする

　ここまでのグラフは、縦軸も横軸も**「線形軸」**でした。しかし、人間の感覚や知覚は「対数」に従うことが多いため、心理学ではグラフの縦軸や横軸を**「対数軸」**にする場合があります。ここでは横軸を対数軸に変更する方法について説明します。

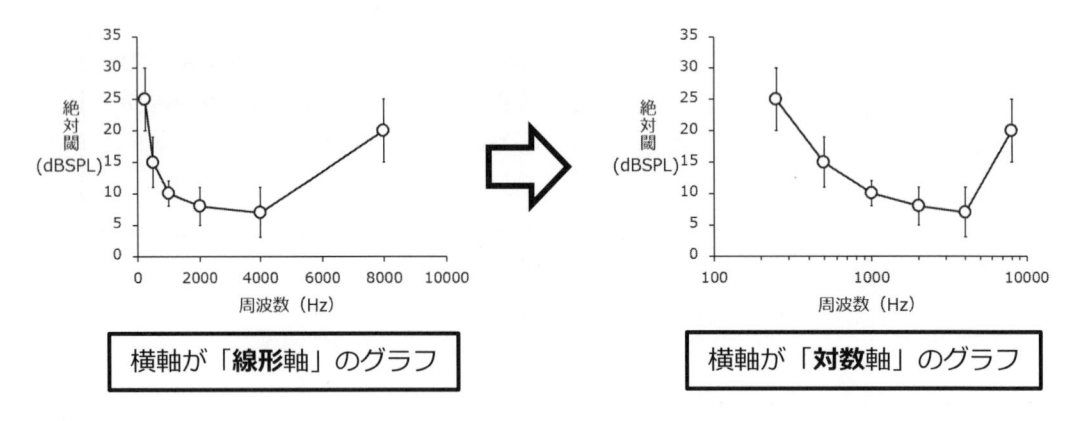

横軸が**「線形**軸」のグラフ　　　横軸が**「対数**軸」のグラフ

手順1　　**横軸の数値部分をクリック**すると、横軸および軸の数値が選択されます。その状態で**右クリック**し、一番下の**[軸の書式設定]を選択**します。

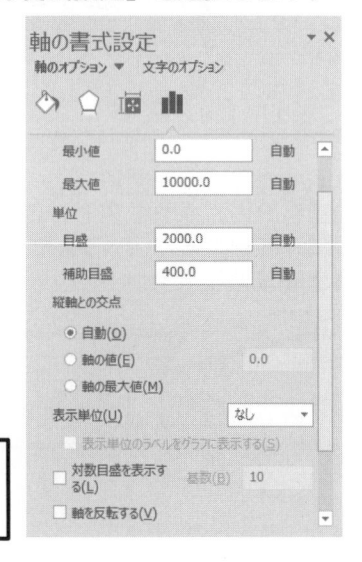

[軸の書式設定]を選択すると、グラフの右側に「軸の書式設定」が開きます。

▶ 手順2　［軸のオプション］（**一番右のアイコン**）で、［**対数目盛を表示する**］に
チェックを付けます。［**基数**］の部分には、**対数の底の値**（ここでは10）
を入力します。

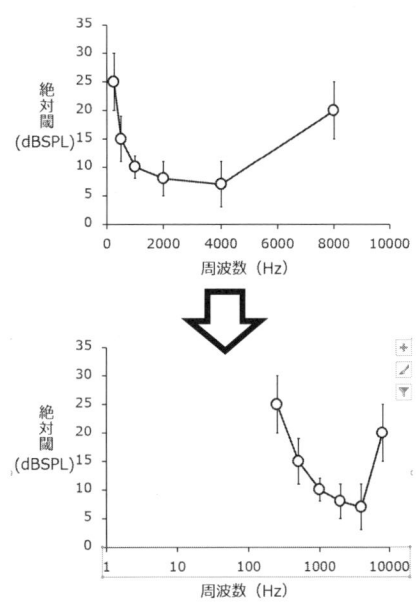

▶ 手順3　グラフが見やすくなるように、［軸のオプション］（**一番右のアイコン**）で、
横軸の最小値、最大値を適切に**設定**します。ここでは最小値を100、最大値を
10000としています。

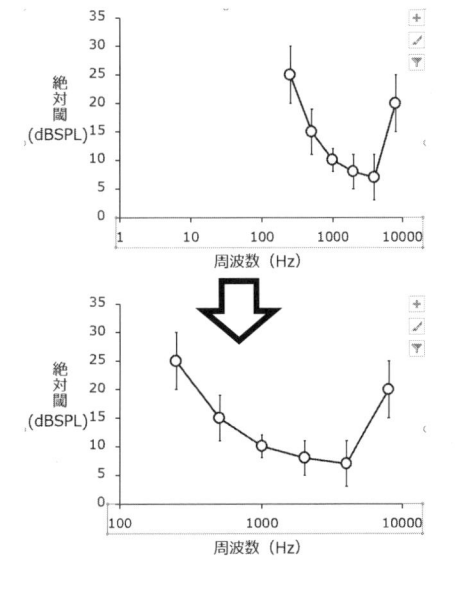

手順4 対数軸の場合は、［軸のオプション］（**一番右のアイコン**）で、**［目盛］→［補助目盛の種類］**で**［外向き］**を選んで**補助目盛を付けると**、各データの値が分かりやすくなります。

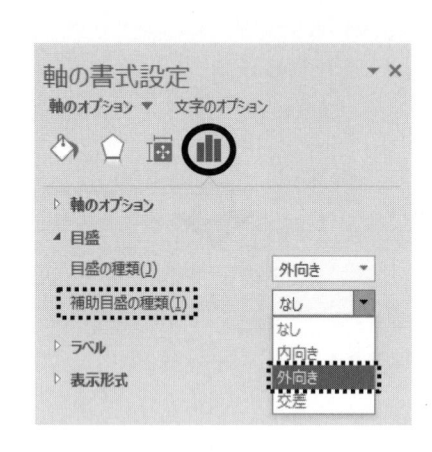

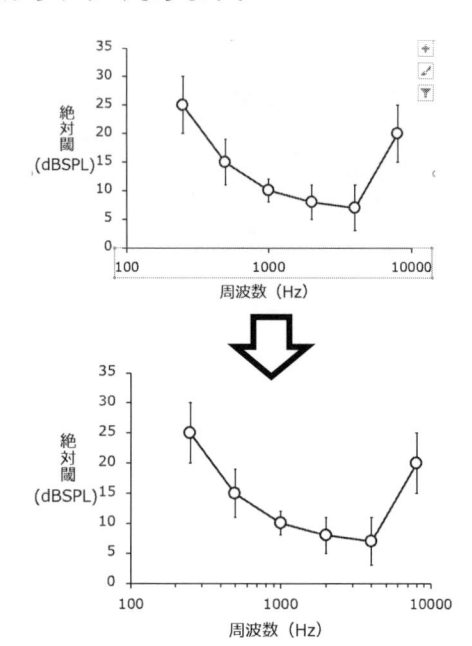

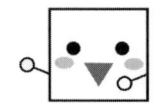

縦軸を変更したい場合や棒グラフの場合も基本的には同じだよ！

表の作り方

心理学のレポートや論文では、実験で用いられた刺激の性質や特徴量を分かりやすく示すために表を作成したり、実際に測定されたデータを表で一覧できるように求められたり、解析が正しく実施できていることを確かめるために分散分析表などの作成が求められることがあります。

以下に、刺激の性質や特徴量を示す表の作成、測定データの表、分散分析表、多重比較表の４つを取り上げ、それぞれの作成方法について解説します。

表とは、<u>文字や数値のデータを罫線で区切って示す情報表現の方法</u>です。
表の作成には、いくつかのルールがあります。

表の作成ルール

□ 横罫線のみを使用する（原則として縦罫線を使用しない）
□ 横罫線を不必要に多用しない （1行ごとに横罫線を入れてはダメ）

□ タイトルを表の上に配置する
□ 必要に応じてタイトルに単位を（　）に入れて示す
□ 注釈を表の下方に示す

□ 小数点以下の桁数を揃える（オススメは小数点以下第２位で統一）
□ 右寄せやセンタリングの機能によって変数名や数値の位置を
　合わせる

□ フォントを準拠する書式に従って統一する
　（日本心理学会の場合：MS明朝とTimes New Romanで統一する）

□ カラーではなくモノクロで作成する

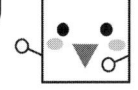

5.1 刺激の性質や特徴量を示す表

以下にこの節で目指している刺激の性質や特徴量を示す表のサンプルを示します。表を用いると、刺激の性質や特徴量を要因（独立変数）の水準別に分かりやすく示すことができます。

表の例

ある洋菓子店で新商品の開発をするために、デザート３種類と砂糖３種類を組み合わせて９種類の洋菓子を用意し、その美味しさを評価する心理実験をしたと仮定します。

この実験についてレポートを作成する際には、実験刺激である９種類の洋菓子の性質や特徴量を要因（独立変数）の水準別に説明する必要があります。そのためにはTable 5.1のような表を作成するとよいでしょう。

Table 5.1
刺激に含まれる砂糖の重量 (g)

砂糖の種類	洋菓子の種類		
	ケーキ	タルト	クッキー
グラニュー糖	21.1	22.3	22.1
黒砂糖	34.2	33.3	34.1
きび砂糖	12.8	12.8	12.9

実験刺激の性質や特徴量を適切に**入力するための枠組みを作成**します。

手順1 **任意のExcelのシート上**に、**すべての要因（独立変数）を書き出し**ます。
以下の例では、「砂糖の種類」と「洋菓子の種類」の２つが要因です。

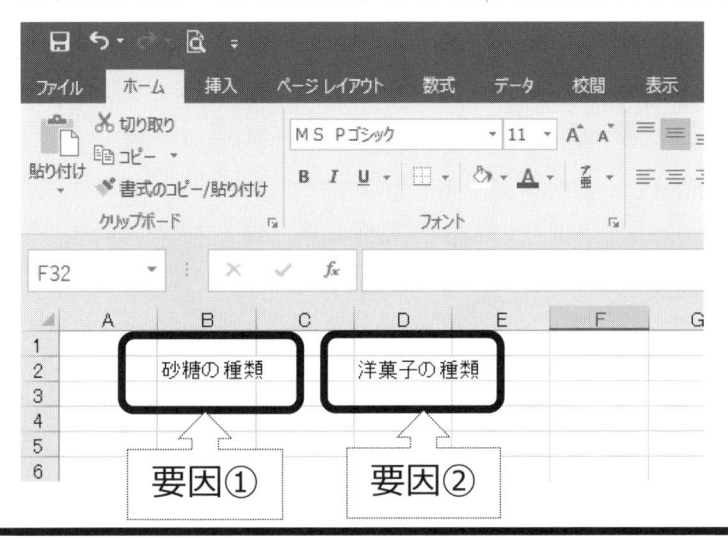

ここでは説明を分かりやすくするために、「砂糖の種類」を第1の要因（要因①）とし、「洋菓子の種類」を第2の要因（要因②）とするね！

要因別に**水準名**を**すべて入力**します。

手順2 **要因①**（「砂糖の種類」）の要因名の下に、**縦方向に水準名を入力**します。
要因②（「洋菓子の種類」）の要因名の下に、**横方向に水準名を入力**します。

	A	B	C	D	E	F
1						
2		砂糖の種類		洋菓子の種類		
3		グラニュー糖		ケーキ	タルト	クッキー
4		黒砂糖				
5		きび砂糖				
6						
7						

要因①の要因名が入力されているセルの下に1セル追加をします。

手順3 ▶ **要因①（「砂糖の種類」）の要因名の1つ下のセルをクリックして選択**します。

砂糖の種類	洋菓子
グラニュー糖	ケーキ
黒砂糖	
きび砂糖	

← グラニュー糖のセルを
　選択した状態で手順4へ進みます。

手順4 ▶ **選択された状態で右クリック**をしてメニューを表示し、**［挿入］**を**選択**します。

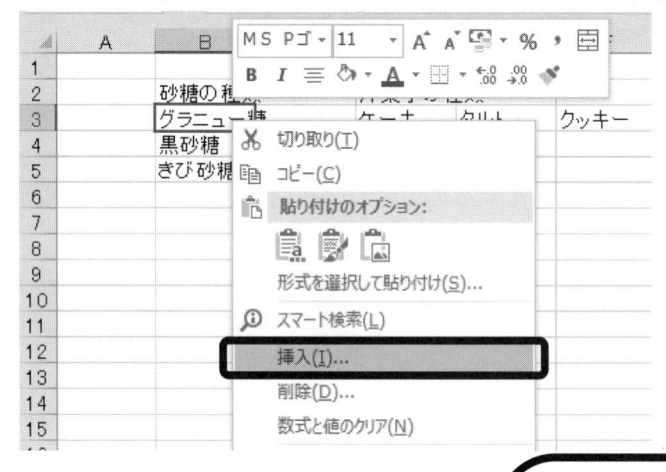

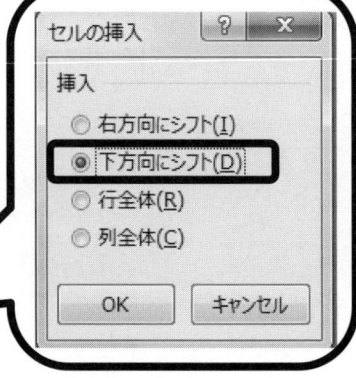

手順5 「セルの挿入」ウィンドウにある
［下方向にシフト］を**選択**し、
［OK］を押します。

以下のように「砂糖の種類」の要因名の下にセルが 1 つ追加されました。

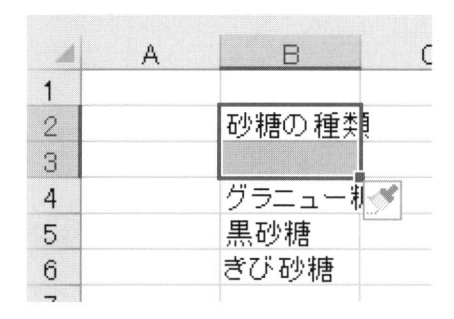

要因①のセルを結合します。

手順6　　**要因①のセルと手順5で追加されたセルをドラッグして選択**します。

手順7　　**メニューバーの［ホーム］から［配置］→［セルを結合して中央揃え］を選択**
します。

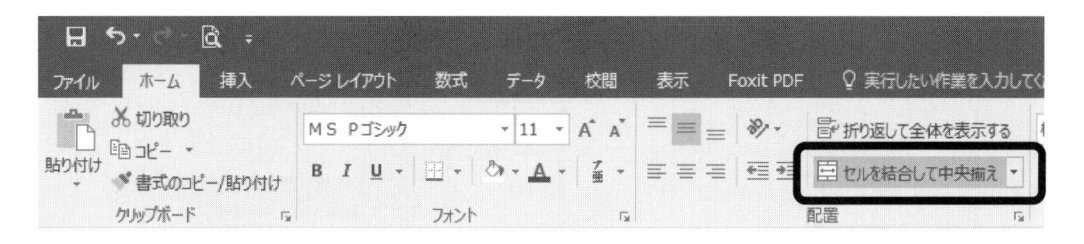

＜手順7の続き＞

以下のように「砂糖の種類」の要因名が１つ下のセルと結合されました。

	A	B	C	D	E	F
1						
2		砂糖の種類		洋菓子の種類		
3				ケーキ	タルト	クッキー
4		グラニュー糖				
5		黒砂糖				
6		きび砂糖				

手順8 **B列の幅を広げ**、要因名や水準名が途切れずにすべて表示されるようにします。

	A	B
1		
2		砂糖の種類
3		
4		グラニュー糖
5		黒砂糖
6		きび砂糖
7		

← B列の右端にマウスを合わせポインタの形が
　変わったところで右方向へドラッグします。

手順9 **C列をクリックして選択**し、**右クリックで［削除］を選択**します。

←要因①と要因②の間に余分な
　列がなければ、そのまま
　手順10へ進みます。

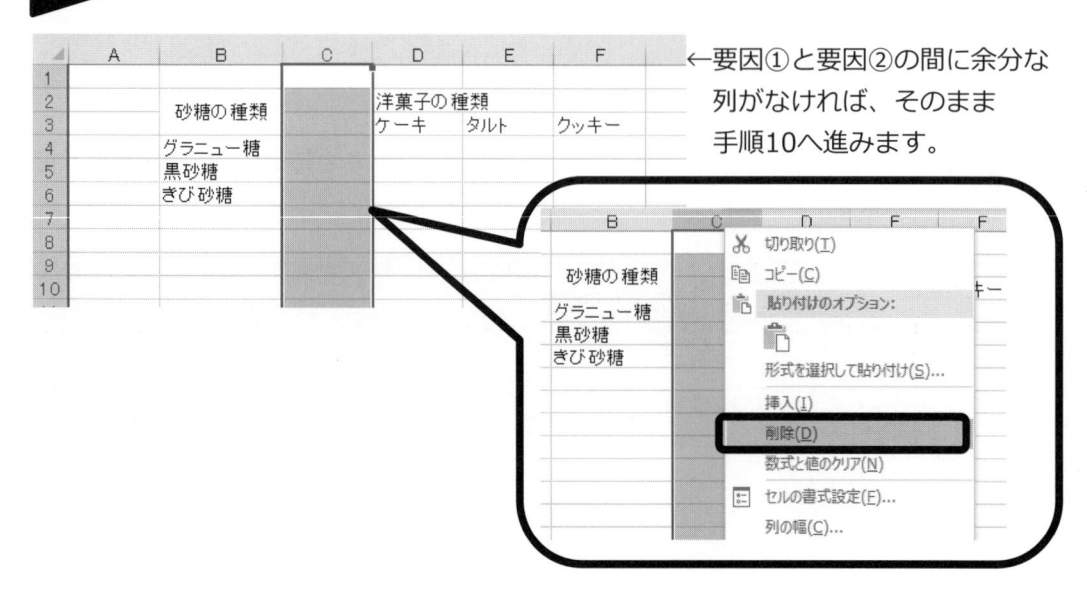

	A	B	C	D	E	F
1						
2		砂糖の種類		洋菓子の種類		
3				ケーキ	タルト	クッキー
4		グラニュー糖				
5		黒砂糖				
6		きび砂糖				
7						
8						
9						
10						

	B	C			D		F	F
			✂	切り取り(T)				
	砂糖の種類		⧉	コピー(C)				キー
			📋	貼り付けのオプション:				
	グラニュー糖							
	黒砂糖			📋				
	きび砂糖			形式を選択して貼り付け(S)…				
				挿入(I)				
				削除(D)				
				数式と値のクリア(N)				
			⊞	セルの書式設定(F)…				
				列の幅(C)…				

要因②の**セルを結合**します。

▶ 手順10　要因②の要因名のセルから水準数の数だけセルを結合します。
　　　　　　以下のように**結合する範囲**を**ドラッグして選択**します。

▲	A	B	C	D	E
1					
2		砂糖の種類	洋菓子の種類		
3			ケーキ	タルト	クッキー
4		グラニュー糖			
5		黒砂糖			
6		きび砂糖			
7					

▶ 手順11　手順7と同様に、**メニューバー**の［**ホーム**］から［配置］
　　　　　　→［**セルを結合して中央揃え**］を**選択**します。

「洋菓子の種類」の要因名を含めて3つのセルが結合されました。

▲	A	B	C	D	E	F
1						
2		砂糖の種類	洋菓子の種類			
3			ケーキ	タルト	クッキー	
4		グラニュー糖				
5		黒砂糖				
6		きび砂糖				
7						

手順12 各実験刺激が**該当するセル**に**適切な数値**を**入力**します。

B	C	D	E
砂糖の種類	洋菓子の種類		
	ケーキ	タルト	クッキー
グラニュー糖	21.1	22.3	22.1
黒砂糖	34.2	33.3	34.1
きび砂糖	12.8	12.8	12.9

← この例では、刺激別に砂糖の重さが入力されています。

横の罫線を**入力**します。

手順13 **要因名のセルの上に太い横罫線を入力**するために、**要因名が書かれているセルの1つ上のセルをすべて範囲選択**します。

メニューバーから**［ホーム］** → **［フォント］** → **［罫線］** → **［下太罫線］**を**選択**します。

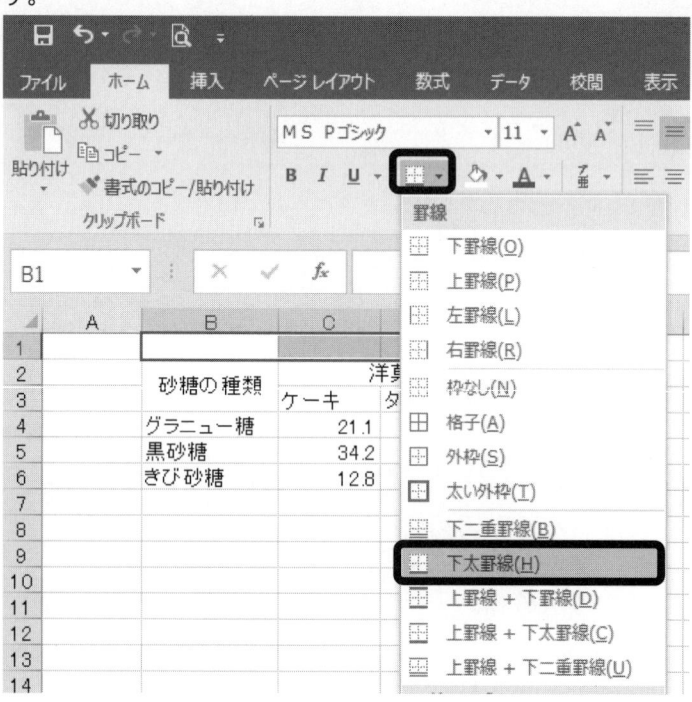

手順14 **同様の手続きで**必要最低限の**横罫線**を**入力**します。

※ 表の一番上：太い罫線

※ 要因名の下、水準名の下、表の一番下：罫線

太い罫線

罫線

罫線

罫線

砂糖の種類	洋菓子の種類		
	ケーキ	タルト	クッキー
グラニュー糖	21.1	22.3	22.1
黒砂糖	34.2	33.3	34.1
きび砂糖	12.8	12.8	12.9

縦罫線は
使用しないよ！

必要な**横罫線**が**描画**されました。

セル内の表示位置を**揃えます**。

手順15 ① ここまでで作成された表のセルの中から**要因①**（「砂糖の種類」）の
要因名を選択します。

② **左揃え**をして**要因①の要因名と水準名の位置を揃え**ます。

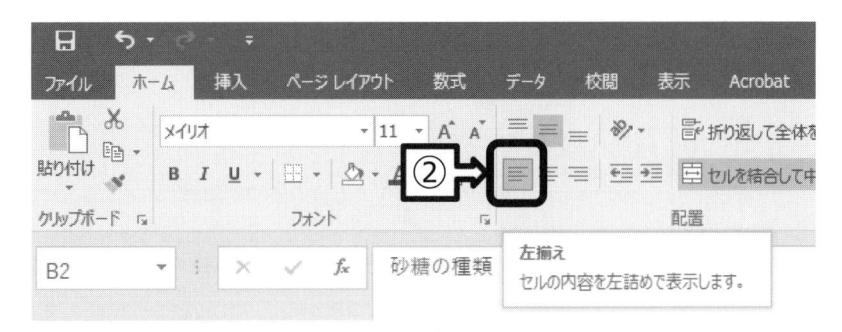

砂糖の種類	洋菓子の種類		
	ケーキ	タルト	クッキー
グラニュー糖	21.1	22.3	22.1
黒砂糖	34.2	33.3	34.1
きび砂糖	12.8	12.8	12.9

<手順15の続き>

③ **要因②**（「洋菓子の種類」）の**水準名のみ**をすべて**選択**して、

④ **右揃え**にします。

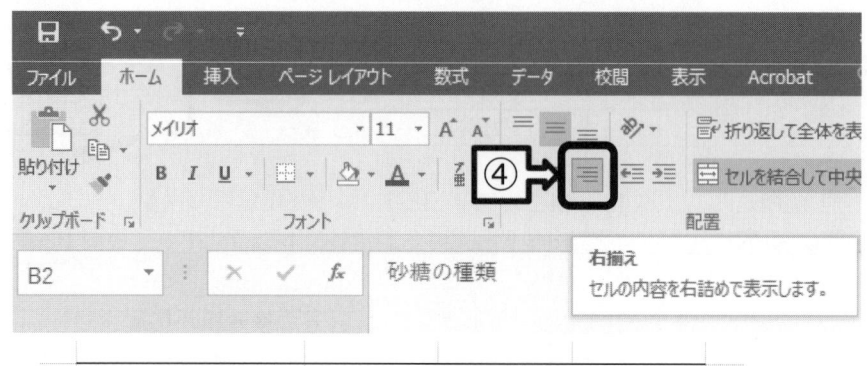

砂糖の種類	洋菓子の種類		
	ケーキ	タルト	クッキー
グラニュー糖	21.1	22.3	22.1
黒砂糖	34.2	33.3	34.1
きび砂糖	12.8	12.8	12.9

砂糖の種類	洋菓子の種類		
	ケーキ	タルト	クッキー
グラニュー糖	21.1	22.3	22.1
黒砂糖	34.2	33.3	34.1
きび砂糖	12.8	12.8	12.9

要因名②の水準名とその数値の位置が揃いました。

数値の桁数を揃えます。

手順16　必要であれば**表内の数値の小数点以下の桁数**を揃えます。
揃えたい数値をドラッグして**選択**します。

砂糖の種類	洋菓子の種類		
	ケーキ	タルト	クッキー
グラニュー糖	21.1	22.3	22.1
黒砂糖	34.2	33.3	34.1
きび砂糖	12.8	12.8	12.9

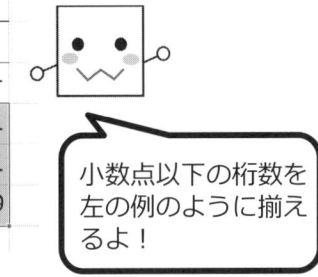

小数点以下の桁数を
左の例のように揃え
るよ！

手順17　**メニューバー**から［**ホーム**］→［**数値**］→［**小数点以下の表示桁数を増やす**］
または［**小数点以下の表示桁数を減らす**］を**選択**します。

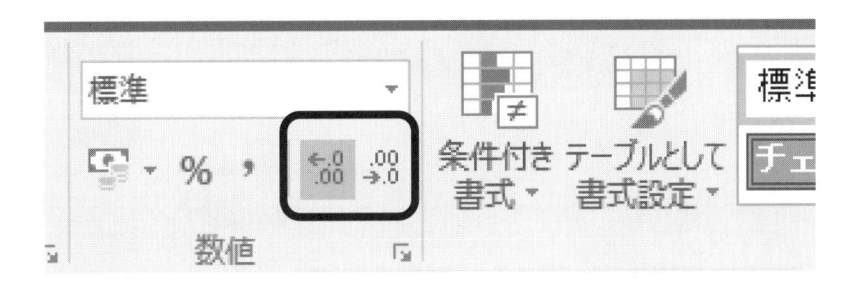

小数点以下の桁数を揃えよう！
小数点の位置も揃えよう！

小数点以下の桁数を揃えないと、
小数点の位置がズレてしまうよ！

下の表は見やすいとは
言えないね！

小数点以下の桁数が
揃っていないダメな例

砂糖の種類	洋菓子の種類		
	ケーキ	タルト	クッキー
グラニュー糖	21.1	22.3	22.141
黒砂糖	34.218	33.3	34.1
きび砂糖	12.8	12.834	12.9

表の背景を白く塗ります。

手順18 **表の全範囲よりも少し広い範囲**をマウスでドラッグして**選択**します。

砂糖の種類	洋菓子の種類		
	ケーキ	タルト	クッキー
グラニュー糖	21.1	22.3	22.1
黒砂糖	34.2	33.3	34.1
きび砂糖	12.8	12.8	12.9

手順19 **メニューバー**から［**ホーム**］→ ［フォント］→ **［塗りつぶしの色］**→ **［白、背景1］**を**選択**します。

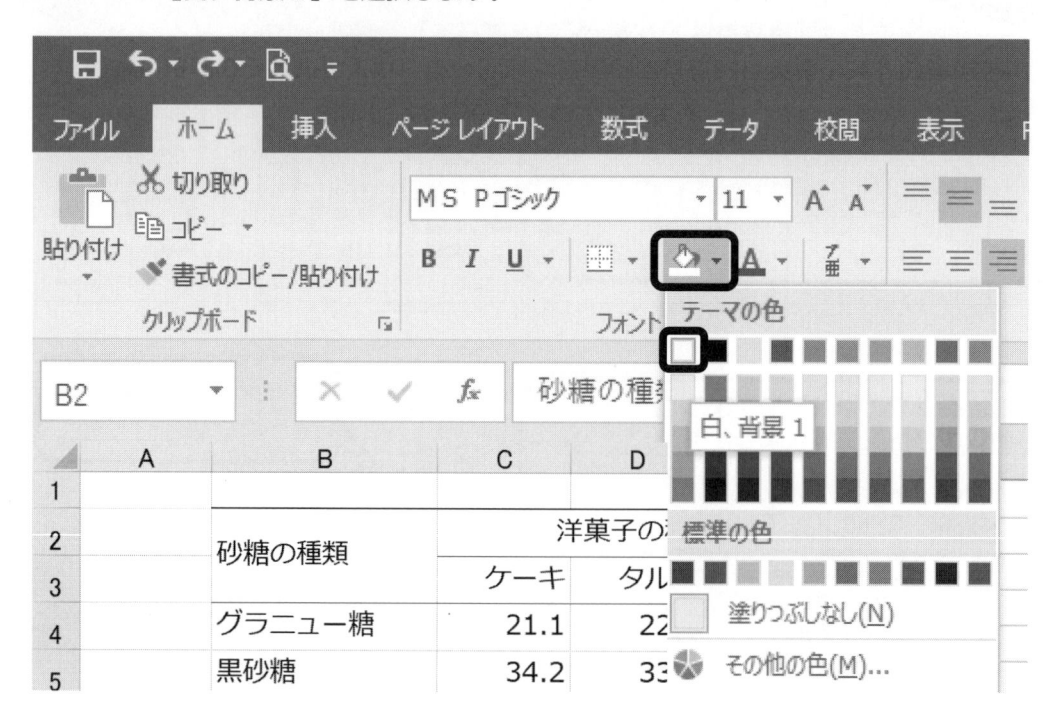

※ メニューバーから［表示］→ ［目盛り線］のチェックを外してもExcelの罫線を
　 消すことができます。

フォントの種類を**揃えます**。

手順20　**表の全範囲**をマウスでドラッグして**選択**します。

砂糖の種類	洋菓子の種類		
	ケーキ	タルト	クッキー
グラニュー糖	21.1	22.3	22.1
黒砂糖	34.2	33.3	34.1
きび砂糖	12.8	12.8	12.9

手順21　**メニューバー**から［**ホーム**］→　［**フォント**］→ **任意のフォント**を**選択**します。

フォントの種類については、各自の準拠する書式に従ってね！

メイリオでフォントを揃えた例

砂糖の種類	洋菓子の種類		
	ケーキ	タルト	クッキー
グラニュー糖	21.1	22.3	22.1
黒砂糖	34.2	33.3	34.1
きび砂糖	12.8	12.8	12.9

まだ
未完成だよ！

タイトルが
必要だからね！

表にはタイトルが必要だよ！**以下の手順に従って完成させてね！**

表のタイトルを**示し**ます。

 手順22 ① 要因の上のセルを選択し、

タイトル「Table 5.1 刺激に含まれる砂糖の重量 (g) 」を入力します。
② 「Table 5.1」と「刺激に含まれる砂糖の重量 (g) 」の間にカーソルを
合わせ **[Alt] キー**を押したまま **[Enter] キー**を押し、**セル内で改行**
します。

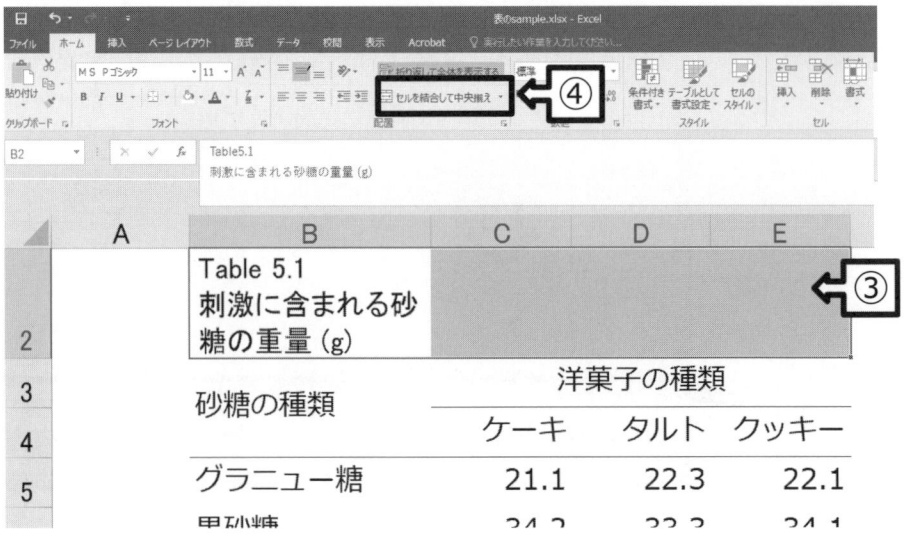

③ **タイトルを入力した行**において、**表の左端の列から右端の列までのセルを**
選択します。
④ **メニューバー**から **[ホーム]** → [配置] → **[セルを結合して中央揃え]** を
クリックします。

⑤ 行の境界をドラッグし、タイトル行の**高さを調整**します。

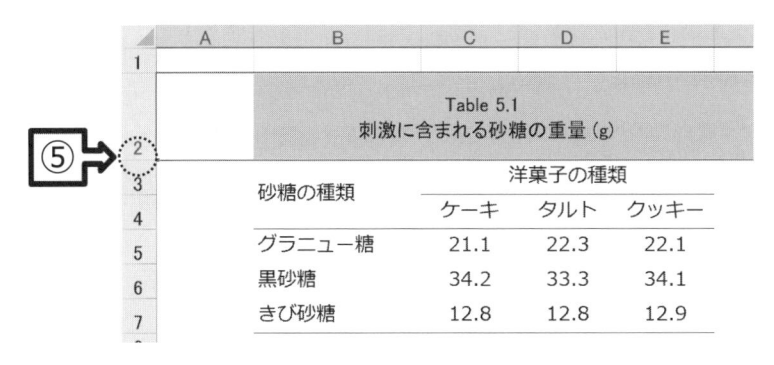

実験刺激の性質や特徴量についての表の完成見本

Table 5.1

刺激に含まれる砂糖の重量 (g)

砂糖の種類	洋菓子の種類		
	ケーキ	タルト	クッキー
グラニュー糖	21.1	22.3	22.1
黒砂糖	34.2	33.3	34.1
きび砂糖	12.8	12.8	12.9

> こんな感じに作成できたかな？
> タイトルのフォントも
> 表のフォントと揃えよう！

※ 手順22の⑤に示したように、**タイトル**を**表本体と少し離す**と見やすくなるよ！
　タイトル行の高さを調整して見やすい距離にしよう！

【参考】日本心理学会の書式の場合のフォントの設定方法

手順 ▶ **メニューバー**から **[ホーム]** → ［フォント］ → **[MS明朝]** → そのまま続けて
[Times New Roman] を**選択**します。

フォントを変更したい
Tableを選択した状態
でフォントの設定を
変更するよ！

こんな感じに作成できたかな？

砂糖の種類	洋菓子の種類		
	ケーキ	タルト	クッキー
グラニュー糖	21.1	22.3	22.1
黒砂糖	34.2	33.3	34.1
きび砂糖	12.8	12.8	12.9

5.2　測定データの表

まずは、この節で目指している測定データの表のサンプルを示します。
表を用いると、測定データを要因（独立変数）の水準別に分かりやすく示すことができます。

表の例

ある洋菓子店で新商品の開発をするために、「ケーキ」「タルト」「クッキー」の３種類のデザートについて、それぞれ「グラニュー糖」「黒砂糖」「きび砂糖」の３種類の砂糖を組み合わせて９種類の洋菓子を用意した。この９種類の洋菓子に異なる実験参加者をそれぞれ割り当て、美味しさを評価させた。その評価値をTable5.2に示す。Tableの値は、数値が大きいほど、洋菓子をより美味しく感じたことを意味する。

Table 5.2
デザートの評価値 (点)

砂糖の種類	デザートの種類		
	ケーキ	タルト	クッキー
グラニュー糖	10	7	8
	9	7	7
	7	6	9
	8	7	7
黒砂糖	4	4	5
	5	7	6
	4	6	5
	6	4	5
きび砂糖	8	10	4
	7	10	6
	9	8	5
	7	9	5

基本 測定データのデータセットをコピー（1.1節 pp.7〜8を参照）し、
表作成用のデータセットとして別のExcelファイルやシートに貼り付けます。

例：測定データのデータセット

実験参加者ID	洋菓子の種類	砂糖の種類	美味しさ
1	ケーキ	グラニュー糖	10
2	タルト	グラニュー糖	7
3	クッキー	グラニュー糖	8
4	ケーキ	黒砂糖	4
5	タルト	黒砂糖	4
6	クッキー	黒砂糖	5
7	ケーキ	きび砂糖	8
8	タルト	きび砂糖	10
9	クッキー	きび砂糖	4
…	…	…	…
…	…	…	…
…	…	…	…
35	タルト	きび砂糖	9
36	クッキー	きび砂糖	5

表作成用として用意します。

Excel シートをコピーするには、① **[シート名のタブ]** を**クリック**し、さらに**右クリック**で
② **[移動またはコピー（M）…]** を**クリック**します。

シートの移動またはコピーのウィンドウで、コピーをしたいデータセットが
選択されていることを確認したら、

　③ **[コピーを作成する]** に **チェック** を入れます。

　④ **[OK]** を **押します。**

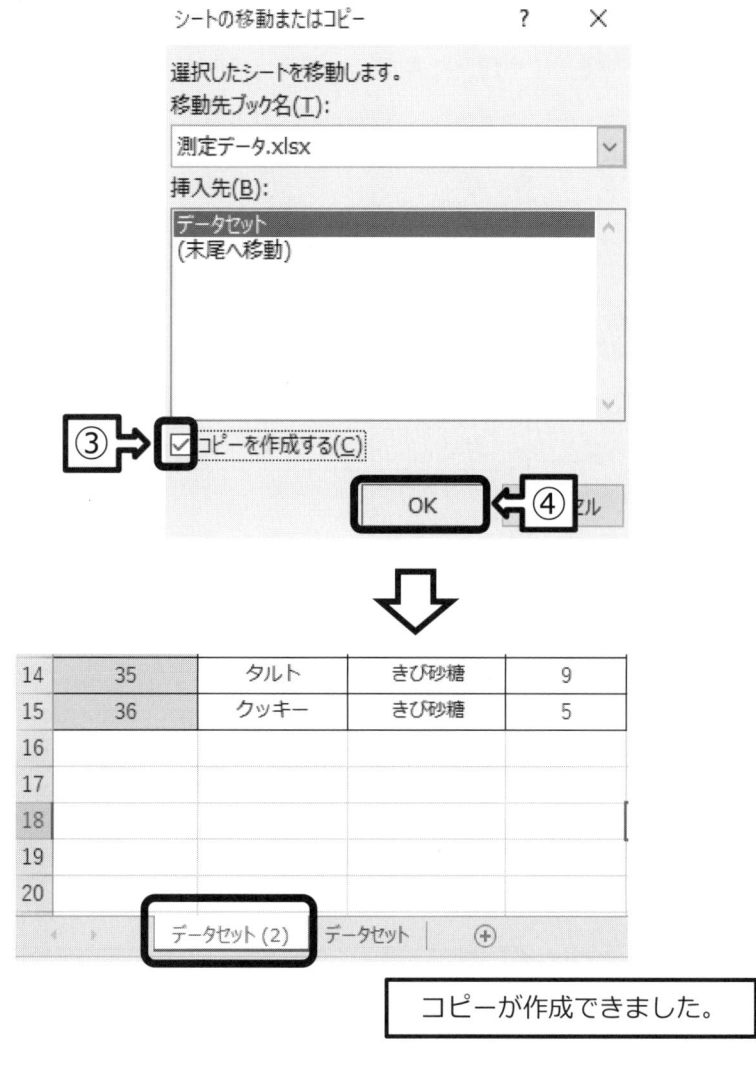

コピーが作成できました。

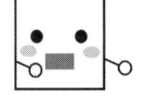

※ もしくは、
　　Excelファイル全体をファイルから「名前を付けて保存」で、
　　別のExcelファイルとして保存してもよいでしょう。

手順1 「第2章 データの並べ替え方」（変数名がある場合はp.14〜）を参照して、表作成用のデータセットを「砂糖の種類」の順、「洋菓子の種類」の順、「実験参加者ID」の順に**並べ替える。**

例：並べ替えた後のデータセット

実験参加者ID	洋菓子の種類	砂糖の種類	美味しさ
5	タルト	黒砂糖	4
14	タルト	黒砂糖	7
23	タルト	黒砂糖	6
32	タルト	黒砂糖	4
4	ケーキ	黒砂糖	4
13	ケーキ	黒砂糖	5
22	ケーキ	黒砂糖	4
31	ケーキ	黒砂糖	6
6	クッキー	黒砂糖	5
15	クッキー	黒砂糖	6
⋮	…	…	…
⋮	…	…	…
27	クッキー	きび砂糖	5
36	クッキー	きび砂糖	5

※ データが砂糖の種類順、洋菓子の種類順、実験参加者ID順に並べ替えられました。

上の例では、「洋菓子の種類」と「砂糖の種類」を降順で、「実験参加者ID」を昇順でデータを並べ替えているよ。
次はこの並べ替えたデータを条件別に貼り付けて表にするよ！

罫線の機能を利用して、**表の枠組みを作成**する。

 **手順2**　測定データを要因（独立変数）の水準別に表す**適切な枠組み**を**作成**する。
　　　　　5.1節の手順1から手順11 (pp.137〜141) を参照します。

例：測定データを要因（独立変数）の水準別に表すための枠組み

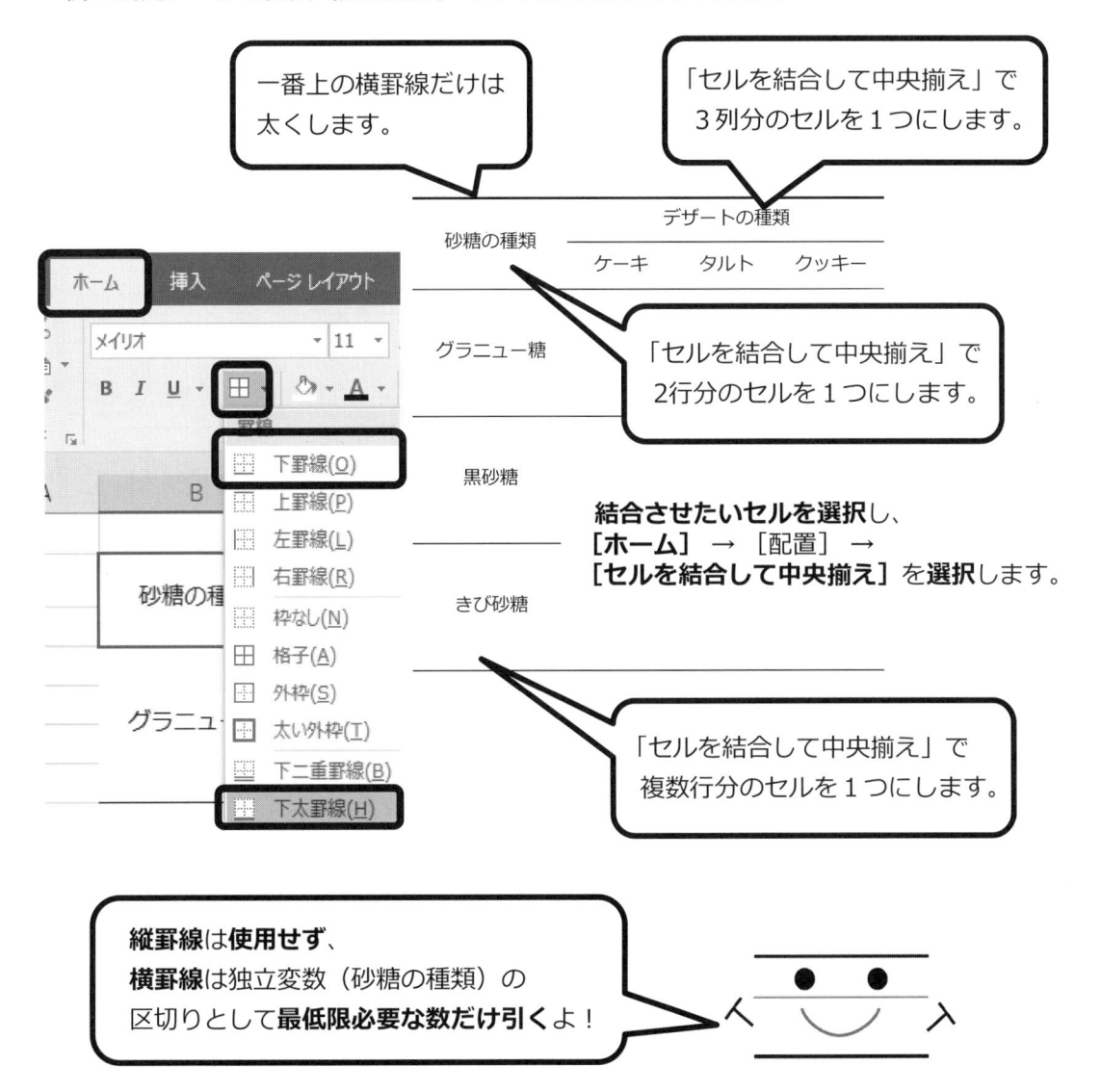

条件別に並べ替えた測定データを貼り付ける。

手順3 手順2で作成した表の枠組みに**手順1で並べ替えたデータを水準別に コピーして貼り付け**ます。

[**形式を選択して貼り付け**] から [**値の貼り付け**] で数値のみを 貼り付けるようにすると便利だよ！

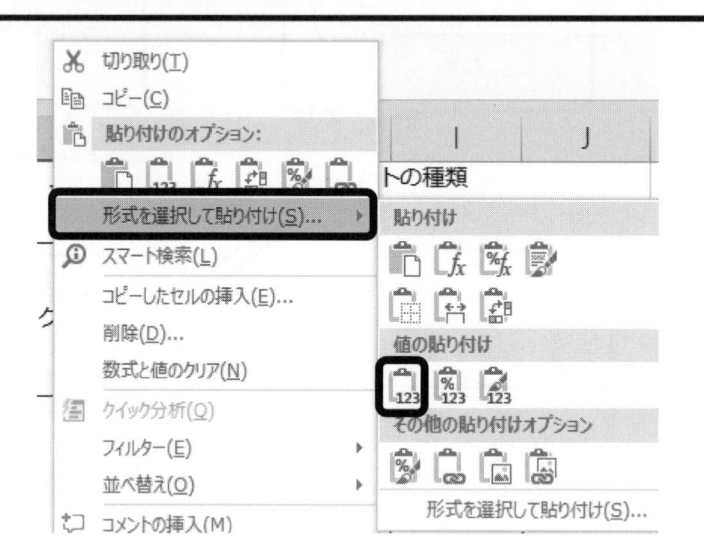

砂糖の種類	デザートの種類		
	ケーキ	タルト	クッキー
グラニュー糖	10	7	
	9	7	
	7	6	
	8	7	
黒砂糖			
きび砂糖			

対応する条件の枠に測定データを 正確に貼り付けます。

表にタイトルを付ける。

表のタイトルを入力します。入力方法は5.1節の手順22（pp.148〜149）を
参照します。

変数名と数値の位置を揃える。

列幅の整え方や、背景を白く塗りつぶす方法は5.1節の手順8（p.140）や
手順18から手順19（p.146）を参照します。

表のタイトル配置例

Table 5.2
デザートの評価値 (点)

> フォントの種類を揃えます。

砂糖の種類	デザートの種類		
	ケーキ	タルト	クッキー
グラニュー糖	10	7	8
	9	7	7
	7	6	9
	8	7	7
黒砂糖	4	4	5
	5	7	6
	4	6	5
	6	4	5
きび砂糖	8	10	4
	7	10	6
	9	8	5
	7	9	5

> センタリングや
> 右寄せをして
> 変数名と数値の
> 列を揃えます。

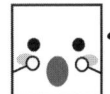

> 数値に**小数点以下の値**がある場合には、**桁数を揃えて表示**するよ！

変更したいセルを選択して右クリック → ［セルの書式設定］ →
［表示形式］ → ［数値］ → 「小数点以下の桁数」 → 任意の
桁数を入力します。

> このアイコンでも小数点以下の
> 桁数を変更可能です。

第6章　分散分析表の作り方

6.1 分散分析の結果の表の作り方

レポートや論文などに分散分析表を載せる場合は、SPSSの出力結果の表をそのまま転載するのではなく、**結果の出力から必要な項目を読み取って分散分析表を作成**します。

　下記の表は、SPSSによる1要因実験参加者間分散分析の出力結果です。

被験者間効果の検定

従属変数:視力

ソース	タイプ Ⅲ 平方和	自由度	平均平方	F 値	有意確率
修正モデル	.603ᵃ	2	.302	4.344	.032
切片	21.125	1	21.125	304.200	.000
学年	.603	2	.302	4.344	.032
誤差	1.042	15	.069		
総和	22.770	18			
修正総和	1.645	17			

a. R2 乗 = .367 (調整済み R2 乗 = .282)

SPSSの出力結果を**そのまま**レポートに
貼り付けてはダメ！

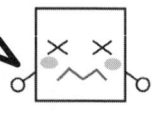

なぜならば、レポートや論文に載せる分散分析表として記載すべき情報が足りておらず、表の見た目も非常に悪いからです。

本章では、例としてSPSSによる1要因実験参加者間分散分析の出力結果から、Excelを用いて分散分析表を作成する方法を説明します。

分散分析表に記載する情報と表の体裁

分散分析表に記載する情報は次のとおりです
- ・**表のタイトル**
- ・**要因名、平方和、自由度、平均平方、*F*値、
  有意水準の記号、有意水準の記号の説明**

コツ!

分散分析表の体裁で注意すべき点は次のとおりです
- ・**セル内の文字・数値が途切れないようにする**
- ・**セル内の文字・数値が折り返されないようにする**
- ・**セル内の文字・数値の位置を揃える**
- ・**小数点以下の桁数を統一**する
- ・**小数点の位置を揃える**
- ・**フォントを統一**する

6.2 データの入力

SPSSの出力結果をExcelのワークシートに**コピー＆ペースト**します。

 SPSSの**「被験者間効果の検定」の出力結果**を右クリックして選択し、
コピーします。

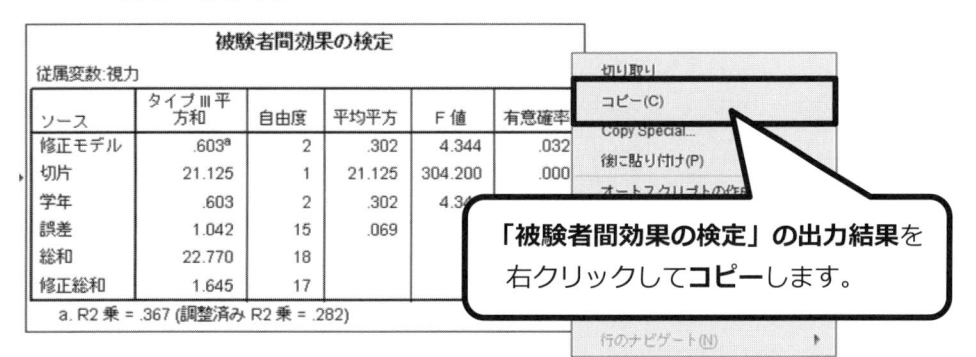

被験者間効果の検定

従属変数:視力

ソース	タイプⅢ平方和	自由度	平均平方	F 値	有意確率
修正モデル	.603ᵃ	2	.302	4.344	.032
切片	21.125	1	21.125	304.200	.000
学年	.603	2	.302	4.34	
誤差	1.042	15	.069		
総和	22.770	18			
修正総和	1.645	17			

a. R2 乗 = .367 (調整済み R2 乗 = .282)

切り取り
コピー(C)
Copy Special...
後に貼り付け(P)
オートスクリプトの作成
行のナビゲート(N)

 「被験者間効果の検定」の出力結果を
右クリックして**コピー**します。

Excelのシートに**テキスト形式で貼り付け**ます。

 手順2

① **メニューバー**の［**貼り付け**］を**クリック**し、
　［**形式を選択して貼り付け**］を**選択**します。
② 貼り付ける形式を［**テキスト**］にして［**OK**］を**押します**。

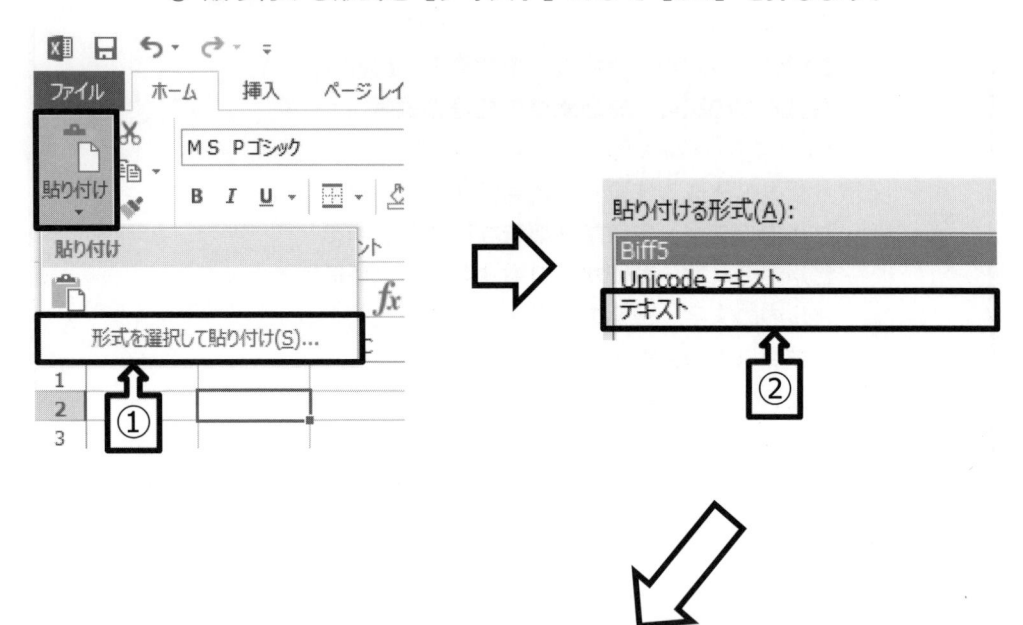

SPSSの出力をExcelに貼り付けた結果：

	A	B	C	D	E	F	G	H
1								
2				被験者間効果の検定				
3		従属変数:視力						
4		ソース	タイプⅢ	自由度	平均平方	F 値	有意確率	
5		修正モデ	.603a	2	0.302	4.344	0.032	
6		切片	21.125	1	21.125	304.2	0	
7		学年	0.603	2	0.302	4.344	0.032	
8		誤差	1.042	15	0.069			
9		総和	22.77	18				
10		修正総和	1.645	17				
11		a. R2 乗 = .367 (調整済み R2 乗 = .282)						
12								

6.3　不要な情報の削除

分散分析表に不要な情報を削除します。

 **削除する行・列を選択**して、**右クリック**し、［削除］を選択します。

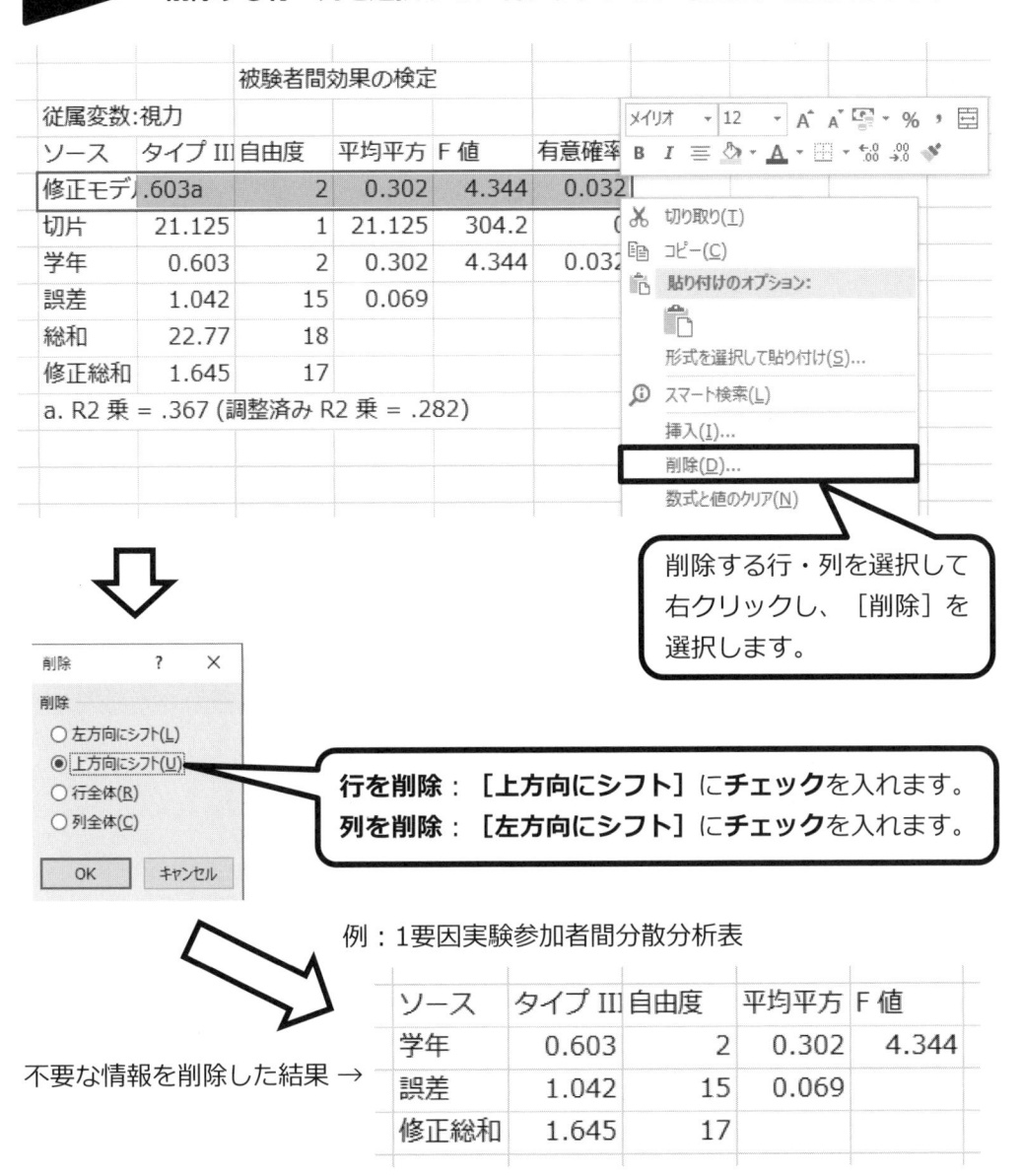

ソース	タイプ III	自由度	平均平方	F 値	有意確率
修正モデル	.603a	2	0.302	4.344	0.032
切片	21.125	1	21.125	304.2	
学年	0.603	2	0.302	4.344	0.032
誤差	1.042	15	0.069		
総和	22.77	18			
修正総和	1.645	17			

被験者間効果の検定
従属変数:視力
a. R2 乗 = .367 (調整済み R2 乗 = .282)

削除する行・列を選択して右クリックし、［削除］を選択します。

行を削除： ［**上方向にシフト**］に**チェック**を入れます。
列を削除： ［**左方向にシフト**］に**チェック**を入れます。

例：1要因実験参加者間分散分析表

不要な情報を削除した結果 →

ソース	タイプ III	自由度	平均平方	F 値
学年	0.603	2	0.302	4.344
誤差	1.042	15	0.069	
修正総和	1.645	17		

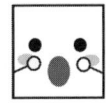 ※ 1要因実験参加者間分散分析以外の分散分析表に必要な情報については
金谷他（2018）を参照してね。

6.4 内容の修正と情報の追加

セルの内容を修正し、有意水準の記号や表のタイトルなどの情報を付け加えます。

セルの内容を**修正**します。

手順1 —— 修正するセルを選択し、以下のとおりに修正します：

・**ソース** → **要因**

・**タイプⅢ平方和** → **平方和**

・**修正総和** → **全体**

要因	平方和	自由度	平均平方	F 値
学年	0.603	2	0.302	4.344
誤差	1.042	15	0.069	
全体	1.645	17		

有意水準の記号を**入力**します。

手順2 ① **F値の数値の右隣のセル**を選択し、**有意水準の記号を入力**します。

② メニューバーで［**左揃え**］を**クリック**します。

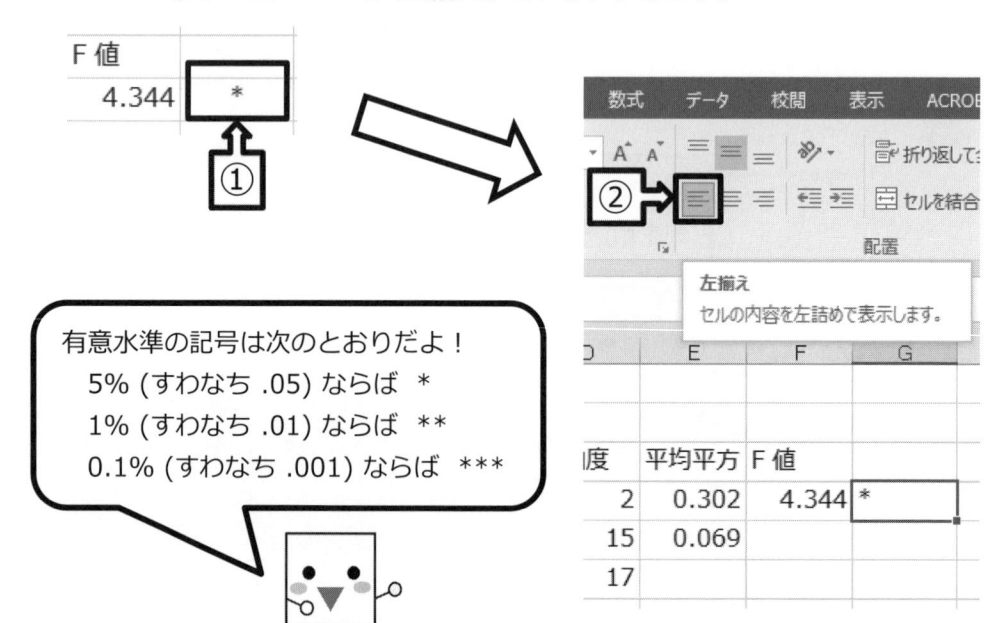

有意水準の記号は次のとおりだよ！

5% (すわなち .05) ならば *

1% (すわなち .01) ならば **

0.1% (すわなち .001) ならば ***

有意水準の記号の説明を**入力**します。

 手順3

① 「**全体**」の下の**セルを選択**し、**有意水準の記号の説明**を入力します。
② **説明を入力した行**において、**要因から有意水準の記号の列までのセルを選択**します。
③ メニューバーで［**セルを結合して中央揃え**］を**クリック**します。
④ メニューバーで［**右揃え**］を**クリック**します。

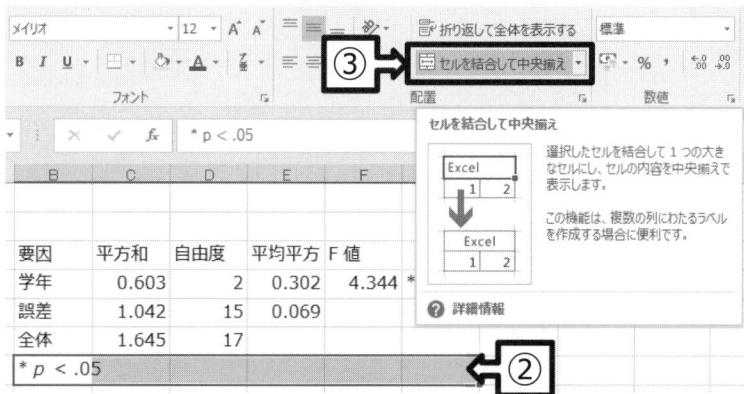

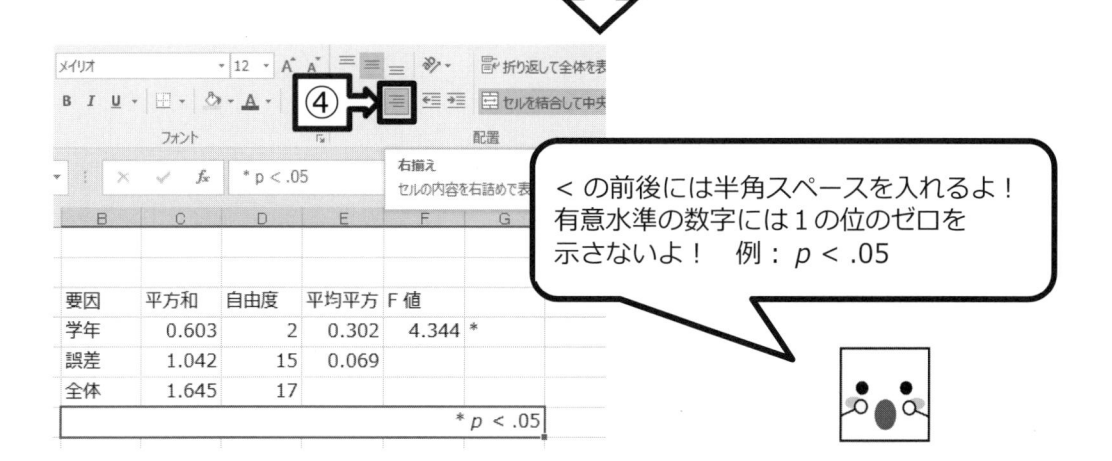

< の前後には半角スペースを入れるよ！
有意水準の数字には1の位のゼロを
示さないよ！　例：$p < .05$

164

表のタイトルを**示し**ます。

手順4
① 要因の上のセルを選択し**タイトル**「Table ◎ ○○の分散分析表」を**入力**します。
②「Table ◎」と「○○の分散分析表」の間にカーソルを合わせ **[Alt] キーを押したまま [Enter] キーを押し、セル内で改行**します。
③ タイトルを入力した行において、要因の列から有意水準の記号の列までのセルを選択します。
④ メニューバーで **[セルを結合して中央揃え]** をクリックします。
⑤ 行の境界をドラッグし、タイトル行の**高さを調整**します。

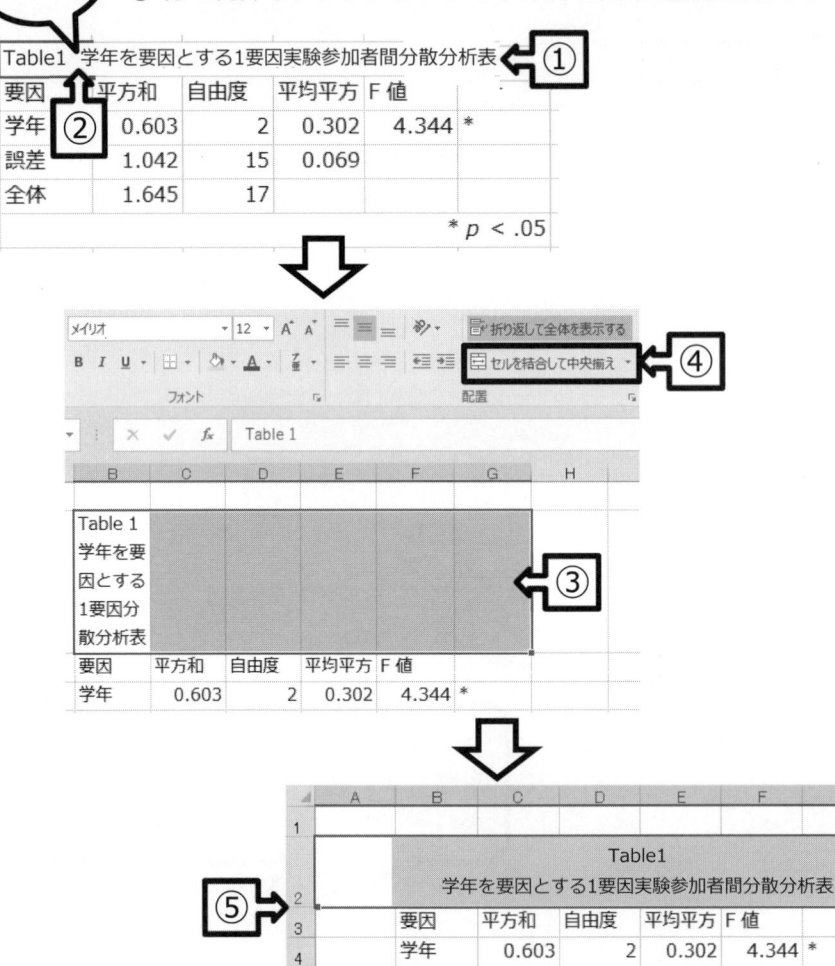

ココ！

Table1 学年を要因とする1要因実験参加者間分散分析表					①
要因	平方和	自由度	平均平方	F 値	
学年 ②	0.603	2	0.302	4.344	*
誤差	1.042	15	0.069		
全体	1.645	17			

* $p < .05$

6.5 表記・レイアウトの調整

列の説明と数値を右揃えにしたり、罫線を引くなど表記やレイアウトの調整を行います。

列の説明と**数値**を**右揃え**にします。

 ① 右揃えにするセルを選択します

② メニューバーで［**右揃え**］を**クリック**します。

小数点以下の表示桁数を**2桁に揃え**ます。

 ① **平方和、平均平方、*F*値の数値のセル**をそれぞれ**選択**します。

② メニューバーで［**小数点以下の表示桁数を減らす**］を**クリック**します。

自由度は整数なので、**小数点以下を表記してはいけない！**

166

統計量のアルファベットを**斜体**にします。

 ① **斜体にする文字（F, p）を選択**します。
② **メニューバーで［*I*］をクリック**します。

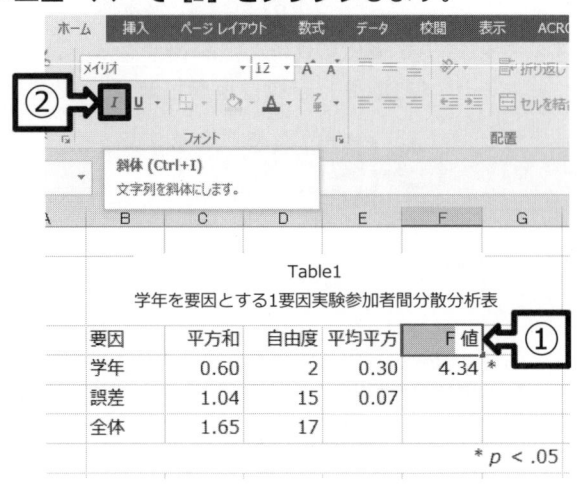

横罫線を引きます。

 ① **罫線を引くセルを選択**します。
② **メニューバー**で**上罫線**、または**下罫線**を**クリック**します

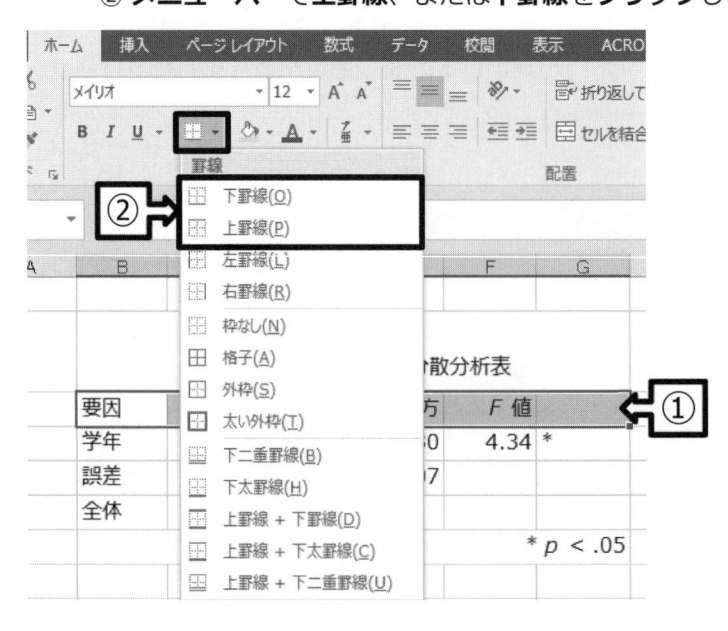

列の幅を調整し、文字・数字が途切れないようにします。

手順5 ▶ 列の**境界を左右にドラッグ**し、文字の長さにあわせて**幅を調整**します。

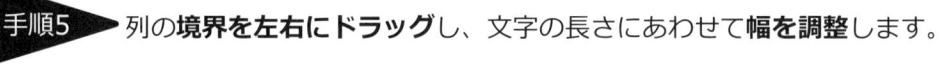

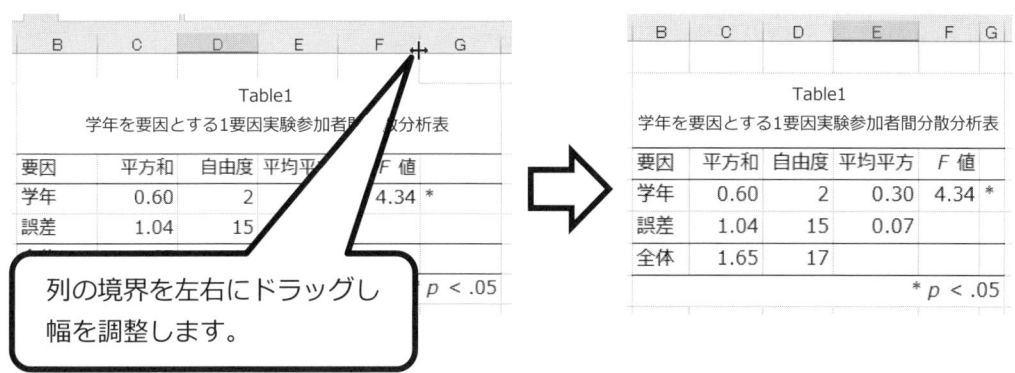

列の境界を左右にドラッグし
幅を調整します。

行の幅を調整し、**タイトル**と**表本体**を少し離します。

手順6 ▶ 行の境界をドラッグし、タイトル行の**高さを調整**します。

Table1 学年を要因とする1要因実験参加者間分散分析表					
要因	平方和	自由度	平均平方	F値	
学年	0.60	2	0.30	4.34	*
誤差	1.04	15	0.07		
全体	1.65	17			
				* $p < .05$	

丸で囲った辺りにマウスを移動させてポインタの形が変わったら行の高さを高くしたり、低くしたりして調節するよ！

※　タイトルを表本体と少し離すと見やすくなります！

Wordに貼り付けたときに、**Excel自体の罫線（灰色の薄い線）を表示しないように
する**ために、**セルの背景**を**白く塗りつぶし**ます。

 ① **分散分析表のセル全体を選択**します。
② **メニューバー**で [**塗りつぶし**] の [**白**] を**選択**します。

	B	C	D	E	F	G
		Table1				
		学年を要因とする1要因実験参加者間分散分析表				
	要因	平方和	自由度	平均平方	F 値	
	学年	0.60	2	0.30	4.34	*
	誤差	1.04	15	0.07		
	全体	1.65	17			
					* p < .05	

①

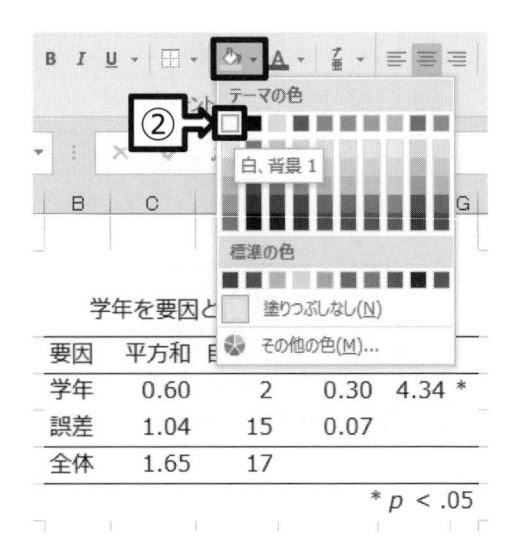

学年を要因と

要因	平方和	自由度	平均平方	F 値	
学年	0.60	2	0.30	4.34	*
誤差	1.04	15	0.07		
全体	1.65	17			

* p < .05

分散分析表の見本

以上の手続きから、次のような分散分析表を完成させましょう。

Table 1

学年を要因とする1要因実験参加者間分散分析表

要因	平方和	自由度	平均平方	F 値
学年	0.60	2	0.30	4.34 *
誤差	1.04	15	0.07	
全体	1.65	17		

* $p < .05$

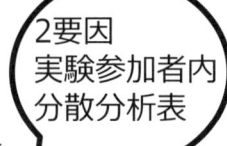

1要因
実験参加者間
分散分析表

なお、**分散分析の種類**（実験参加者間計画か実験参加者内計画か、1要因か2要因か）によって、分散分析表に**示す情報が異なり**ます。下の表はお菓子の種類と飲み物の種類を要因とする2要因実験参加者内分散分析表の例です。

Table 2

お菓子の種類および飲み物の種類を要因とする
軽食の評価値の2要因実験参加者内分散分析表

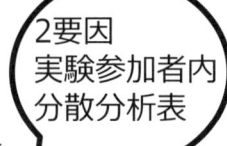

2要因
実験参加者内
分散分析表

要因	平方和	自由度	平均平方	F 値
被験者	1.13	3		
お菓子の種類	0.38	1	0.38	0.16
誤差(お菓子の種類)	7.13	3	2.38	
飲み物の種類	11.58	2	5.79	2.53
誤差(飲み物の種類)	13.75	6	2.29	
お菓子の種類 × 飲み物の種類	36.75	2	18.38	11.92 **
誤差 (お菓子の種類 × 飲み物の種類)	9.25	6	1.54	
全体	79.96	23		

** $p < .01$

※ ここで例示されている以外の分散分析表に必要な情報については
金谷他（2018）を参照してね。

第7章　多重比較表の作り方

7.1 多重比較の結果の表の作り方

論文やレポートなどに多重比較の結果の表を載せる場合は、SPSSで出力された**「ペアごとの比較」の表をそのまま転載するのではなく、水準間の有意差の有無を読み取り、それを該当する箇所に記号で書き入れた表を作成**します。

多重比較の結果を入力するための枠組みを作成します。

手順1　**多重比較の対象となる水準名を入力**します。

※ 縦方向と横方向に同じ水準名を入力します。

自分で
記入表を
作成するよ！

	水準1	水準2	水準3
水準1			
水準2			
水準3			

手順2　**作成した枠組みに多重比較の結果を記号で入力**します。

ペアごとの比較

従属変数 最高血圧

(I) 経過日数	(J) 経過日数	平均値の差 (I-J)	標準誤差	有意確率[a]	95% 平均差信頼区間[a] 下限	上限
0	15	5.667	3.263	.618	-4.241	15.574
	30	11.667*	3.263	.017	1.759	21.574
	45	17.167*	3.263	.001	7.259	27.074
15	0	-5.667	3.263	.618		
	30	6.000	3.263	.515	-3.907	15.907
	45	11.500*	3.263	.018	1.593	21.407
30	0	-11.667*	3.263	.017	-21.574	-1.759
	15	-6.000	3.263	.515	-15.907	3.907
	45	5.500	3.263	.675	-4.407	15.407
45	0	-17.167*	3.263	.001	-27.074	-7.259
	15	-11.500*	3.263	.018	-21.407	-1.593
	30	-5.500	3.263	.675	-15.407	4.407

ここを読み取り、
有意差の有無を記号で
多重比較の表に入力します。

SPSSで出力された**多重比較の結果には、**水準1→水準2、水準2→水準1のように順番も考慮した**全ペアの結果が示されています**。重複するペアの記載を避けるために、表の上側半分か下側半分だけに結果を記号で入力します。

手順3 　該当するセルに、5%水準で有意差があれば「＊」を入力し、1%水準で有意差があれば「＊＊」と入力し、0.1%水準で有意差があれば「＊＊＊」と入力します。また、有意差がない場合には「*ns*」と入力します。

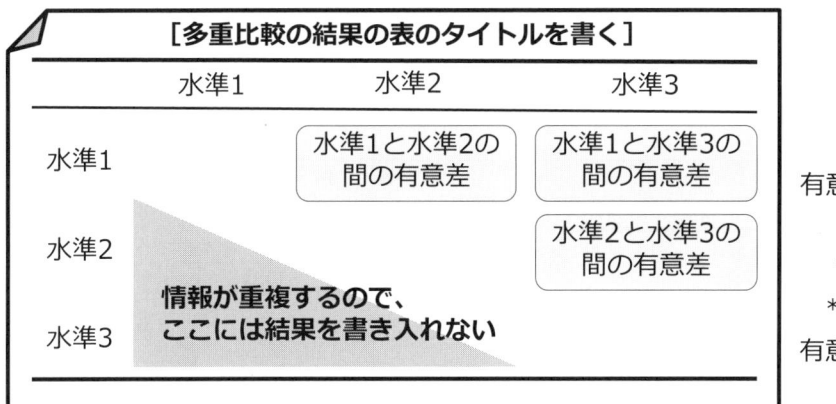

水準1（0日後）について、水準2（15日後）、水準3（30日後）、水準4（45日後）との多重比較の結果を読み取り表の上側半分に記号で入力しました。

	0日後	15日後	30日後	45日後
0日後		*ns*	＊	＊＊
15日後				
30日後				
45日後				

有意差がない場合に入力する*ns*は、統計記号なので斜体にするよ！

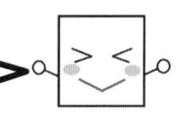

残りの水準間の結果も入力した上で

表の下方に「＊」アスタリスクや「ns」の記号の意味を示します。

手順4　下に示した多重比較の結果の表のように、**表の下方に「＊」や「ns」の記号の意味を示し**ます。

下の例のように仕上げられたかな？

例：多重比較の結果の表

Table 3

経過日数間の多重比較の結果

	0日後	15日後	30日後	45日後
0日後		*ns*	*	**
15日後			*ns*	*
30日後				*ns*
45日後				

＊ ： 5%水準で有意差あり　＊＊ ： 1%水準で有意差あり

ns ： 有意差なし

罫線の引き方や背景の塗りつぶしなどは5.1節の手順13から手順14（pp.142〜143）、手順18から手順19（p.146）を参照します。

有意差がない場合に入力する*ns*は、not significantの略だよ！

Wordへのグラフや表の貼り付け方

Excelで作成したグラフや表を Word ファイルに貼り付ける方法を説明します。

グラフを貼り付ける方法には**複数のやり方**があります。

1. **「オブジェクト」**として貼り付ける方法

   Word 上でグラフや表の編集が可能なオブジェクトとして貼り付けます。
   編集可能である反面、グラフや表のレイアウトが崩れてしまう可能性があります。

2. **「図」**として貼り付ける方法

   グラフや表を、JPEG形式やPNG形式などの画像として貼り付けます。Word 上で
   グラフの編集はできません。しかし、グラフや表のレイアウトが崩れることは
   ありません。

   オススメはこれだよ！

3. **「元のグラフや表とリンクしたオブジェクト」**として貼り付ける方法

   Excel 上のグラフや表とリンクしたオブジェクトとして貼り付けます。
   Excel 上でグラフや表の内容を変更すると、その変更が Word 上のグラフや表にも
   反映されます。

   次のページから、グラフや表を上記2の「図」として
   Wordに貼り付ける方法について説明するよ！

8.1 グラフをWord に貼り付ける

Excel で作成したグラフを「図（PNG形式）」として貼り付ける方法を説明します。

手順1 **Excel 上で、Word に貼り付けたいグラフを選択**し、［ホーム］
→［クリップボード］→［コピー］を選択してグラフを**コピー**します。
（キーボード左下の［Ctrl］キーを押しながら［C］キーを押す方法でも可）

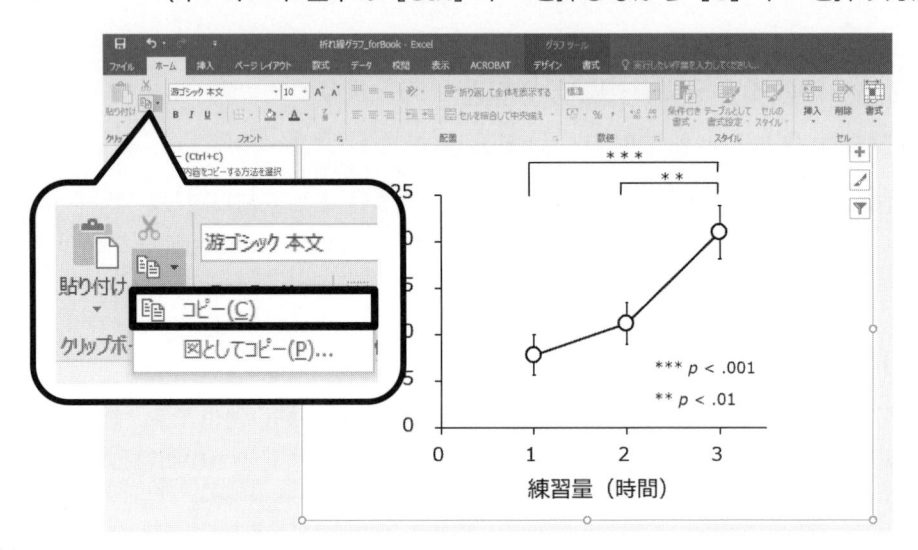

手順2 **Word ファイル上で［ホーム］** →［クリップボード］→**［貼り付け］**
→**［形式を選択して貼り付け］**を**選択**します。

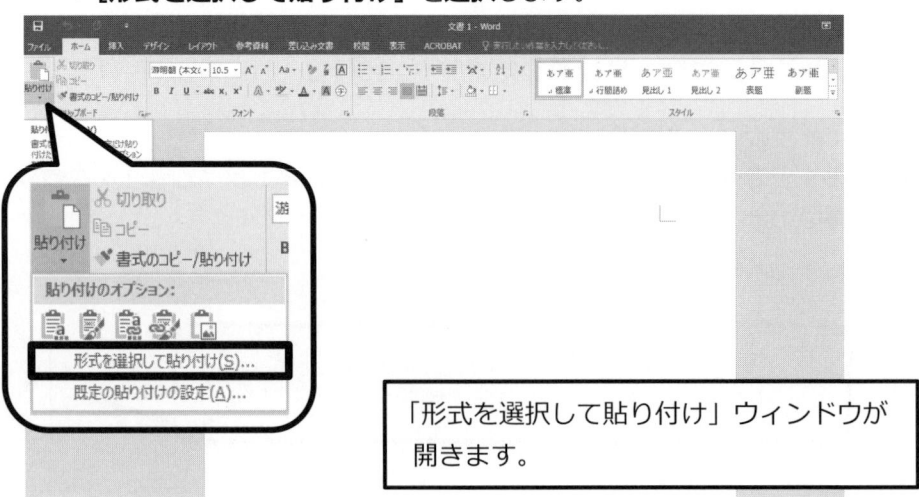

「形式を選択して貼り付け」ウィンドウが
開きます。

手順3　「**形式を選択して貼り付け**」ウィンドウで、**［図（PNG）］を選択**し、
　　　　［OK］ボタンを押します。

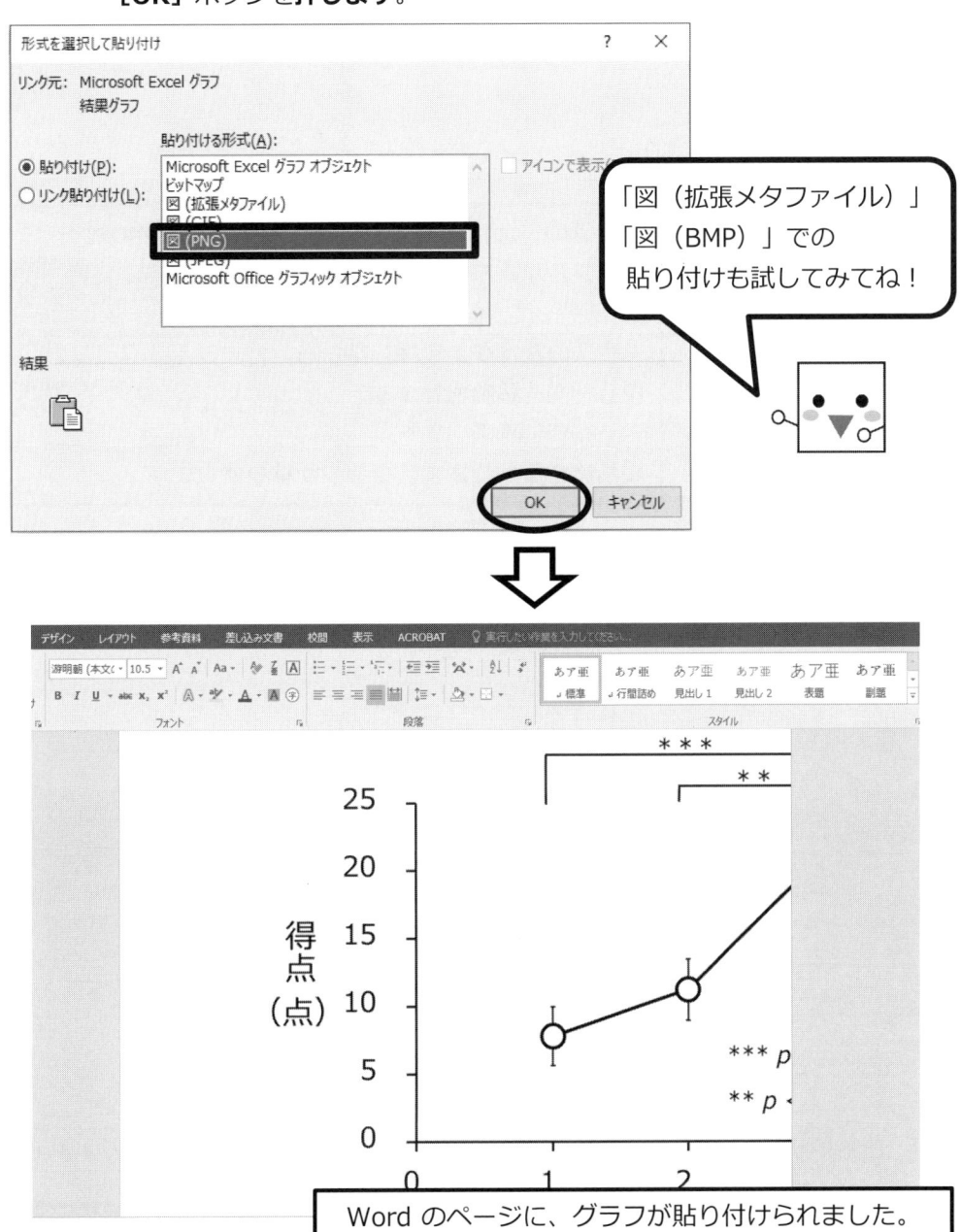

「図（拡張メタファイル）」
「図（BMP）」での
貼り付けも試してみてね！

Wordのページに、グラフが貼り付けられました。

 **Word** に貼り付けたグラフがページ内に収まっていない場合は、
グラフを縮小します。

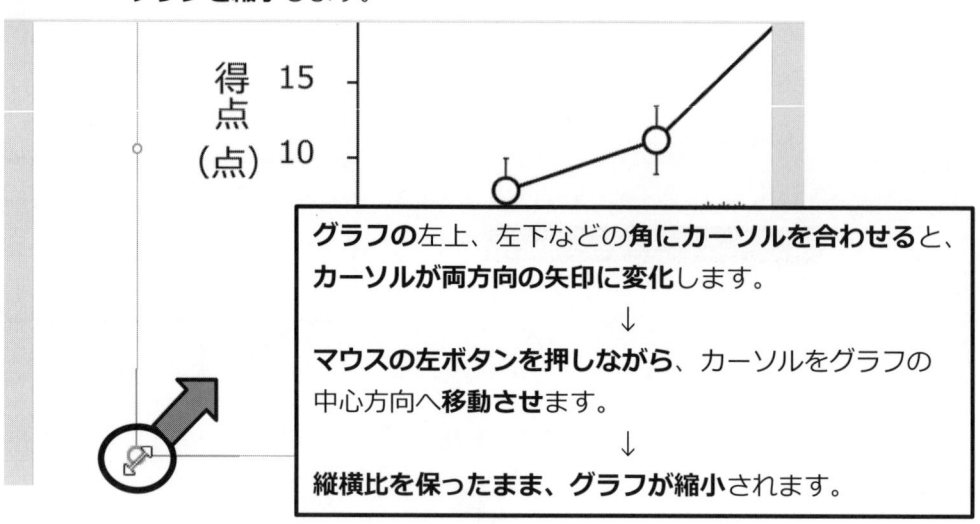

> **グラフの左上、左下などの角にカーソルを合わせる**と、
> **カーソルが両方向の矢印に変化**します。
> ↓
> **マウスの左ボタンを押しながら**、カーソルをグラフの
> 中心方向へ**移動させ**ます。
> ↓
> **縦横比を保ったまま、グラフが縮小**されます。

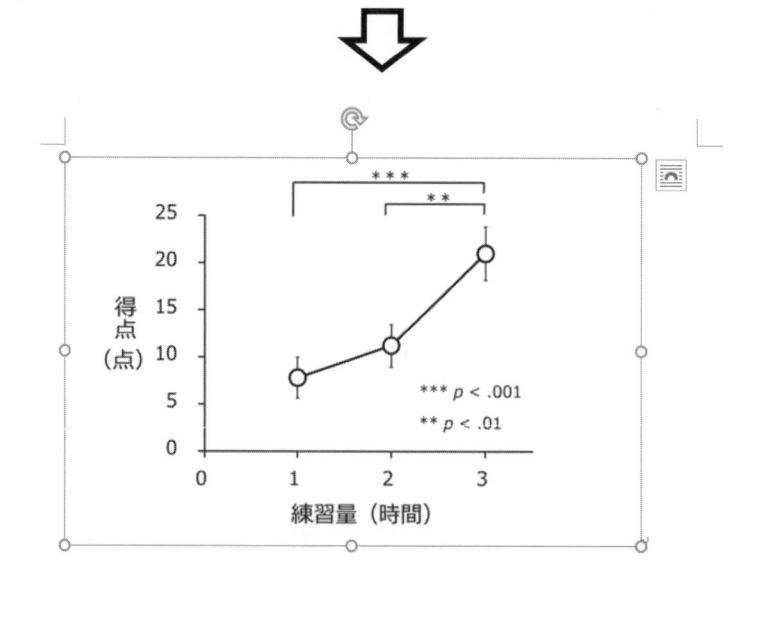

グラフが縮小され、Word のページ内に収まりました。

＜手順4の補足＞

> **グラフの大きさを変える**にはメニューバーから［図ツール］→［書式］
> →［サイズ］で、［高さ］や［幅］に値を入力してもできます。

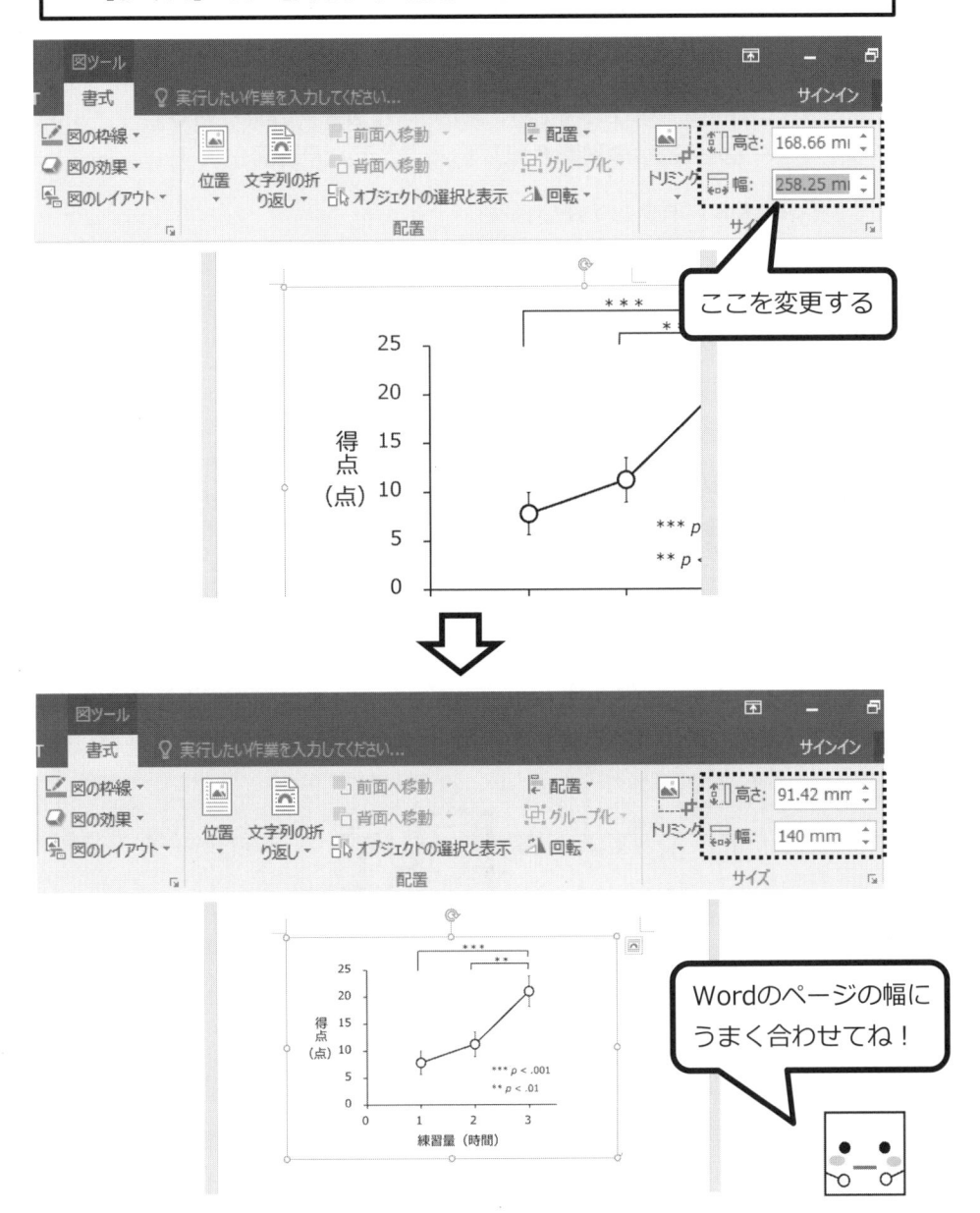

本文の行間に**グラフ**を**配置**します。

① グラフを選択した状態で右クリックし、下から二番目の
［レイアウトの詳細設定］を**選択**します。

　→　「レイアウト」ウィンドウが開きます。

② 「レイアウト」ウィンドウにて、**［文字列の折り返し］**
→**［折り返しの種類と配置］**→**［上下］**を**選択**します。

③ **［OK］ボタン**を**押します。**

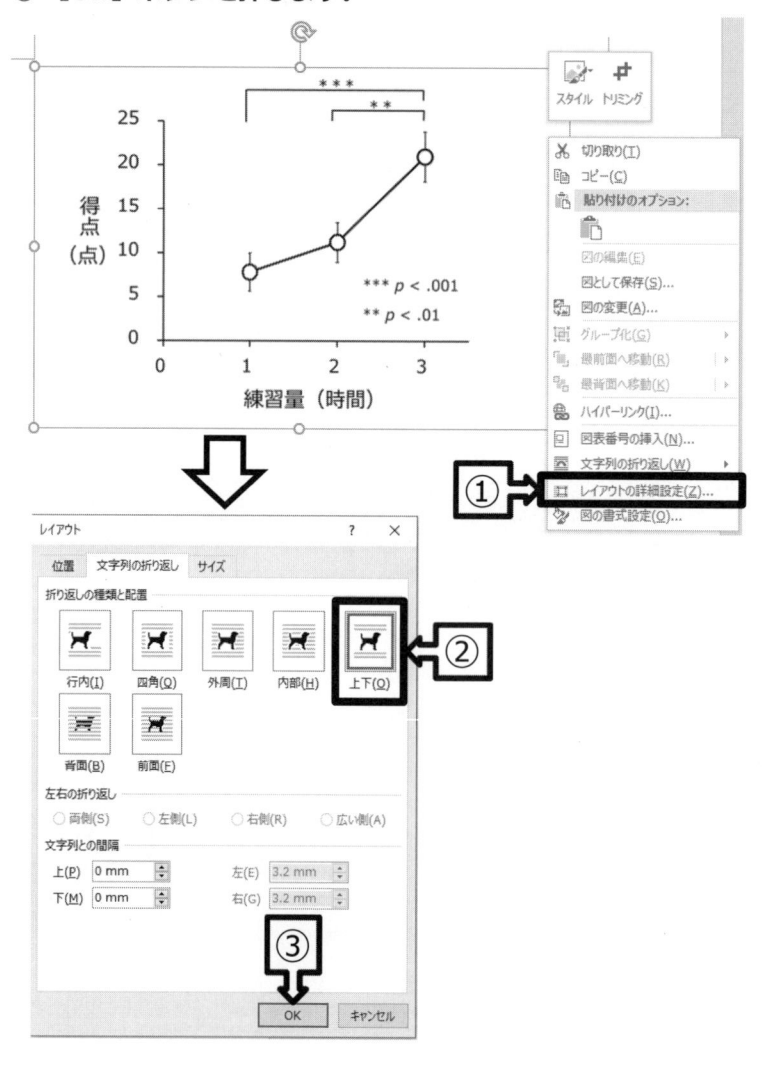

＜手順5の補足＞

グラフをテキストの上下に配置するには、以下のAまたはBの操作でもOKだよ！

A. グラフを選択して右クリックし
［文字列の折り返し］→［上下］を
選択します。

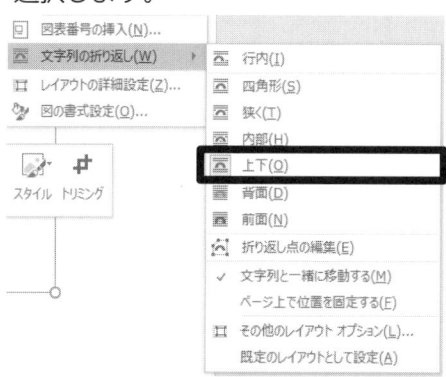

or

B. グラフを選択して、
メニューバーの［図ツール］→
［書式］→［文字列の折り返し］
→［上下］を選択します。

8.2 グラフの一部を除去する（トリミング）

グラフの右側の余白部分を、トリミング操作によって切り取って除去する方法を説明します。

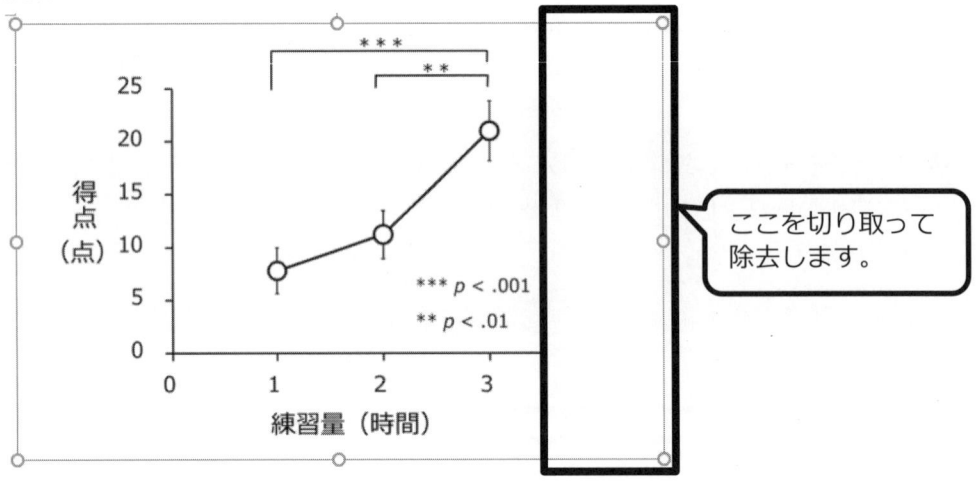

ここを切り取って除去します。

手順1　以下の2種類の操作のいずれかによって、**グラフ画像**の**トリミング**を**開始**します。

A. グラフを選択して**右クリック**し、上の枠中の［**トリミング**］を**選択**します。

or

B. グラフを選択して**メニューバー**の［**図ツール**］→［**書式**］→［**トリミング**］を**選択**します。

＜手順1の続き＞

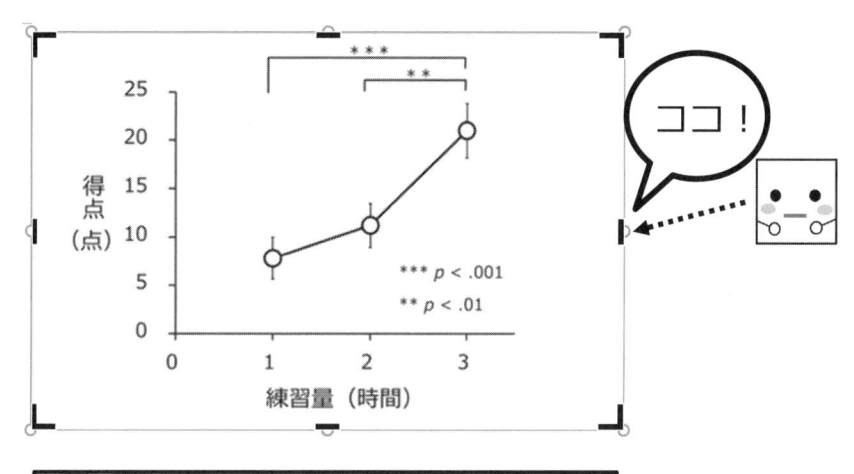

画像の境界の8ヵ所に黒線が出現します。

⬇

手順2　**グラフ右側の黒線**にマウスのカーソルを合わせ、**マウスの左ボタンを押しながら**、カーソルを**左方向へ移動**させます。

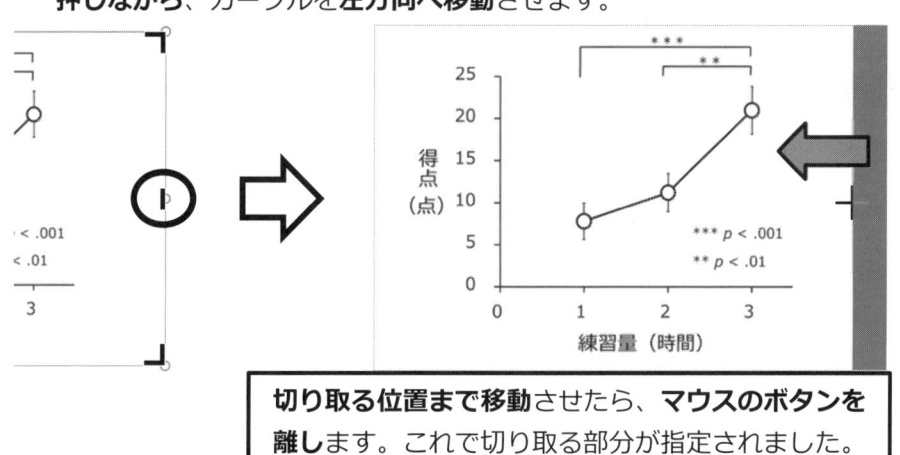

切り取る位置まで移動させたら、**マウスのボタンを離し**ます。これで切り取る部分が指定されました。

▶ 手順3　キーボードの左上の［Esc］キーを押すと、**指定した部分が切り取られ**ます。

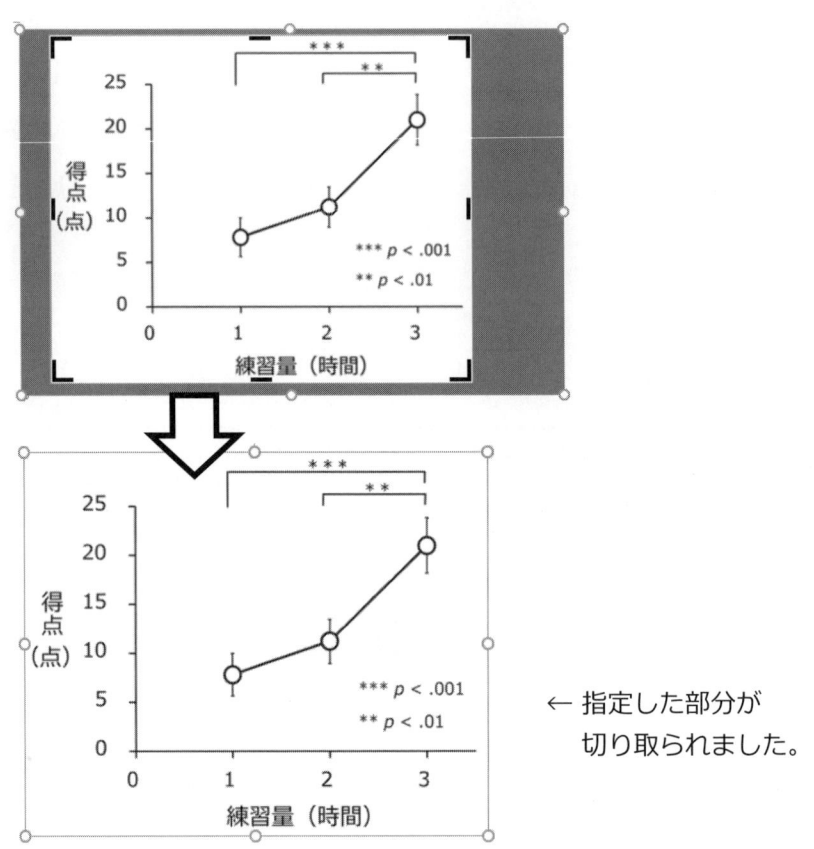

← 指定した部分が
　切り取られました。

▶ 手順4　**トリミングが終わったグラフ**を、ページの中央など**適切な位置に配置**します。

← メニューバーから［配置］を選択して
　位置を揃えると便利です。

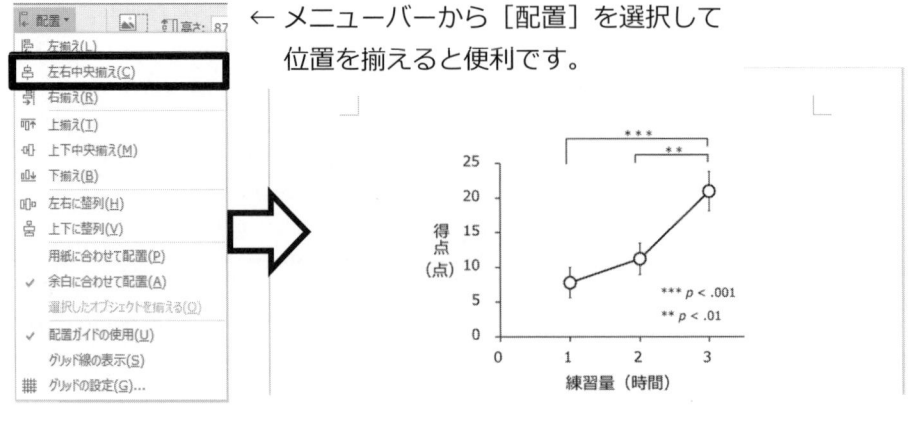

8.3　グラフのタイトルと説明を追加する

グラフの下に**テキストボックスを作成**し、**グラフのタイトル**と、
グラフ中の記号（エラーバーなど）の説明を**追加**します。

手順1　**メニューバー**から、**［挿入］**→［テキスト］→**［テキストボックス］**→
［横書きテキスト ボックスの描画］を**選択**します。

マウスの左ボタンを押しながら、グラフの下の**適切な範囲を選択**します。
ボタンを離すと、横書きのテキストボックスが出現します。

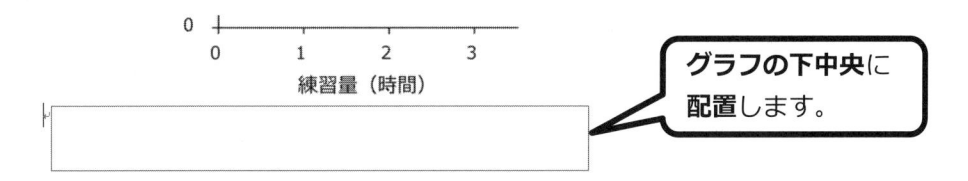

グラフの下中央に
配置します。

テキストボックスに**グラフのタイトル**を**書き入れ**ます。

手順2 **文頭に**［**Figure xx.**］（ xx の部分にはレポート中の**図の通し番号**を入れます）と書き、そのまま**改行せずに**、グラフの**タイトル**を記入します。
この例は「平均値」を示したグラフなので、**タイトルを「○○の平均値」**もしくは**「平均○○」**とします。

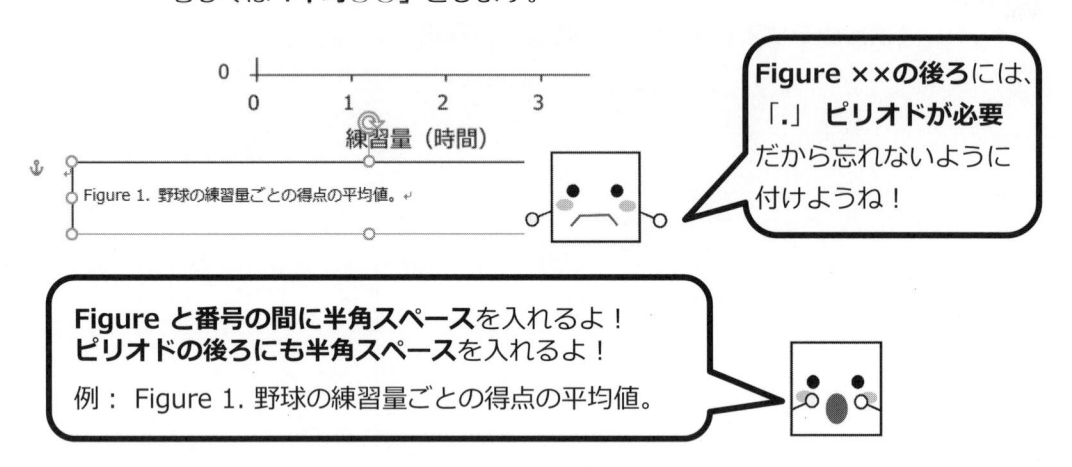

Figure ××の後ろには、「**.**」**ピリオドが必要**だから忘れないように付けようね！

Figure と番号の間に半角スペースを入れるよ！
ピリオドの後ろにも半角スペースを入れるよ！

例： Figure 1. 野球の練習量ごとの得点の平均値。

タイトルの下に、グラフ中の**記号（エラーバーなど）の説明を追加**します。

手順3 この例ではエラーバーが標準偏差を示しているので、その旨を記述します。

※ テキストボックスの**行間が広すぎる**場合は、**記入したタイトルを全て選択**して、
右クリックをして［**段落**］を選択してウィンドウを開き、
［**行間**］を**固定値**にした上で、［**間隔**］を適当に調整します。

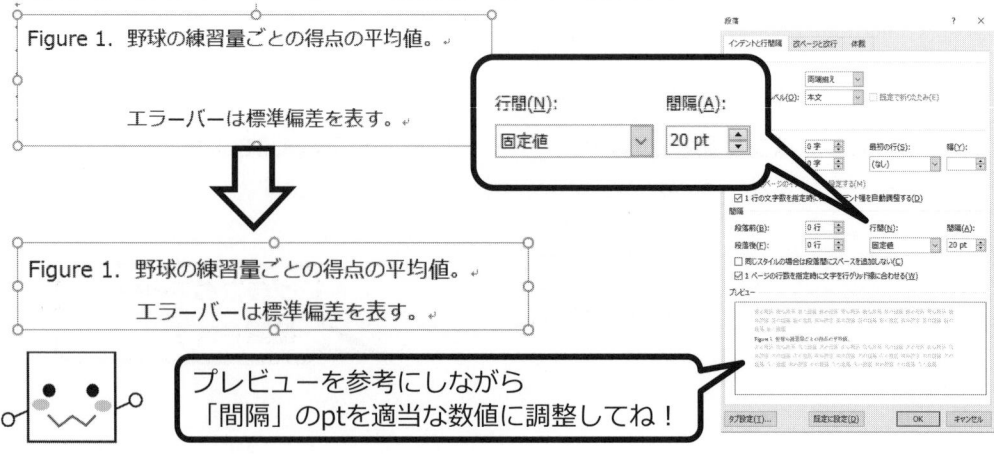

プレビューを参考にしながら
「間隔」のptを適当な数値に調整してね！

手順4　**テキストボックス内の1行目のテキストのみ**を**中央揃え**にします。

Figure 1. 野球の練習量ごとの得点の平均値。
エラーバーは標準偏差を表す。

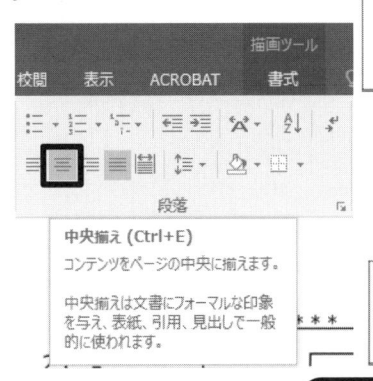

2行目の左端にスペースを挿入し、1行目と2行目の
開始点を揃えます。

Figure 1. 野球の練習量ごとの得点の平均値。
　　　　　エラーバーは標準偏差を表す。

テキストボックスの大きさを変更すると
文字の位置を微調整できるよ！

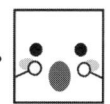

手順5　テキストボックスを本文の行間に**配置**します。

行間の配置方法は
pp.178〜179で示した方法と
同じだよ。

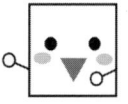

手順6 テキストボックスを**ページの中央に配置**します。

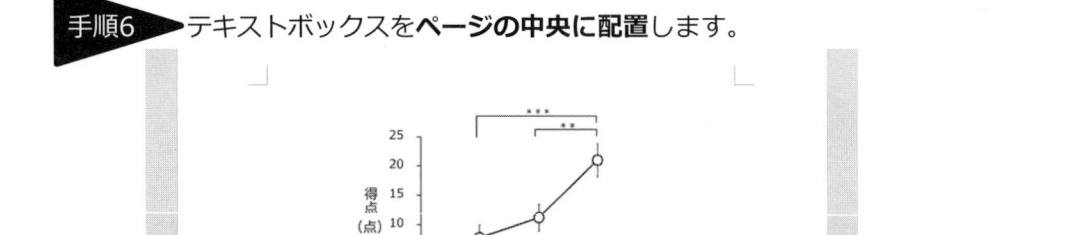

Figure 1. 野球の練習量ごとの得点の平均値。
エラーバーは標準偏差を表す。

> **テキストボックスを選択**して、**メニューバー**から［描画ツール］→ ［書式］→
> ［**配置**］→ ［オブジェクトの配置］から［**左右中央揃え**］をすると便利だよ。

手順7 **テキストボックスに外枠が付いている場合**は、**枠線を消します**。

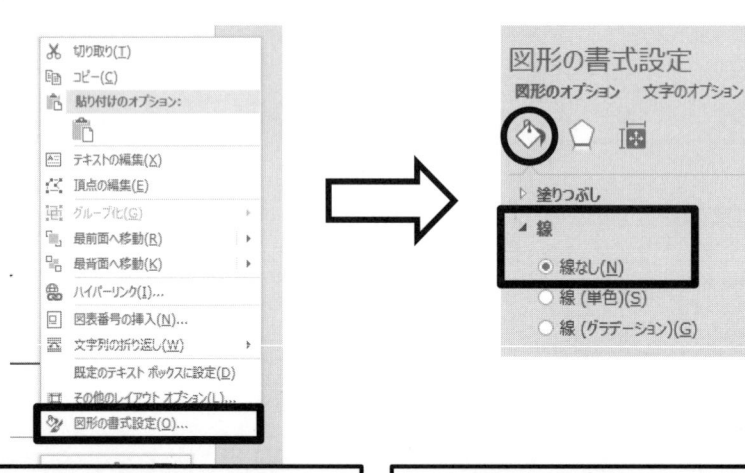

グラフタイトルを選択した状態で
右クリックし、一番下の
［図形の書式設定］を**選択**します。
↓
「図形の書式設定」が開きます。

「図形の書式設定」の**メニューアイコンの
一番左**［塗りつぶしと線］→［線］→
［**線なし**］に**チェック**を入れます。
↓
テキストボックスの枠線が消えます。

グラフとテキストボックスを**グループ化**します。

**Shiftキーを押しながらグラフとテキストボックスそれぞれをクリック**して**両方を選択した状態**で、**右クリック**して［**グループ化**］を**選択**します。

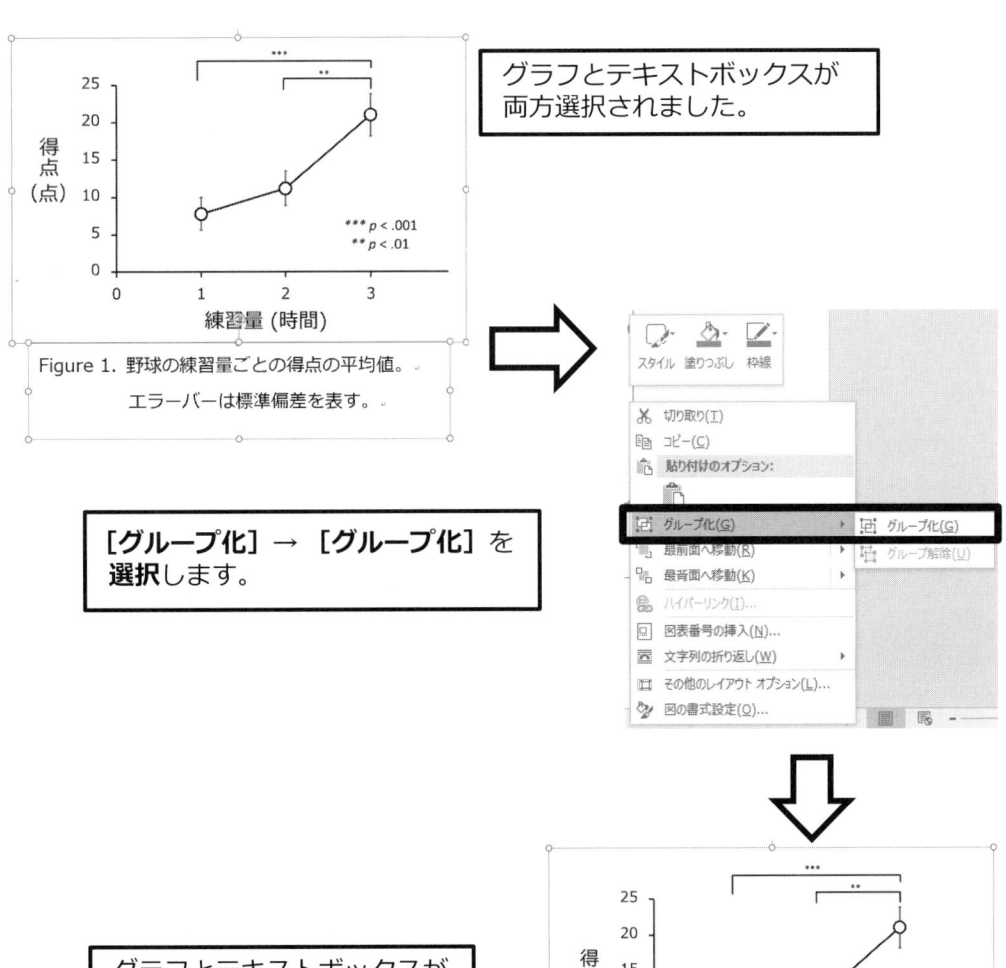

グラフとテキストボックスが
両方選択されました。

［**グループ化**］ → ［**グループ化**］を
選択します。

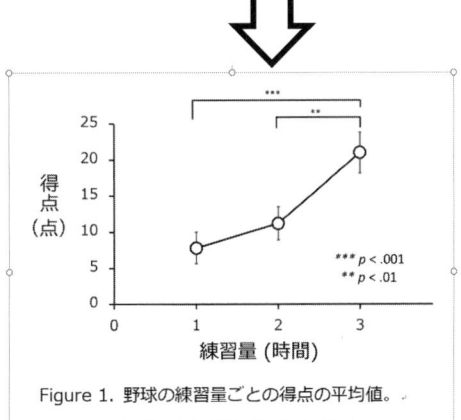

グラフとテキストボックスが
グループ化されました。

Figure 1. 野球の練習量ごとの得点の平均値。
エラーバーは標準偏差を表す。

完成見本

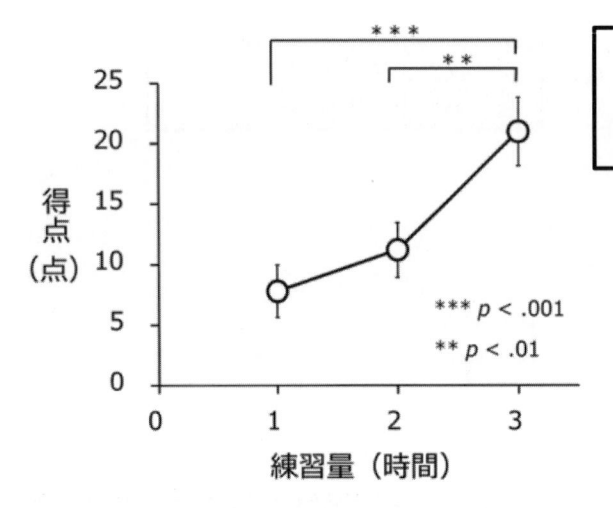

Word のページ内で、グラフの
タイトルと説明がこのように
配置されていればよいでしょう。

*** $p < .001$

** $p < .01$

Figure 1. 野球の練習量ごとの得点の平均値。
エラーバーは標準偏差を表す。

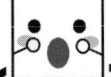 チェック

☐ グラフの軸名の文字サイズが**本文とほぼ同じ**になるようにグラフ**の大きさを調整**しよう。

☐ **本文とグラフの間**には、**1から2行は行間**を空けよう（次ページを参照）。

【参考】Word のページ内でのグラフの配置の注意点

グラフやタイトルを**本文と離して配置**し、見やすくする必要があります。

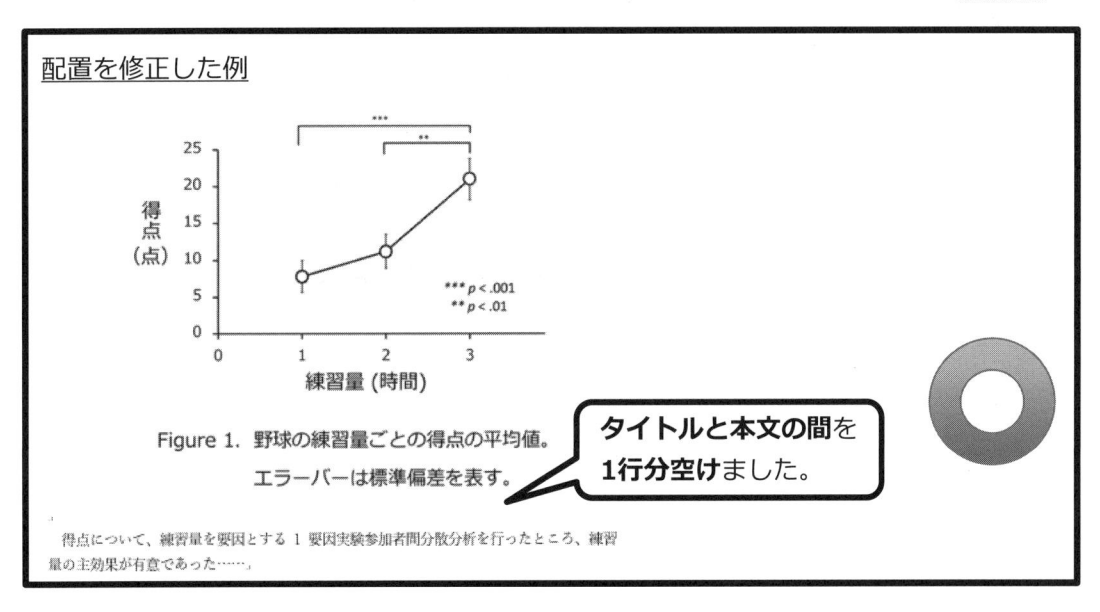

配置を修正した例

Figure 1. 野球の練習量ごとの得点の平均値。エラーバーは標準偏差を表す。

タイトルと本文の間を**1行分空け**ました。

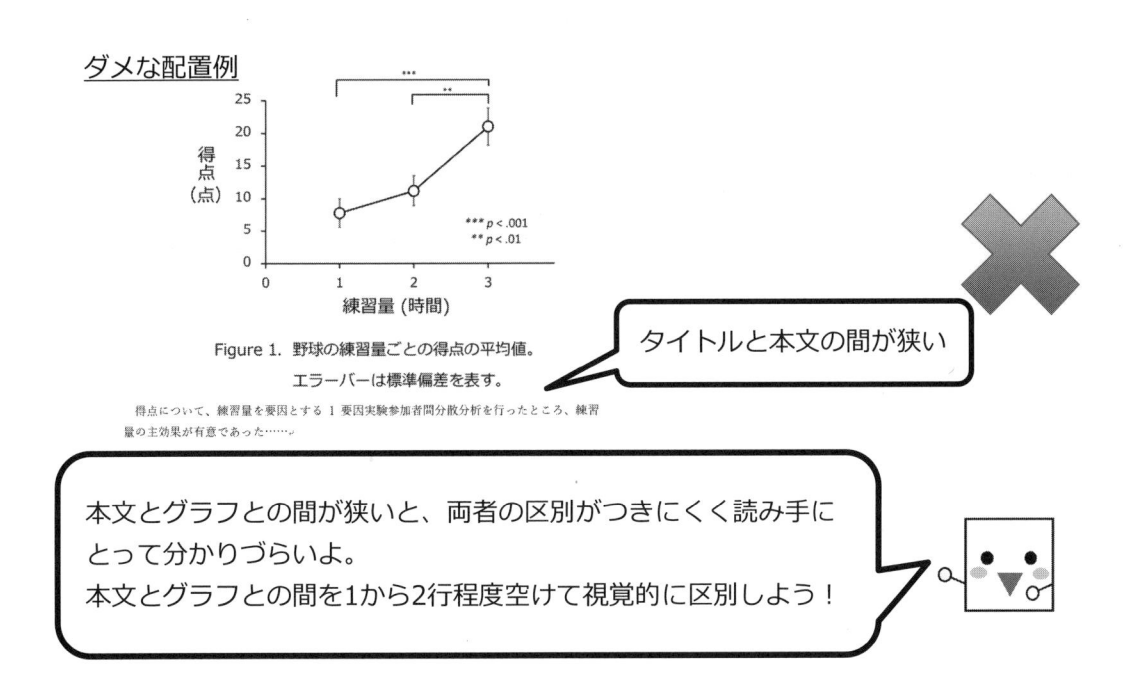

ダメな配置例

Figure 1. 野球の練習量ごとの得点の平均値。エラーバーは標準偏差を表す。

タイトルと本文の間が狭い

本文とグラフとの間が狭いと、両者の区別がつきにくく読み手にとって分かりづらいよ。
本文とグラフとの間を1から2行程度空けて視覚的に区別しよう！

8.4 表をWordに貼り付ける

手順1 **Excel 上で、表全体を選択し、右クリックをして［コピー］を**
選択して表をコピーします。
（キーボード左下の **［Ctrl］キーを押しながら［C］キーを押す方法でも可**）

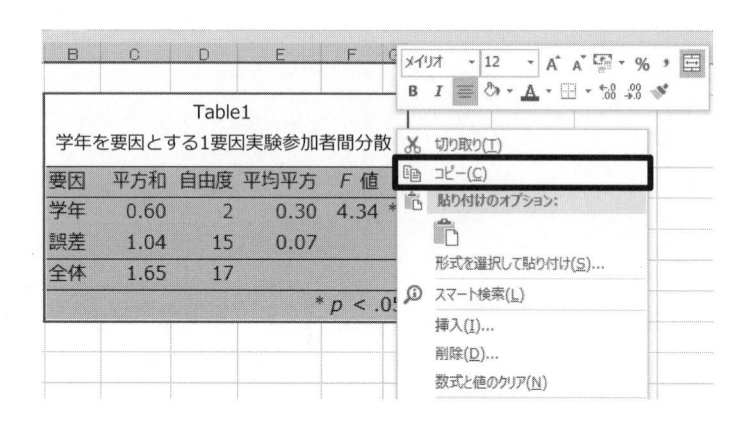

手順2 **Word ファイル上で［ホーム］→［クリップボード］→［貼り付け］→**
［形式を選択して貼り付け］を選択します。

貼り付けたい形式を選択します。

 **「形式を選択して貼り付け」ウィンドウから**
貼り付けたい形式を選択します。

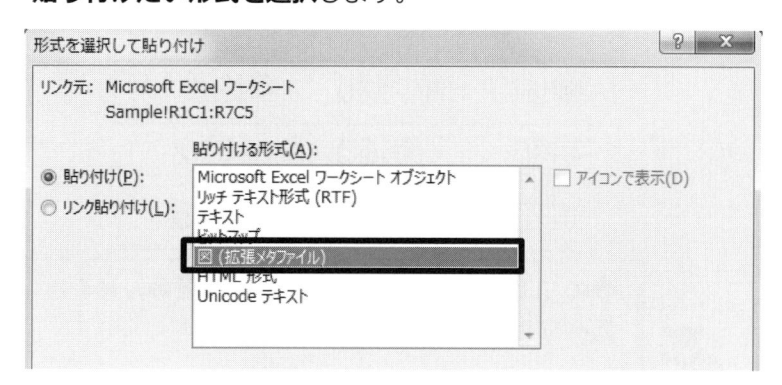

［**図（拡張メタファイル）**］と
して貼り付けると、**不要な線が**
出ないのでオススメだよ！

例：Excelで作成した表をWordに貼り付けた様子

Table 1

学年を要因とする1要因実験参加者間分散分析表

要因	平方和	自由度	平均平方	F 値
学年	0.60	2	0.30	4.34 *
誤差	1.04	15	0.07	
全体	1.65	17		

$* p < .05$

このように貼り付けられました。

手順4 ▶ **Word に貼り付けた表のサイズを変更**します。

・表を縮小する場合

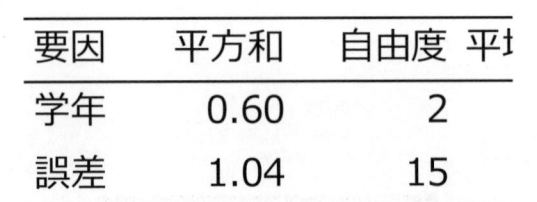

要因	平方和	自由度	平均
学年	0.60	2	
誤差	1.04	15	

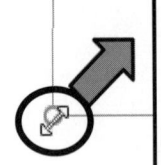

表の左上、左下などの**角にカーソルを合わせる**と、**カーソルが両方向の矢印に変化**します。

↓

マウスの左ボタンを押しながら、カーソルを表の中心方向へ**移動させ**ます。

↓

縦横比を保ったまま、表が縮小されます。

表が縮小されました。

Table 1

学年を要因とする1要因実験参加者間分散分析表

要因	平方和	自由度	平均平方	*F* 値
学年	0.60	2	0.30	4.34 *
誤差	1.04	15	0.07	
全体	1.65	17		

* $p < .05$

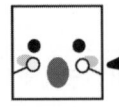

表の文字の大きさが本文の文字の大きさとほぼ同じになるように表のサイズを調整するとよいよ！

・<u>表を拡大する場合</u>

要因	平方和	自由度	平t
学年	0.60	2	
誤差	1.04	15	

> 表の左上、左下などの**角にカーソルを合わせる**と、**カーソルが両方向の矢印に変化**します。
> ↓
> **マウスの左ボタンを押しながら**、カーソルを表の外側方向へ**移動させ**ます。
> ↓
> **縦横比を保ったまま、表が拡大**されます。

表が拡大されました。

Table 1

学年を要因とする1要因実験参加者間分散分析表

要因	平方和	自由度	平均平方	F 値	
学年	0.60	2	0.30	4.34	*
誤差	1.04	15	0.07		
全体	1.65	17			

$* \ p \ < \ .05$

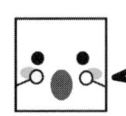

表の文字の大きさが本文の文字の大きさとほぼ同じになるように表のサイズを調整するとよいよ！

【参考】Word のページ内での表の配置の注意点

表やタイトルを**本文と離して配置し**、見やすくする必要があります。

<u>配置を修正した例</u>

　視力について、学年を要因とする 1 要因実験参加者間分散分析を行った。その結果を Table1 の分散分析表に示す。Table1 に示したとおり、学年の主効果が有意であった［$F(2, 15) = 4.34, p < .05$］。

Table 1

学年を要因とする1要因実験参加者間分散分析表

要因	平方和	自由度	平均平方	F値
学年	0.60	2	0.30	4.34 *
誤差	1.04	15	0.07	
全体	1.65	17		

*p < .05

> **タイトルと本文の間を1行分空け**ました。

> **表と本文の間を1行分空け**ました。

　次に、どの学年間に差があるかどうかを調べるために多重比較（Bonferroni の方法）を行った。その結果、1 年生と 3 年生の視力の間に統計的有意差が認められた（$p < .05$）。

<u>ダメな配置例</u>

　視力について、学年を要因とする 1 要因実験参加者間分散分析を行った。その結果を Table1 の分散分析表に示す。Table1 に示したとおり、学年の主効果が有意であった［$F(2, 15) = 4.34, p < .05$］。

Table 1

学年を要因とする1要因実験参加者間分散分析表

要因	平方和	自由度	平均平方	F値
学年	0.60	2	0.30	4.34 *
誤差	1.04	15	0.07	
全体	1.65	17		

*p < .05

> **タイトルと本文の間が狭い**

> **表と本文の間が狭い**

　次に、どの学年間に差があるかどうかを調べるために多重比較（Bonferroni の方法）を行った。その結果、1 年生と 3 年生の視力の間に統計的有意差が認められた（$p < .05$）。

> 本文と表との間が狭いと、両者の区別がつきにくく読み手にとって分かりづらいよ。
> 本文と表との間を1から2行程度空けて視覚的に区別しよう！

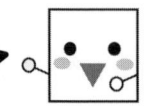

付録　ヤードスティックの作り方

正規化順位法や**一対比較法などの結果**を表示する際に用いられる
ヤードスティックの作り方を以下に説明します。

例題

握りやすいコップの形状を調べるために一対比較法を用いて実験をした。
分析の結果、以下のTable 9.1に示す尺度値が得られた。

Table 9.1
一対比較による刺激別の尺度値

刺激名	尺度値
A	1.34
B	0.13
C	-0.54
D	-0.11

付録1.1 ヤードスティックの作成に必要な枠組みを作成する

前ページの Table 9.1 のデータを、以下に示すように**Excel**のワークシートに**入力**します。

 Excelのワークシートに**刺激名**、**尺度値**および**ダミー変数の値**を入力します。

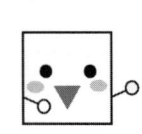

刺激名	A	B	C	D
尺度値	1.34	0.13	-0.54	-0.11
ダミー	0	0	0	0

ダミーデータとして**すべての刺激の尺度値の下の行に「0」を入力**する。

※ 尺度値の計算方法は、他の専門書などを参照してください。

付録1.2 ヤードスティックを作成する

1 以下に示すように、**尺度値とダミーデータのみ**を**選択**します。

刺激名	A	B	C	D
尺度値	1.34	0.13	-0.54	-0.11
ダミー	0	0	0	0

 ① **尺度値のデータ**と**ダミーデータのみ**が**選択された状態**で、
② **メニューバー**から［**挿入**］→［グラフ］→［**散布図**］を**選択**します。

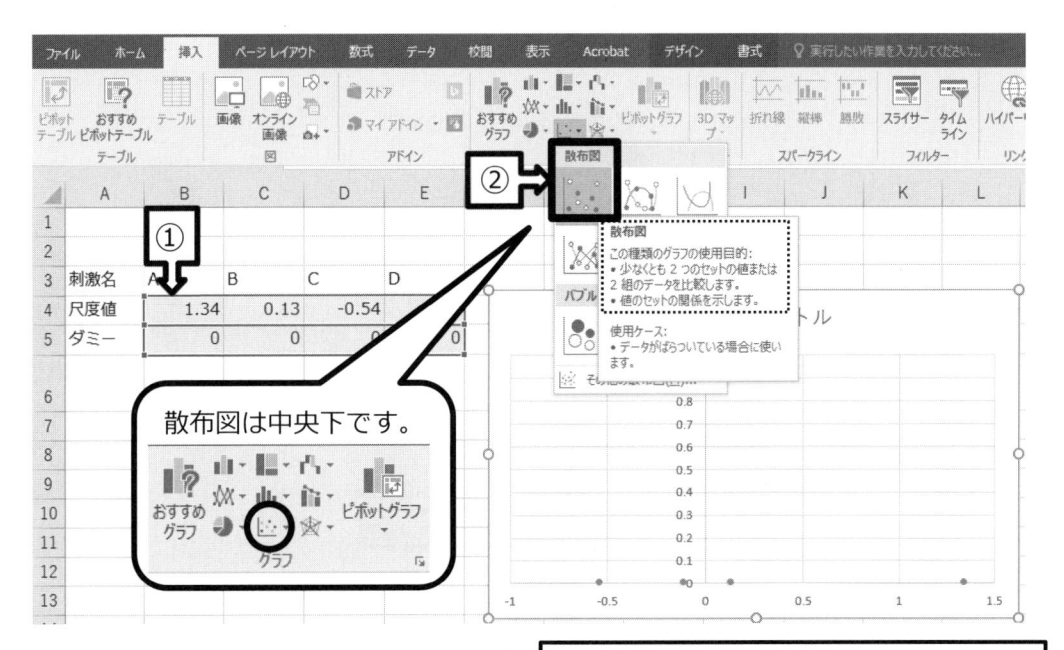

以上の操作を実行すると、同じワークシートに散布図が表示されます。

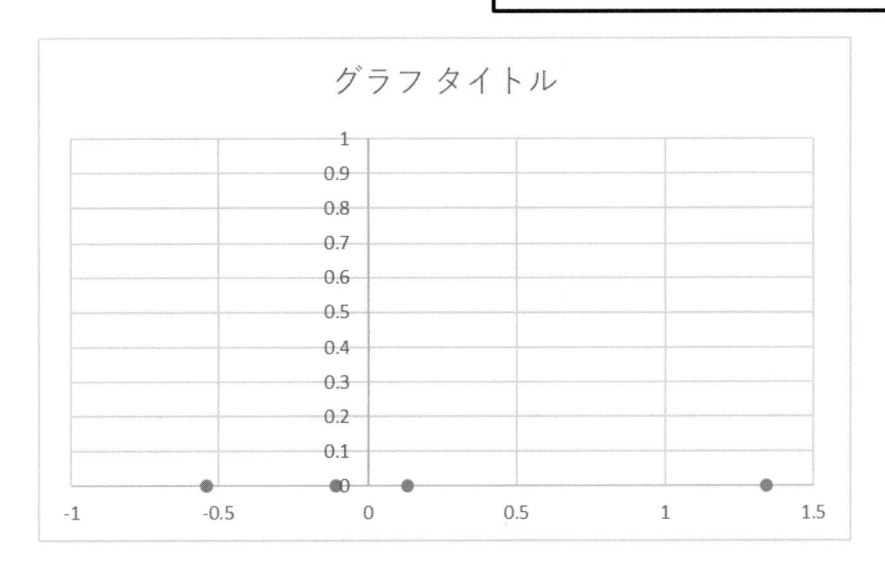

縦軸の設定をします。

 **縦軸の数値部分をクリック**して縦軸が選択された状態で**右クリック**し、一番下の［**軸の書式設定**］を**選択**します。

「軸の書式設定」ウィンドウにある**一番右のアイコン［軸のオプション］**を**選択**します。

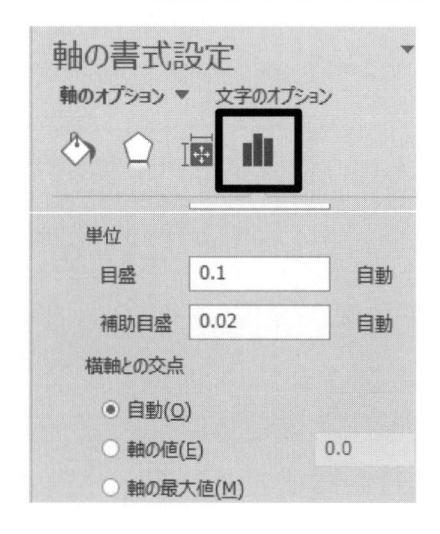

軸のオプションでの設定を以下のように指定します。

① ［**最小値**］＝ 0 、 ［**最大値**］＝ 1 などの値に**設定**します。

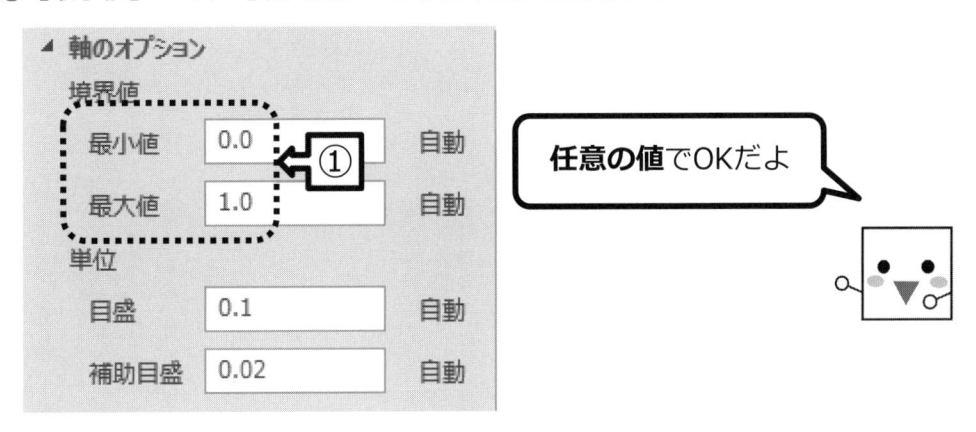

② ［**ラベル**］ → ［**ラベルの位置**］ → ［**なし**］ に**設定**します。

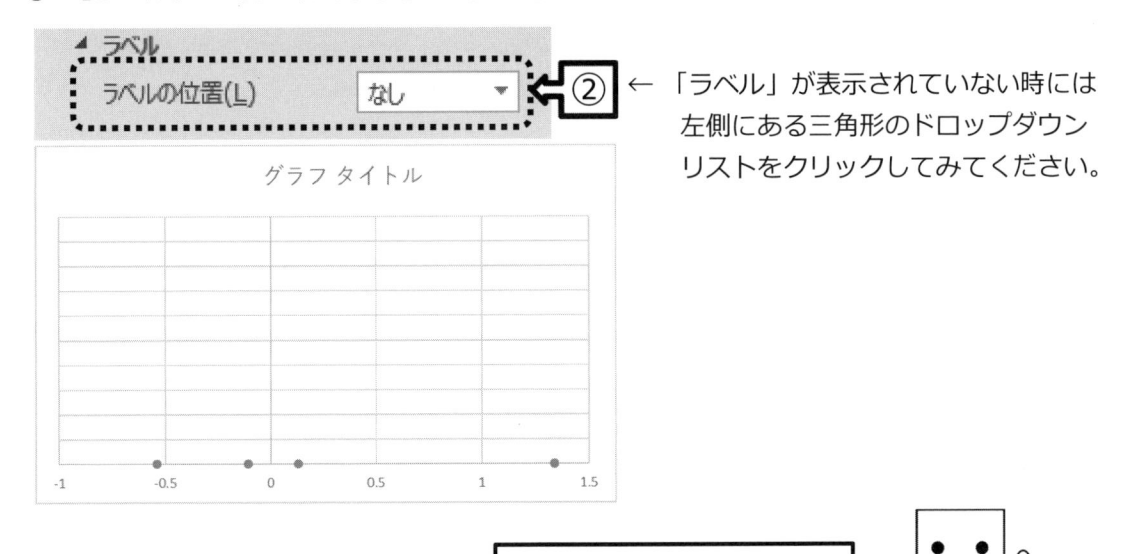

散布図の中の横線および縦線を消去します。

手順4 数本の**横線のうちのいずれか1本をクリック**すると、**すべての横線が選択され**ます。**その状態で右クリック**し、一番上の［**削除**］を**選択**します。

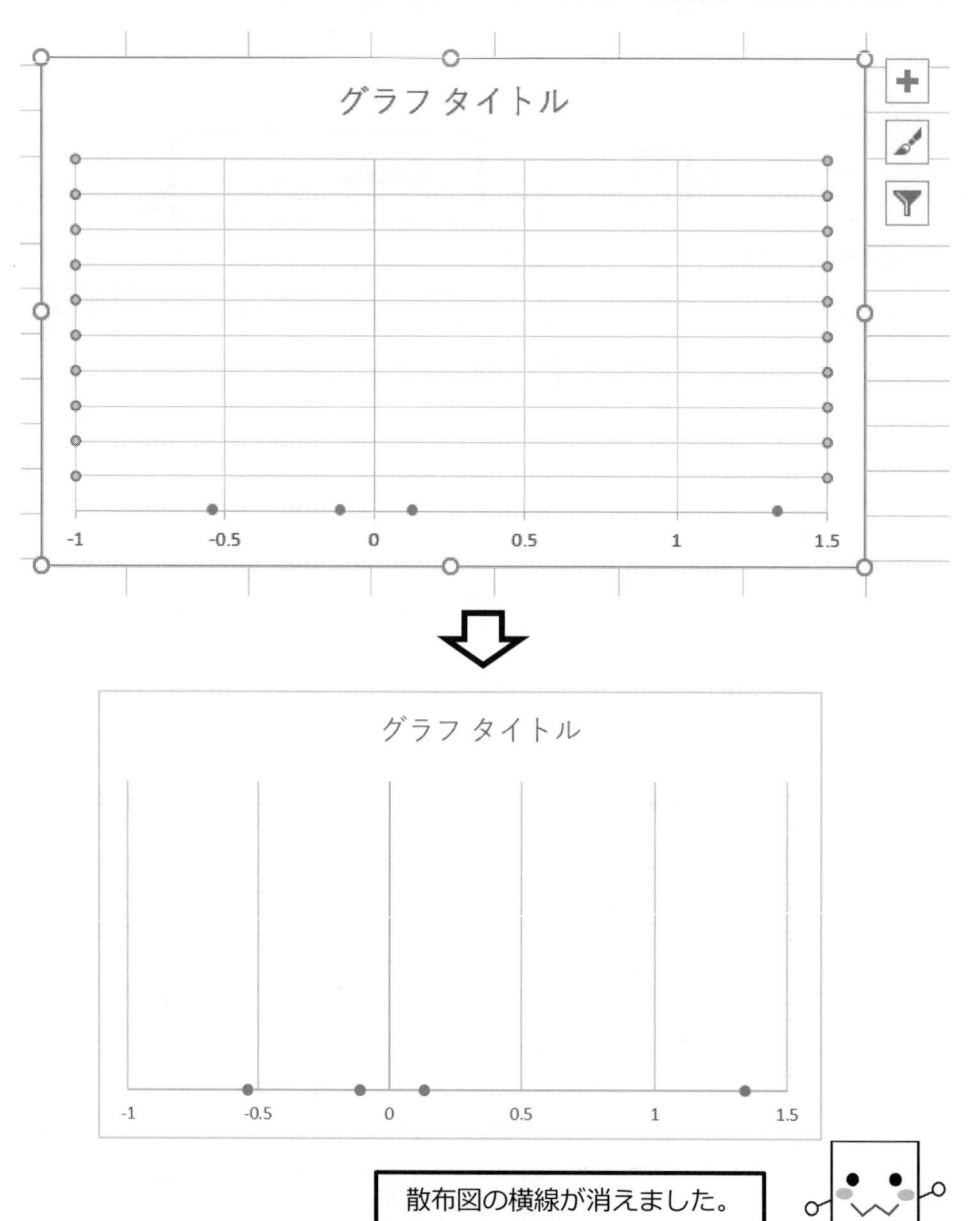

散布図の横線が消えました。

数本の縦線のうちのいずれか1本をクリックすると、**すべての縦線が選択**
されます。**その状態で右クリック**し、一番上の［**削除**］を**選択**します。

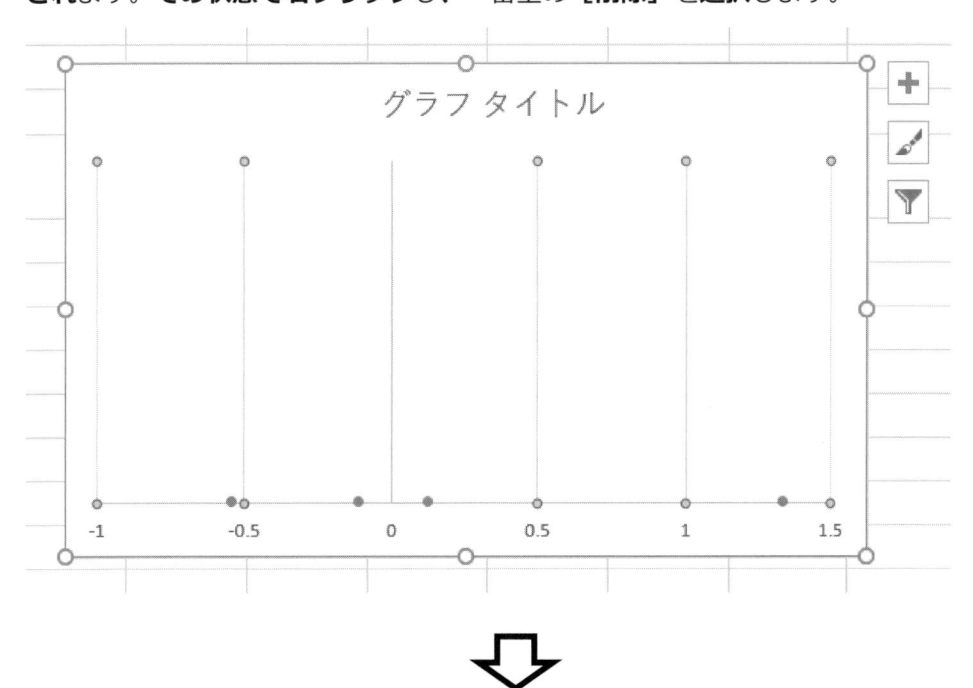

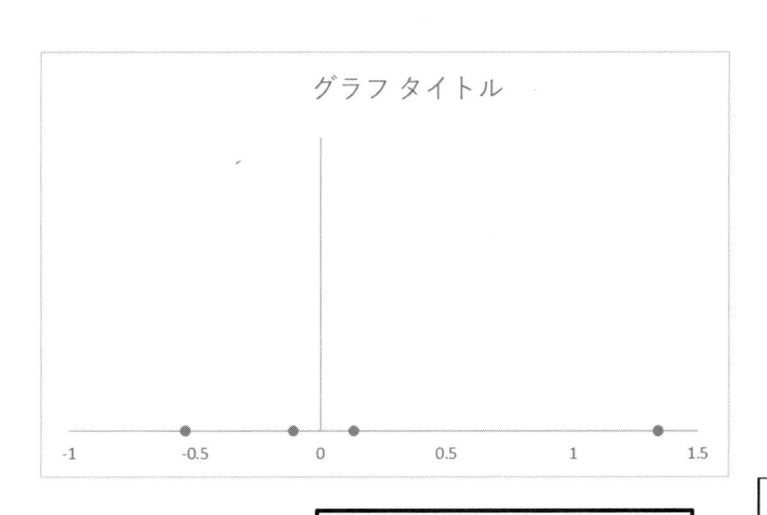

散布図の縦線が消えました。

＜手順４の続き＞

縦軸をクリックして**選択された状態で右クリック**し、一番上の［**削除**］を**選択**します。

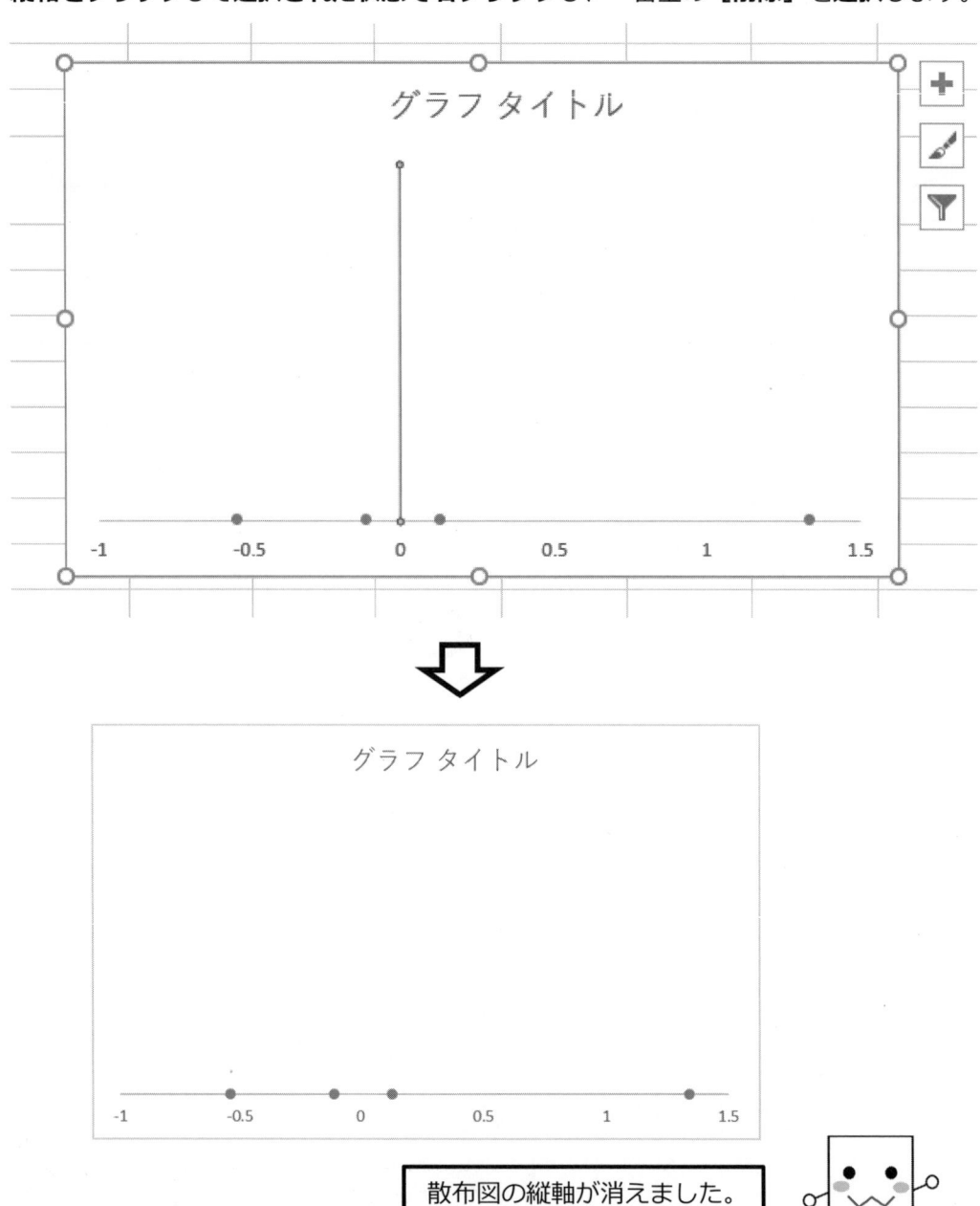

散布図の縦軸が消えました。

散布図内のタイトルを消去します。

手順5　**「グラフ タイトル」をクリック**して**選択された状態で右クリック**し、
一番上の**［削除］**を**選択**します。

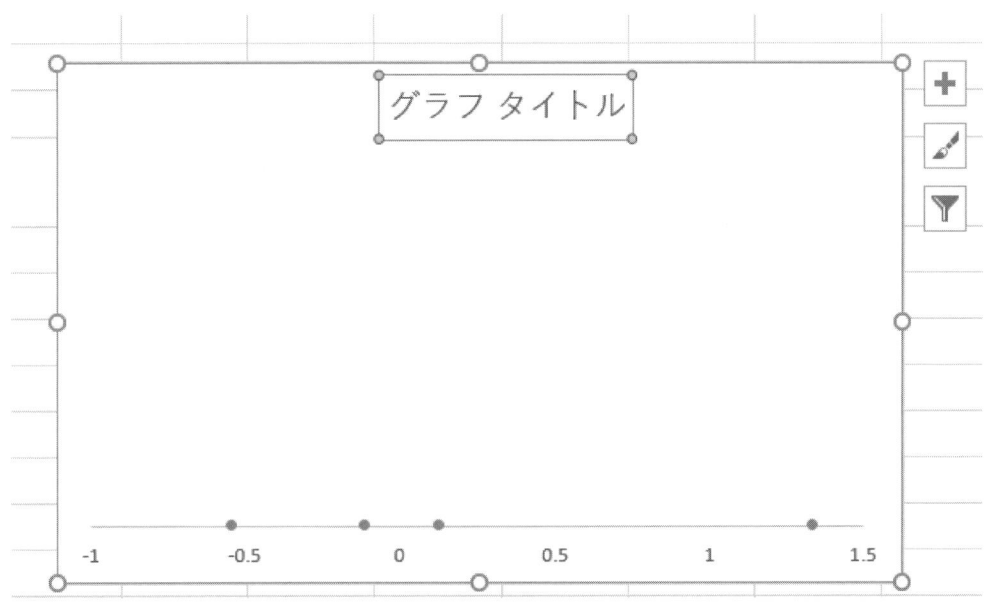

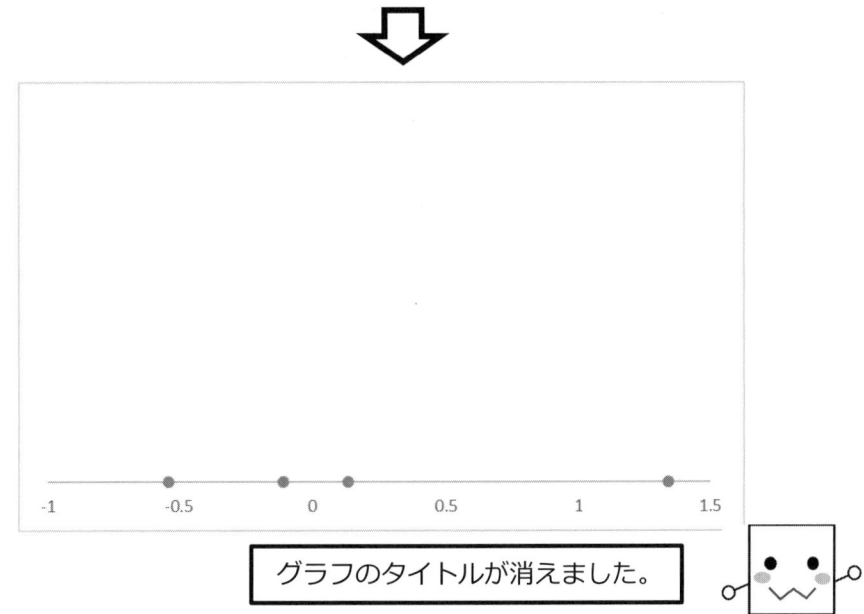

グラフのタイトルが消えました。

グラフエリアの枠を小さくします。

 **散布図が選択された状態で、マウスを上端中央にある白い〇の上に移動させ 形が変わったところでドラッグして下方に移動**します。

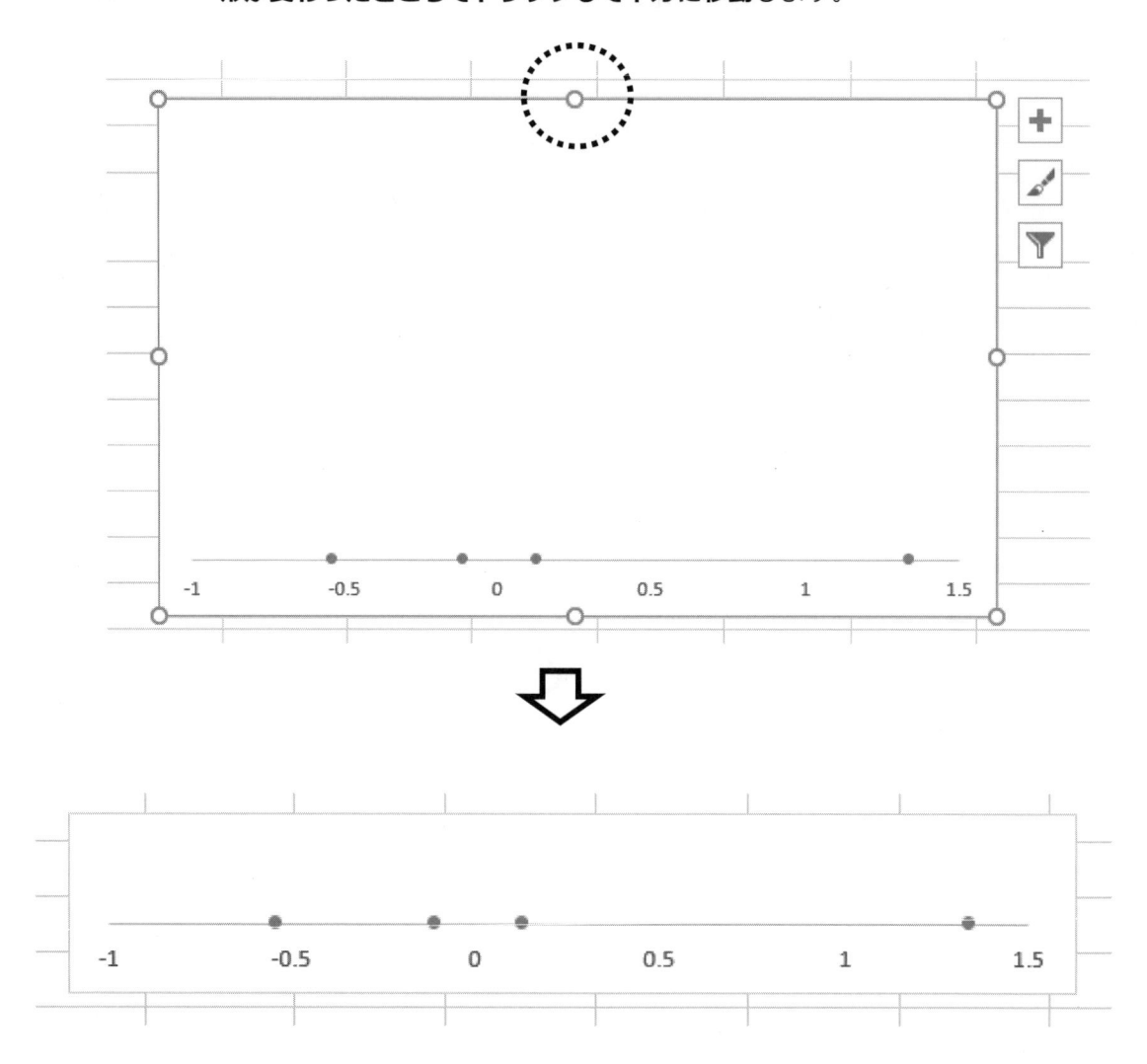

散布図が表示されるエリアが小さくなりました。

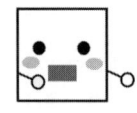

データラベルを追加します。

手順7 ▶ **散布図を選択した状態**で、
メニューバーから［**グラフツール**］ → ［**デザイン**］ → [**グラフ要素を追加**]
→ ［**データラベル**］ → ［**上**］を**選択**します。

例：散布図が選択された状態

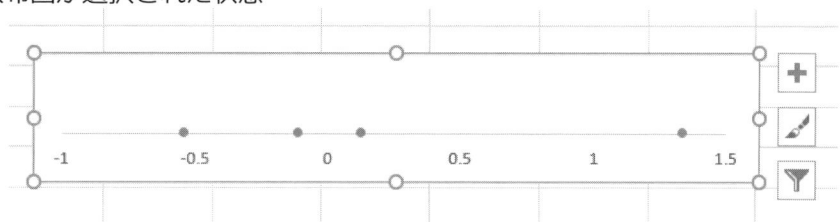

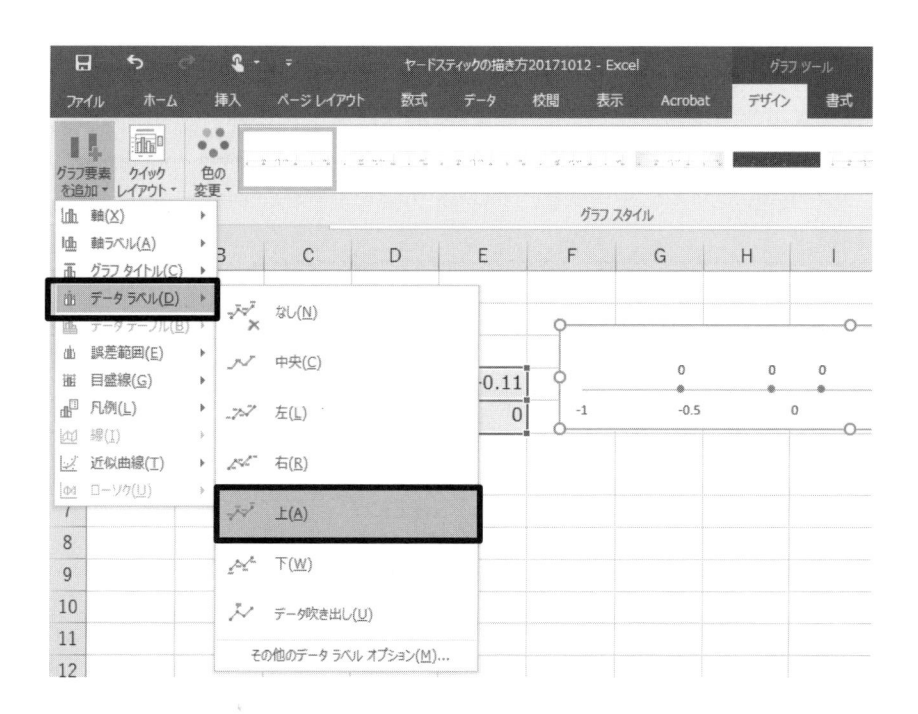

＜手順7の続き＞

以下のようにマーカー（●）の上にデータラベルの「0」が追加されました。

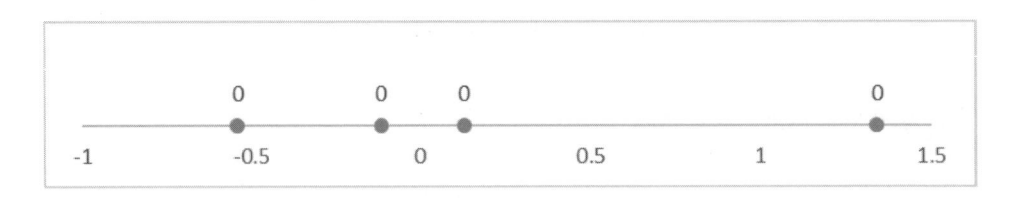

マーカー（●）の上に追加された**データラベル**の「0」を**適切な刺激名に書き換え**ます。

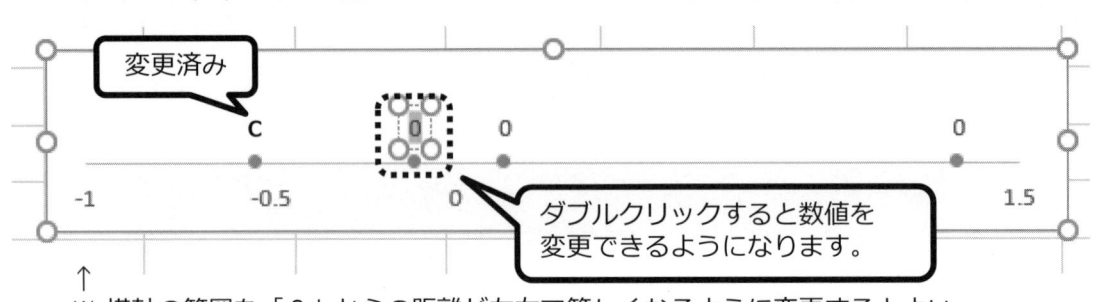

変更済み

ダブルクリックすると数値を
変更できるようになります。

↑
※ 横軸の範囲を「0」からの距離が左右で等しくなるように変更するとよい。

pp.105〜106の折れ線グラフのマーカーの変更の仕方を
参照してマーカーを大きく見やすく変更するといいよ！
以下の見本のように仕上げてみてね。

ヤードスティックの完成見本

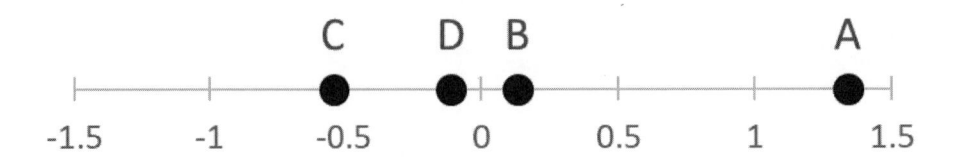

執筆者紹介

安田恭子（やすだ やすこ）
2001年 愛知淑徳大学文学部卒業
2006年 愛知淑徳大学大学院コミュニケーション研究科
　　　　博士後期課程単位取得後退学
現職 大和大学社会学部 准教授
専門分野は，生理心理学，音楽心理学

林　大輔（はやし だいすけ）
2011年 東京大学教養学部卒業
2016年 東京大学大学院人文社会系研究科博士課程修了
現職 日本たばこ産業株式会社 Tobacco Science Research Center, Researcher
博士（心理学）
専門分野は，知覚心理学，認知心理学

中村紘子（なかむら ひろこ）
2001年 神戸女学院大学人間科学部卒業
2006年 名古屋大学大学院環境学研究科博士後期課程単位取得後退学
現職 東京電機大学理工学部 研究員
専門分野は，認知心理学，思考心理学

金谷英俊（かなや ひでとし）
2003年 東京大学文学部卒業
2013年 東京大学大学院人文社会系研究科博士課程単位取得後退学
現職 人間環境大学総合心理学部 講師
博士（心理学）
専門分野は，知覚心理学，認知心理学，視覚科学

天野成昭（あまの しげあき）
1983年 東京大学文学部卒業
1985年 東京大学大学院人文科学研究科修士課程修了
現職 愛知淑徳大学人間情報学部 教授
博士（心理学）
専門分野は，言語心理学，音声科学

心理学実験演習　図表作成マニュアル
Excel 活用のポイント

2019 年 3 月 31 日　初版第 1 刷発行　（定価はカヴァーに
2022 年 4 月 10 日　初版第 2 刷発行　　表示してあります）

著　者　安田恭子
　　　　林　大輔
　　　　中村紘子
　　　　金谷英俊
　　　　天野成昭
発行者　中西　良
発行所　株式会社ナカニシヤ出版
☎ 606-8161　京都市左京区一乗寺木ノ本町 15 番地
　　　　　　　Telephone　075-723-0111
　　　　　　　Facsimile　075-723-0095
　　　Website　http://www.nakanishiya.co.jp/
　　　E-mail　iihon-ippai@nakanishiya.co.jp
　　　　　　　郵便振替　01030-0-13128

装丁＝白沢　正／印刷・製本＝亜細亜印刷
Copyright © 2019 by Y. Yasuda, D. Hayashi, H. Nakamura, H. Kanaya,
& S. Amano
Printed in Japan.
ISBN978-4-7795-1390-9　C2011